Theory and Practice of Lean Energy Management in Industrial Enterprises
—A Case Study of Cigarette Enterprises

工业企业精益能源管理理论与实践

——以卷烟企业为例

虞文进　陶智麟◎主编

经济管理出版社
ECONOMY & MANAGEMENT PUBLISHING HOUSE

图书在版编目（CIP）数据

工业企业精益能源管理理论与实践：以卷烟企业为例/虞文进，陶智麟主编．—北京：经济管理出版社，2021.6

ISBN 978－7－5096－8103－9

Ⅰ.①工…　Ⅱ.①虞…　②陶…　Ⅲ.①烟草工业—工业企业管理—能源管理—研究—中国　Ⅳ.①F426.89

中国版本图书馆 CIP 数据核字（2021）第 131139 号

组稿编辑：赵亚荣
责任编辑：赵亚荣
责任印制：黄章平
责任校对：王淑卿

出版发行：经济管理出版社
（北京市海淀区北蜂窝 8 号中雅大厦 A 座 11 层　100038）
网　　址：www. E－mp. com. cn
电　　话：（010）51915602
印　　刷：北京晨旭印刷厂
经　　销：新华书店
开　　本：720mm×1000mm/16
印　　张：16.25
字　　数：310 千字
版　　次：2021 年 12 月第 1 版　　2021 年 12 月第 1 次印刷
书　　号：ISBN 978－7－5096－8103－9
定　　价：78.00 元

前　言

经济发展离不开能源消费，化石能源的开采和使用导致了温室气体的大量排放。随着全球温室气体排放的持续增加，全球变暖趋势不断加强，给环境带来了极大的压力。

为应对全球气候变化，2020 年中央明确提出“我国二氧化碳排放力争 2030 年前达到峰值，力争 2060 年前实现碳中和”的目标。工业部门是中国的能耗和碳排放大户。历年来，工业部门能耗在全国总能耗的占比始终高于 65%，碳排放占总体的比重超过 70%，也因此成为应对气候变化工作的重点领域。在工业领域推广应用新技术，提高企业能源管理水平，是实现节能减排的重要方式。

尽管烟草行业不属于高耗能行业，但是由于卷烟企业规模大，单个企业的能源消费量并不低。卷烟企业往往被所在地政府部门认定为重点用能单位进行管理。因此，探索卷烟企业能源管理模式，完善企业能源管理体系，对促进新时期企业高质量发展具有十分积极的意义。

根据国家烟草专卖局以课题研究为载体深入推进精益管理工作安排，围绕企业能源管理领域，9 家卷烟企业和郑州烟草研究院、青岛科技大学研究机构共同开展了“以生产驱动的能源供应体系”课题研究工作。

课题聚焦“提质、降本、增效”等核心职能，以精益管理理念为指导，以先进节能技术和管理方法为手段，将能源管理与生产管理紧密结合，以提高动能与制丝、卷包等生产制造环节的协同能力，实现能源供应精准化、动力管控一体化和决策分析科学化，进而推动企业能源管理体系的升级和经济效益的提升。

本书正是在课题研究成果的基础上进一步提炼形成的。全书共分三大部分，分别为基础篇、理论篇和实践篇。

第一部分：基础篇。这部分由四章组成，主要是讲述我国能源消费的现状及趋势、卷烟工业发展情况及能源管理现状、卷烟生产的工业与能源管理以及精益管理的相关理论方法。

第二部分：理论篇。这是课题研究的主体，也是本书的主体，主要包含五章内容。首先介绍精益能源管理的内容，结合卷烟工业生产特点，设计卷烟工业企业精益能源管理体系总体框架，对其内容进行了详细描述分析。在此基础上，构建了以生产驱动的卷烟企业能源管理模式，总结了实现管理模式的技术基础，并提出了能源管理绩效的评价指标和方法。

第三部分：实践篇。这部分由两章组成，结合企业调研，对卷烟企业能源精益管理体系建设的相关案例进行了介绍。

本书将理论和实践充分结合，不仅为下一步卷烟企业节能减碳工作提供了工具方法，而且其总结提炼的PPED精益能源管理模式对其他行业相关的企业也有借鉴作用。

徐维华

目 录

基 础 篇

理 论 篇

实　践　篇

基 础 篇

1 我国能源消费现状及趋势

1.1 我国能源资源现状

我国资源禀赋相对较差。石油、天然气等优质能源短缺，对外依存度高；煤炭资源丰富，探明储量排名世界第2位；铀矿资源潜力巨大，但勘探程度较低，供给不足；可再生能源储量充沛，但开发程度不高。

1.1.1 煤炭

我国煤炭资源丰富。根据自然资源部2018年数据，截至2017年底，我国煤炭资源总量为5.9万亿吨，预测资源量3.88万亿吨，查明资源储量1.6万亿吨。据BP公司统计，我国煤炭资源剩余技术可采储量0.13万亿吨，占全球的13.4%，排名第4位，储采比为39年。

1.1.2 石油

我国石油储量较低。2017年《中国矿产资源报告》显示，截至2016年底，我国石油地质资源量1257亿吨，可采资源量301亿吨，剩余技术可采储量仅为35亿吨，占全球的1.5%，排名第13位，小于美国（2.8%）、俄罗斯（6.4%）、沙特阿拉伯（15.6%）、加拿大（10%）等国家，储量前景不容乐观。其中，陆上石油地质资源量1018亿吨、可采资源量230亿吨；近海地质资源量239亿吨、可采资源量71亿吨。全国待探明石油地质资源量885亿吨，但随着高品质石油资源逐步开采消耗，剩余资源品质整体降低，超过70%属于低渗、深层、深水以及稠油，勘探对象日趋复杂，勘探开发成本高。我国石油资源分布相对集中，2015年全国油气资源动态评价数据显示，超过90%的石油资源分布在松辽盆地、鄂尔多斯盆地、塔里木盆地、准噶尔盆地、珠江口盆地、柴达木盆地等15个盆地中（见表1-1）。

表1-1 全国石油资源主要分布盆地

盆地	地质资源量（亿吨）	可采资源量（亿吨）
渤海湾（陆上）盆地	242.87	65.58
鄂尔多斯盆地	158.38	26.72
松辽盆地	134.28	39.86
塔里木盆地	120.65	27.94
渤海湾（海域）盆地	110.29	25.37
准噶尔盆地	106.73	22.02
珠江口盆地	74.32	29.63
羌塘盆地	50.95	11.21
柴达木盆地	38.19	6.24
北部湾盆地	21.18	5.1
二连盆地	17.84	2.67
四川盆地	16.11	1.29
三塘湖盆地	15.52	1.55
琼东南盆地	14.89	6
措勤盆地	11.04	1.64
海拉尔盆地	10.1	2.01
合计	1143.34	274.84
全国	1257.13	300.67

资料来源：2015年全国油气资源动态评价。

1.1.3 天然气

我国常规天然气储量不大。2017年《中国矿产资源报告》显示，截至2016年，我国常规天然气（含致密气）地质资源量90万亿立方米，可采资源量50万亿立方米，剩余技术可采储量5.4万亿立方米（折合54亿吨油当量），约占全球全部储量的2.8%，排名第9位，小于美国（4.7%）、俄罗斯（17.3%）、伊朗（18%），但大于伊拉克（2%）、科威特（1%）、加拿大（1.2%）。2016年，我国常规天然气产量为1368亿立方米，照此计算，储采比为40年。我国天然气资源分布相对集中，2015年全国油气资源动态评价数据显示，我国94%的天然气资源分布在四川盆地、塔里木盆地、鄂尔多斯盆地、东海盆地、琼东南盆地、松辽盆地等11个盆地（见表1-2）。

表 1-2 全国常规天然气资源主要分布盆地

盆地	地质资源量（亿立方米）	可采资源量（亿立方米）
四川盆地	206907	112031
塔里木盆地	163100	98000
鄂尔多斯盆地	154542	85721
东海盆地	60479	33262
琼东南盆地	51607	32977
松辽盆地	49566	22120
莺歌海盆地	44209	27232
柴达木盆地	33390	18271
珠江口盆地	29958	17264
准噶尔盆地	24676	10156
渤海湾（陆上）盆地	17264	8246
渤海湾（海域）盆地	12977	5840
合计	848675	471121
全国	902920	500827

资料来源：2015 年全国油气资源动态评价。

我国非常规天然气资源潜力巨大，页岩气储量较高。美国能源信息署（EIA）统计数据表明，中国页岩气技术可采资源量占全世界的 20%，居世界首位。据自然资源部 2017 年数据，除青藏区外，全国 41 个盆地（或）地区地质资源量合计 134 万亿立方米，约是常规天然气地质资源量的 1.5 倍，其中可采资源量为 25 万亿立方米。埋深 4500 米以浅页岩气地质资源量为 122 万亿立方米，可采资源量为 22 万亿立方米，具有现实可开发价值的有利区可采资源量为 5.5 万亿立方米。我国煤层气储量丰富。据自然资源部数据，埋深 2000 米以浅煤层气地质资源量为 30 万亿立方米，可采资源量为 12.5 万亿立方米，具有现实可开发价值的有利区可采资源量为 4 万亿立方米，主要分布在沁水盆地南部、鄂尔多斯盆地东缘、滇东黔西盆地北部和准噶尔盆地南部。我国非常规天然气仍然处在勘探早期，随着勘探程度的加深，我国非常规天然气的资源潜力将得到进一步释放。

需要特别指出的是，在非常规天然气领域中，我国天然气水合物的勘探和开发正领跑全球。据预测，全球天然气水合物资源量为 21000 万亿立方米，折合 21 万亿吨油当量，被认为是 21 世纪最具潜力的新型洁净能源之一。2017 年 7 月，国土资源部中国地质调查局组织实施的南海神狐海域天然气水合物试采工程取得重大突破，连续产气 60 天，累计产气 30.9 万立方米，平均日产 5151 立方米，甲烷含量最高达 99.5%，创造了产气时长和总量的世界纪录。我国已于 2017 年 11 月 3 日正式批准将天然气水合物列为新矿种，成为我国第 173 个矿种。目前，我国天然气水合物远景资源量为 121.5 万亿立方米，其中南海北部海域天然气水合物82.7万亿吨油当量，陆域水合物远景资源量为350亿吨油当量。

1.1.4 核能

核能是人类最具希望的未来能源之一，分为核裂变和核聚变。目前人类能够可控安全利用的是核裂变，主要原料是放射性重元素，如铀或钍。现阶段，核能利用的主要原料是铀。我国铀供给严重不足。据世界核能协会（WNA）数据，2015年我国铀产量仅为1616吨，而需求量则为8160吨，对外依存度为80.2%。而国务院下发的《能源发展战略行动计划（2014—2020年）》明确指出，到2020年，我国核电装机容量将达到5800万千瓦，在建容量达到3000万千瓦以上。按比例测算，到2020年，我国铀需求量将超过14000吨，对外依存度将超过90%。

我国铀矿资源禀赋较差。2016年，全国累计探明铀矿床350余个，圈定各类铀矿预测区342处，目前勘探程度较低。已探明铀矿床平均品位在0.3%以上的资源量仅占3.38%，品位较低。但据公开发表数据，我国铀矿资源潜力较大，远景储量超过200万吨，勘探潜力巨大。据国际原子能机构（IAEA）2017年红皮书预测，中国目前的可采资源量为19.3万吨。

1.1.5 可再生能源

可再生能源主要包括水能、风能、地热能、太阳能等。我国是可再生能源大国。根据BP数据，2017年我国可再生能源消费量3.68亿吨油当量，占全国一次能源消费总量的11.8%，同比增长7.5%，可再生能源消费量全球第一，占全球可再生能源消费总量的23.2%。

我国水力资源居世界首位。根据2005年发布的《中华人民共和国水力资源复查成果》，我国水力资源理论蕴藏量年电量为60829亿千瓦时，平均功率为69440万千瓦；技术可开发装机容量54164万千瓦，年发电量24740亿千瓦时；经济可开发装机容量40180万千瓦，年发电量17534亿千瓦时，折合1.46亿吨油当量，相当于2017年我国全年石油产量的76%。

我国风能资源丰富。根据2010年中国气象局数据，全国陆上70米高度风功率密度达到150瓦/平方米以上的风能资源技术可开发量为72亿千瓦，功率密度达到300瓦/平方米以上适于集中式开发的风能资源技术可开发量为25.7亿千瓦。以年等效满负荷2000小时、风能利用率Cp值0.45折算，年发电量可达23130亿千瓦时，折合1.93亿吨油当量，超过2017年我国全年石油产量。

地热能可以分为浅层地温能、地下热水资源和干热岩资源。其中，浅层地温能指200米以浅的地热资源，主要用于建筑物的供暖制冷；地下热水资源指4000米以浅、温度大于25℃的热水和蒸汽，可以用于发电、工业利用、供暖等；干热岩指埋藏深度在 3 ~ 10 千米、温度高于 150℃、不含或仅含少量流体的高温岩体，尚未用于商业开采。

我国地热资源开发潜力巨大。根据中国地质调查局 2016 年数据，我国 336 个地级以上城市浅层地温能资源年可开采量 4.9 亿吨油当量；地下热水资源年可开采量 13.3 亿吨油当量，两项合计达全国 2016 年一次能源消费量的 50%。我国干热岩初步估算资源量为 599 万亿吨油当量，约占全球陆区干热岩资源量的 1/6。按可开采量 2% 的国际标准计算，折合油当量 11.98 万亿吨，根据 2017 年能源消费水平，可供我国使用 3800 年。

我国属太阳能资源丰富的国家之一。根据中国气象局数据，2016 年全国陆地表面平均水平面总辐射年辐照量为 1478.2 千瓦时/平方米，略低于近十年平均水平 1500.7 千瓦时/平方米。按中国气象局风能太阳能评估中心划分标准，全年辐射量大于 5400 兆焦耳/平方米且年日照时数不小于 2200 小时的地区为我国太阳能资源丰富或较丰富的地区，占全国总面积的 2/3 以上，按此计算，我国太阳能理论资源量达 1.44 亿亿千瓦时。中国气象局 2006 年按照未利用土地面积计算的太阳能理论资源量也达到了 1.47 亿亿千瓦时。按照发电效率 15% 计算，我国太阳能理论年发电量可达 2205 万亿千瓦时，折合 1837.5 亿吨油当量，是 2017 年我国全年石油产量的 900 多倍。

1.2 我国能源消费现状

我国能源需求增长迅猛，过去十年能源消费增长了 54.6%，2017 年能源消费 31.32 亿吨油当量，占全球能源消费总量的 23.2%。我国近年能源消费增长略有放缓，但 2017 年仍然贡献了全球增长量的 34%，是全世界最大的能源消费国。

我国能源结构严重失衡。2017 年，煤炭在全部能源消费中占比为 60.6%，石油占 18.9%，天然气占 6.9%，一次电力及其他能源占 13.6%（见图 1-1）。与世界平均水平相比，我国过度依赖煤炭，石油和天然气支柱作用不足，核能发展相对滞后，可再生能源发展态势较好，高于世界平均水平。

1.2.1 煤炭

出于政策原因，我国煤炭生产持续下降。2017 年，全年原煤产量 33.6 亿吨，比上年下降 3%，这是自 2013 年原煤产量达到 39.7 亿吨后，连续第四年下降，2014 年和 2015 年分别下降 2.5% 和 3.3%，2016 年下降幅度高达 9.4%。煤炭进

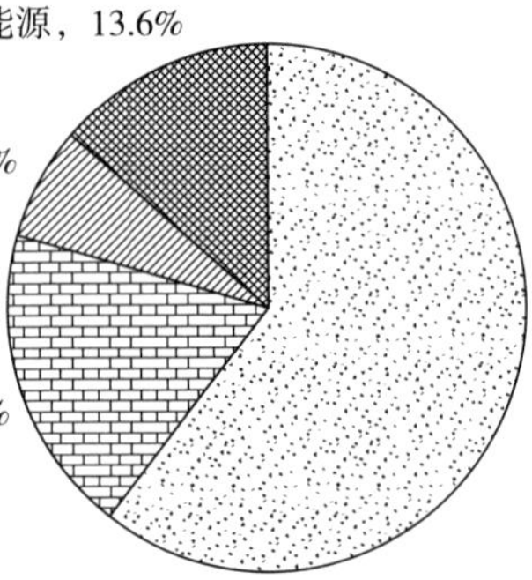

图 1－1　我国能源结构

资料来源：国家统计局。

口快速增长。全年进口煤炭 2.71 亿吨，同比增长 6.06%。

我国煤炭消费占比持续下降。2017 年，我国煤炭消费量为 27.07 亿吨标准煤（折合 18.94 亿吨油当量），同比增长 0.4%，可能与 2017 年底天然气供给不足有关。2017 年，煤炭在我国一次能源消费结构中的占比由 2016 年的 62% 下降至 60.4%，下降了 1.6 个百分点，但仍远高于煤炭在全球一次能源消费中的占比（28.1%）。

1.2.2　石油

2017 年，我国石油年产量为 1.92 亿吨，降幅为 3.8%，连续两年产量低于 2 亿吨，但降幅有所收窄。究其原因，除了投资减少，在低油价背景下，国内原油生产企业普遍以进口代替生产也是原因之一。但即便据此计算，我国石油资源的储采比（反映技术可采储量可采年限）仅为 18.2，远低于世界石油平均储采比 50.3，石油安全岌岌可危。

我国石油消费缺口巨大。随着经济的高速发展，我国对石油的需求量日益上升，对外依存度也逐年提高。根据国家统计局数据，2017 年，我国石油消费总量为 6.08 亿吨，同比增长 5.2%，其中进口量达 3.96 亿吨，比上年增长 10.8%，对外依存度上升为 67.4%，为历史最高。需要注意的是，低油价背景下的进口量增加，可能也是对外依存度提高的重要原因。

1.2.3　天然气

我国天然气产量稳定增长。2017 年，我国天然气产量 1487 亿立方米，比上年增长 8.5%。消费规模持续扩大。2017 年，中国天然气消费量为 2373 亿立方米，同比增长 15.3%；进口天然气 920 亿立方米，占总消费量的 38%，对外依存度较高。目前，我国天然气在一次能源消费结构中占比 7%，虽然有所增长，但仍远低于世界能源消费结构中天然气占比 24% 的平均水平，仍然有较大的发展空间。

1.2.4 核能

我国核能规模增长势头迅猛。截至 2017 年底，我国已投入商业运行的核电机组共 37 台，运行装机容量为 35807.16 兆瓦电力（额定装机容量）。全年核电累计发电量为 2474.69 亿千瓦时，约占全国累计发电量的 3.94%，同比上升 17.6%，自 2000 年有统计数据以来连续 18 年保持增长势头。与燃煤发电相比，相当于减少燃烧标准煤 7646.79 万吨，减少排放二氧化碳 20034.60 万吨、二氧化硫 65 万吨、氮氧化物 56.59 万吨。

我国核能开发安全性良好，运行核电多年来，一直保持安全、稳定运行的纪录，未发生较大环境事件、辐射污染事件。核电厂放射性排出流的排放量均远低于国家标准限值。

1.3 我国能源消费发展趋势

1.3.1 中国能源需求仍在不断增长，能源需求将在 2030 年前后迎来峰值

我国能源需求将不断增长。2017 年，中国人均 GDP 仅为 5.97 万元，低于全球 6.73 万元的平均水平，仍有较大发展空间。中国人均一次能源消费量为 3.23 吨标准煤，刚刚超过 2.61 吨标准煤的全球平均水平，仅为经济合作与发展组织成员国 6.3 吨标准煤的一半。随着人民生活水平提高，我国能源需求将不断攀升。

我国能源需求将于 2030 年前后达到峰值。原国家卫生计生委曾预测，到 2020 年，中国总人口将为 14.3 亿人，2029 年达到峰值 14.5 亿人。如果不考虑技术进步，按照目前 OECD 国家人均能源消费量计算，我国能源需求将于 2030 年前后达到峰值 91.35 亿吨标准煤，折合 63.9 亿吨油当量，是 2017 年消费量的 1 倍。但考虑技术突破等因素，我国能源需求将低于这个数字。据国家发展和改革委员会（以下简称国家发展改革委）和国家能源局发布的《能源生产和消费革命战略（2016—2030）》，2030 年前，我国能源消费总量控制在 60 亿吨标准煤以内。

1.3.2 在经济新常态背景下，经济增长速度放缓，能源强度不断降低，能源需求量总体可控

中国经济将长期保持低位平稳运行。近年来，世界经济复苏乏力，积极因素

与不确定性并存，贸易保护主义有所抬头。国内经济发展进入新常态，经济增长动力、资源要素条件等都发生了较大变化，长期积累的结构性矛盾凸显。按可比价格计算，2017 年我国国内生产总值增长率为 6.9%，保持平稳运行。据分析，未来一段时间，我国处在新旧动能转换阶段，经济将保持较低热度平稳健康发展。未来五年，钢铁、有色、建材等主要耗能产品需求预计也将达到峰值。

我国能源强度将保持下降。能源强度是指创造单位 GDP 所需要的能源数量，直接反映能源利用效率。党的十九大报告明确指出："必须坚持节约优先、保护优先、自然恢复为主的方针。"按国家统计局数据初步计算，2017 年我国能源强度为 0.54 吨标准煤/万元，同比下降 8.5%，比 2007 年下降 53%，能源强度不断降低，能源利用效率不断提高。然而，按同样标准计算，2017 年国际平均能源强度为 0.37 吨标准煤/万元，美国能源强度仅为 0.25 吨标准煤/万元，我国能源强度仍然有较大下降空间。

国务院印发的《"十三五"节能减排综合工作方案》表示，到 2020 年，我国万元国内生产总值能耗将比 2015 年下降 15%，能源消费总量控制在 50 亿吨标准煤以内。以此推断，在未来一段时间内，我国能源需求量将保持缓慢增长，能源安全总体可控。

1.3.3 中国能源结构将逐步调整，煤炭为主的消费结构短期内无法改变

由于资源禀赋原因，我国能源结构不尽合理，过度依赖煤炭，能源消费多样化不足，造成了严重的环境问题。党的十九大报告指出，要"推进能源生产和消费革命，构建清洁低碳、安全高效的能源体系"。因此，进行能源结构调整是未来我国能源发展的必然趋势。

但是，应当清醒地认识到，在短期内我国煤炭为主的消费结构无法改变。煤炭是我国主体能源和重要工业原料，储量丰富，目前剩余技术可采储量是石油储量的 50 倍、常规天然气的 30 倍。在经济发展过程中，煤炭支撑了我国经济社会快速发展，保障了我国能源安全，在未来一段时间内，煤炭仍将是我国能源消费的支柱。据《能源发展"十三五"规划》，到 2020 年我国煤炭消费比重将由 2015 年的 64%降低为 58%，仍然接近六成。因此，在我国能源结构逐步调整的过程中，煤炭仍然将发挥重要作用。对于煤炭消费造成的环境问题，应积极推动煤炭产业转型发展，促进煤炭绿色消费，严控煤炭消费总量，加快淘汰煤电落后产能，推进煤炭集中清洁高效开发利用，发展煤炭深加工，推广煤制燃料、煤制烯烃等工程。

1.3.4 "一带一路"倡议将深入改变中国能源供应现状，我国能源安全将得到充分保障

能源合作是"一带一路"合作的重要组成部分。国家发展改革委和国家能

源局发布的《推动丝绸之路经济带和21世纪海上丝绸之路能源合作愿景与行动》指出，加强“一带一路”能源合作有利于带动更大范围、更高水平、更深层次的区域合作，促进世界经济繁荣。

目前，我国石油和天然气的对外依存度较高。2017年，石油进口率为67.4%，天然气进口率为39.0%，严重依赖进口。能源进口航线单一，有数据称中国进口石油的七成以上都需要通过马六甲海峡，形成了著名的“马六甲困局”。

习近平主席在“一带一路”国际合作高峰论坛开幕式上的主旨演讲提出，要抓住新一轮能源结构调整和能源技术变革趋势，建设全球能源互联网，实现绿色低碳发展。通过“一带一路”能源合作建设，沿线国家将不断完善和扩大油气互联通道规模，形成全球能源互联网，实现能源资源更大范围内的优化配置，增强能源供应抗风险能力，形成开放、稳定的全球能源市场，沿线国家能源供应现状将得到有效改善。

通过“一带一路”能源合作，我国能源安全将得到充分保障。目前，我国已经取得一定成效。据国家能源局数据，中亚—俄罗斯、非洲、中东、美洲、亚太五大海外油气合作区已经初步建成，西北、东北、西南和海上引进境外资源的四大油气战略通道建设正快速推进，亚洲、欧洲和美洲三大油气运营中心已初具规模。中俄北极地区亚马尔液化天然气LNG项目已经投产，成为北方航道上“冰上丝绸之路”的重要支点。随着“一带一路”能源合作的加深，中国能源供应现状将发生根本改变，能源供应安全得到充分保障。

1.3.5 长期来看，中国特色的能源结构将逐步显现，煤炭、天然气和可再生能源将成为中国能源的三大支柱

资源禀赋能够造就特色能源结构。冰岛地处板块交界处，地壳运动强烈，地热资源丰富，因此，地热消费占冰岛全部一次能源消费量的66%，形成了具有冰岛特色的能源结构。我国地理上西高东低，造山运动强烈，构造复杂多变，因此形成了我国“富煤、缺油、少气”的能源资源禀赋。可以预期，中国特色的资源禀赋将造就中国特色的能源结构。

在我国能源消费结构中煤炭资源仍将保持支柱地位。我国煤炭储量丰富，在清洁利用和深加工技术成熟后，煤炭将作为清洁能源，重新在我国能源产业中扮演重要角色。天然气是清洁能源中不可或缺的重要组成部分。天然气能够保障能源供应的稳定可靠，也能满足重工业用能需求，因此是最现实可行的清洁能源方案。我国页岩气储量较大，探明储量连年上升，随着技术进步，天然气在我国能源消费中的比重将逐渐提高。需要特别指出的是，中国的“可燃冰革命”势必将引领新一轮的世界能源发展变革。目前我国天然气水合物开采技术全球领先，

储量较为丰富。从发展趋势上看，天然气水合物开发必将对世界能源生产和消费产生重要而深远的影响。可再生能源将有效保障我国能源安全。我国地质构造运动强烈，地热资源十分可观，干热岩储量占全球的1/6；地势西高东低，水量充沛，具有开发水电的天然优势；西部海拔高，阳光辐射量大，风力资源丰富，太阳能和风能利用具有良好资源基础。在技术进步和生态保护的基础上，新时代的中国能源结构将兼顾绿色发展和低碳环保，形成具有中国优势的特色能源结构。

1.4 我国工业能源消费及特点

2010~2017年，我国能源消费总量从360648万吨标准煤增长到448529.14万吨标准煤，增长了24.37%，年均增长率3.16%。工业能源消费总量从232018.82万吨标准煤增长到294488.04万吨标准煤，增长了26.92%，年均增长率3.46%。

我国工业能源消费占能源消费总量的2/3以上，工业部门内部的重化倾向明显，六大高耗能行业用电量占工业用电量的比重维持在63%左右（见图1－2）。

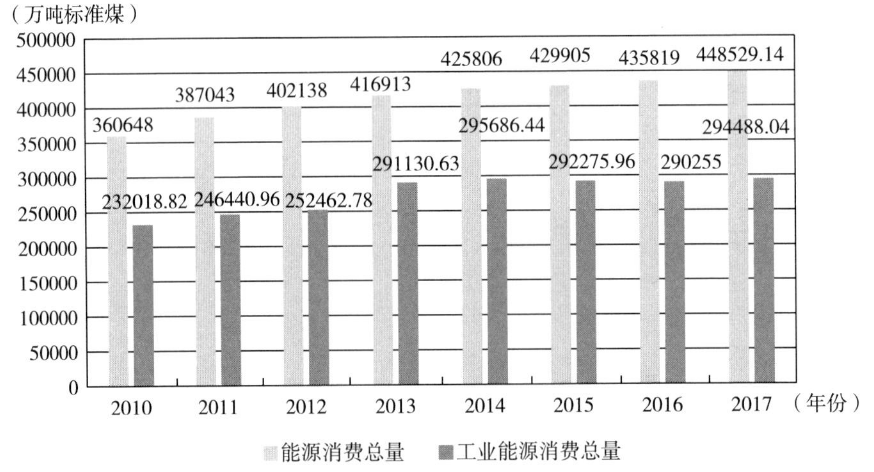

图1－2　2010~2017年我国能源消费总量和工业能源消费总量

资料来源：国家统计局。

2 我国卷烟工业能源管理现状

2.1 我国卷烟工业发展现状

2.1.1 产销量总体趋于下滑

我国是世界上最大的烟草消费和生产国，每年的烟草消费量相当于排名第2～29位的所有国家烟草消费量的总和。在过去20年间，我国的经济飞速发展，人均GDP年增长率高达10%左右，居民的收入水平和购买力也大幅上升。尽管我国政府在2009年提高卷烟消费税，但我国的卷烟消费量仍然持续大幅增加。

近两年，随着我国城市市区公共场所室内全面推进禁烟、全民健康意识的提升，以及2015年再次提高烟草消费税等政府政策的影响，我国香烟需求量增长放缓，卷烟行业产销量总体上趋于下降。

2019年，我国卷烟产量为4679.98万箱，同比增长1.24%，但“十三五”时期的产量总体低于“十二五”时期；2019年销量为4771.31万箱，同比增长0.21%，销量略高于产量（见图2－1）。

2.1.2 结构调整逐渐深入

为深化我国卷烟产品结构调整，国家烟草专卖局制定并多次调整卷烟分类标准，以促进我国中高档卷烟产品的生产，其中一类烟、二类烟划分为高档，三类烟划分为中档，四类烟、五类烟划分为低档（见表2－1）。目前来看，随着我国卷烟行业结构性调整的深入，中高档卷烟产销量保持较快增长（见图2－2）。

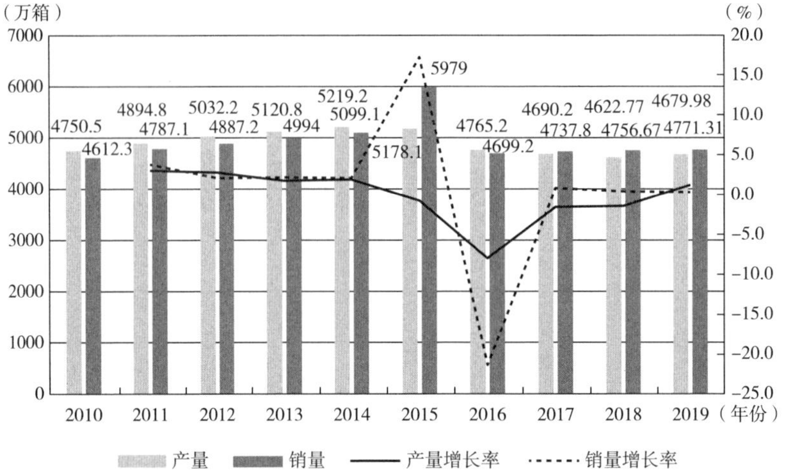

图 2－1　2010～2019 年我国卷烟产销量情况

资料来源：前瞻产业研究院，国家烟草专卖局。

表 2－1　我国的卷烟分类

分类		不含税调拨价
高档	一类烟	100 元/条以上
	二类烟	70（含）～100 元/条
中档	三类烟	30（含）～70 元/条
低档	四类烟	16.5（含）～30 元/条
	五类烟	16.5 元/条以下

注：标准条（200 支）。

资料来源：课题组整理。

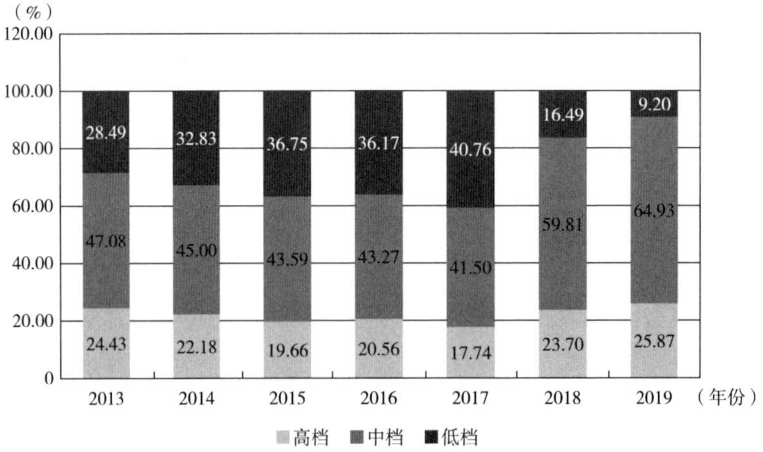

图 2－2　我国卷烟销售结构变化

资料来源：前瞻产业研究院，国家烟草专卖局。

2.1.3 行业集中度趋于提高

21 世纪初，我国卷烟行业品牌集中度较低；为培养更有市场竞争力的中国卷烟品牌，国家烟草专卖局提出“实施名牌战略”“培育大品牌”的目标，先后印发了《卷烟产品百牌号目录》(2014)、《全国性卷烟重点骨干品牌评价体系的通知》(2008)、《烟草行业“上水平”总体规划》(2010) 等文件。

2003 年，我国烟草行业进行管理体制上的改革，实施工商分离计划，工业调整决定：第一轮关闭 10 万箱以下的小烟厂，第二轮是大力推进 10 万 ~30 万箱的中型企业联合、兼并、重组，第三轮对形成的大型烟草企业进行跨省、跨地区合并。在全国 14 个省市内组建工业公司，与商业分开。

随着“卷烟上水平战略”的实施，我国卷烟企业和品牌总量不断减少，行业集中度不断提高。截至 2017 年，全国仅有 18 家烟草工业公司及上海烟草集团从事卷烟的研发生产业务（见图 2 -3）。

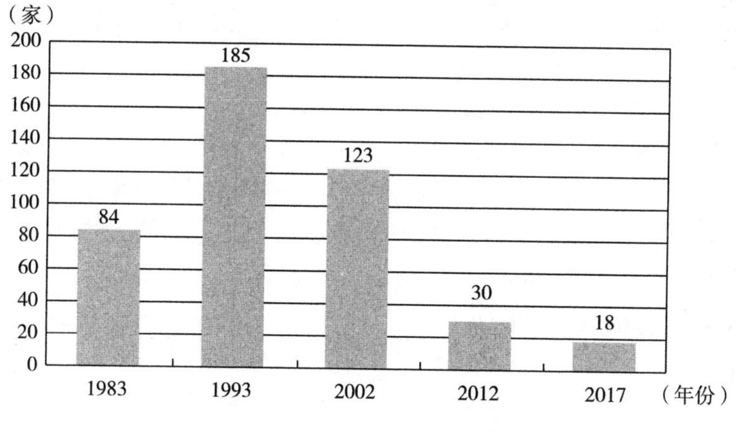

图 2 -3 我国烟草工业企业数量变化

资料来源：前瞻产业研究院。

2.2 我国卷烟工业能源结构

2010 ~2017 年，我国烟草制品业能源消费总量从 228.89 万吨标准煤降低至 199.77 万吨标准煤，下降了 12.72%，年均下降率 1.93%。烟草制品业能源消费总量占工业能源消费总量的比重在 2010 ~2017 年整体呈下降趋势，从 0.1% 下降至 0.07%（见图 2 -4）。

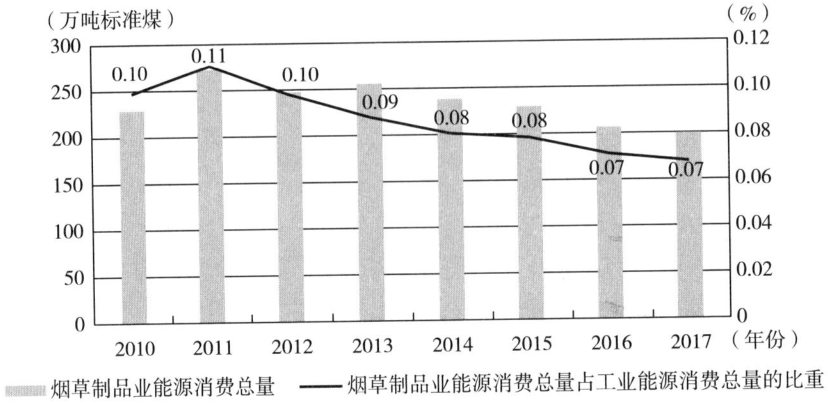

图 2-4　2010~2017 年烟草制品业能源消费总量及其占工业能源消费总量的比重

资料来源：国家统计局。

2010~2017 年，我国烟草制品业煤炭消费总量从 57.19 万吨标准煤降低至 15.22 万吨标准煤，下降了 73.39%，年均下降率 17.23%；烟草制品业汽油消费总量从 1.06 万吨标准煤降低至 0.77 万吨标准煤，下降了 27.36%，年均下降率 4.54%；烟草制品业柴油消费总量从 6.56 万吨标准煤降低至 1.92 万吨标准煤，下降了 70.73%，年均下降率 16.07%；烟草制品业燃料油消费总量从 1.51 万吨标准煤降低至 0.19 万吨标准煤，下降了 87.42%，年均下降率 25.90%；烟草制品业天然气消费总量从 8.25 万吨标准煤增加至 14.10 万吨标准煤，增长了 70.91%，年均增长率 7.96%；烟草制品业电力消费总量从 56.39 万吨标准煤增加至 63.86 万吨标准煤，增长了 13.25%，年均增长率 1.79%（见图 2-5）。

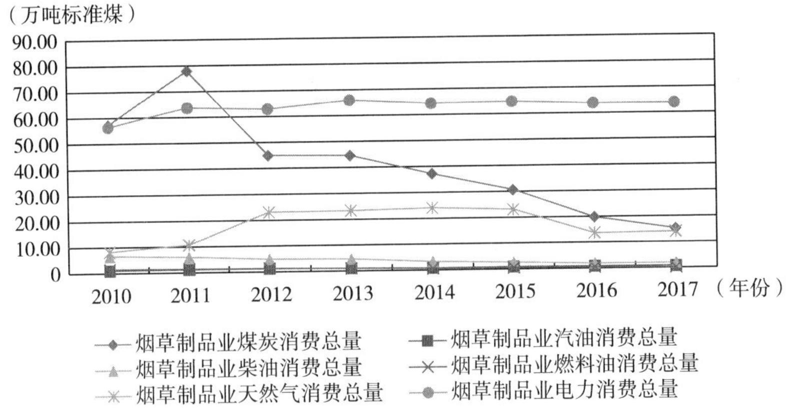

图 2-5　2010~2017 年烟草制品业分品种能源消费总量

资料来源：国家统计局。

2.3 我国卷烟工业节能减排情况

2.3.1 我国卷烟工业“十三五”节能减排目标

2016年10月，国家烟草专卖局印发烟草行业“十三五”节能减排工作方案，要求行业各单位结合工作实际，采取切实可行措施，落实各项工作部署，确保完成目标任务。

国家烟草专卖局在方案中简要通报了“十二五”时期行业节能减排工作成绩。“十二五”时期，行业万元工业增加值能耗18.4千克（标准煤，下同），下降49.7%；万支卷烟能耗2.95千克，下降18.9%；二氧化硫排放2226吨，下降72.5%；化学需氧量（COD）排放1895吨，下降39.2%，超额完成国家下达的各项节能减排目标任务。

方案指出，要坚持节能减排基本国策，牢固树立创新、协调、绿色、开放、共享的新发展理念和节约集约循环利用的资源观，推动资源利用方式实现根本转变。要加强全过程节约管理，提高发展质量和效益，加大生态环境保护力度，提高资源利用效率，加强能源管理，减少污染物排放总量，全面建设资源节约型、环境友好型行业。

方案明确了行业“十三五”时期节能减排总体目标。到2020年，行业单位工业增加值能耗下降15%，单位工业增加值用水量降低23%，单位工业增加值二氧化碳排放量降低18%，化学需氧量排放总量减少10%，氨氮排放总量减少10%，二氧化硫排放总量减少15%，氮氧化物排放总量减少15%，万支卷烟能耗降低5%。

方案强调，要根据不同类型企业的特点及同类型企业间的实际情况，以有能力的企业多承担责任、有潜力的企业多做贡献、节能工作共同推进、减排工作抓住重点、任务相对集中、发挥减排规模效益为导向，实行行业总目标基础上有增有减的适度调整，发挥每个企业各自优势，形成合力，共同完成行业节能减排总体目标。

方案从管理措施和技术措施两个方面对行业节能减排工作提出要求。在管理措施方面，要通过建设或升级改造，进一步完善能源消耗和污染物排放计量体系；加强能源管理体系建设，定期开展体系认证工作和能源审计工作；推进节能减排精益管理，形成不断循环改进的良好氛围，促进降本增效工作；开展能耗对标活动，以先进企业为标杆，查找短板，设立目标，缩小差距；合理组织生产经营，优化工作流程，提高生产效率，降低单产能耗。在技术措施方面，要应用节能技术，坚持技术上可行、经济上合理、有利于节约资源保护环境的原则；坚持源头控制，用能设备配备要进行充分论证，严防产能过剩及用能设备能力过剩；加强高排放企业减排工作，逐步减少污染物排放总量，确保实现全行业减排工作目标。

2.3.2 节能减排工作效果

2018 年，行业能源消耗总量 133.02 万吨，同比下降 3.71%；万元工业增加值能耗 16.22 千克，同比降低 10.7%，其中卷烟工业企业万元工业增加值能耗 8.61 千克，同比降低 3.47%。二氧化硫排放 889 吨，同比降低 21.8%；化学需氧量排放 932 吨，同比降低 43.1%；氨氮排放 46 吨，同比降低 4.2%；氮氧化物排放 1416 吨，同比降低 7.2%；二氧化碳排放 183.4 万吨，同比降低 2.1%。

国家烟草专卖局在行业 2018 年节能减排工作通报中强调，行业各单位要严格执行国家相关规定，不搞变通，不打折扣，切实抓好各项部署和要求的贯彻落实。要发挥管理优势，提高管理水平。严格执行国家标准，规范能源全过程管理；定期进行能源审计，发掘节能潜力，进行改进提升；参照行业对标指标，采取有效措施，缩小指标差距；建立节能减排工作例会制度，定期分析动态，制订工作计划；建立健全节能减排工作制度，强化考核奖惩，做到依规办事；合理安排调度生产运行，实现集中生产，发挥规模效益。要依靠技术进步，加强技术改造。广泛应用成熟节能减排技术，及时关注新技术的研发动态，引进应用适用技术，发挥先进技术优势，推动节能减排发展，形成早使用早见效的良性循环局面；按要求做好燃煤锅炉改造和淘汰柴油车、置换清洁能源车辆两项重点工作。

2.4 我国卷烟工业能源管理中存在的问题

2.4.1 不同企业能耗水平间的差距较大

一般衡量工业部门或企业能源效率的指标可采用经济指标和物理指标：经济指标为单位 GDP（增加值）能耗，物理指标为单位产品能耗。无论是从调研单位的能耗指标来看，还是从课题组掌握的行业内其他企业的能耗指标数据来看，烟草行业内不同企业之间能耗水平有着比较大的差距。这其中的原因有很多：一是工艺和设备的技术水平的影响。一般设备先进、技术水平高则单位能耗较低。二是能源消费结构的影响。不同能源品种的利用效率是有差异的，比如相对于石油，煤炭的利用效率相对较低。三是企业生产规模的影响。通常，企业规模越大，万元能源消费量就越低。四是产品结构的影响。对卷烟而言，不同档次产品实现的产值不同，也就导致了产值能耗指标、工业增加值能耗指标的差异。五是企业管理水平及员工意识的影响。能源管理制度完善，员工节能意识高，能耗水平就低。六是自然因素的影响。企业所在地的资源状况、地理和气候条件不同会影响到企业能源消耗，进而影响能耗水平。

2.4.2 能耗指标考核合理性、科学性问题

通常，衡量一个国家或地区的综合能源效率指标是单位 GDP 能耗。早在“十一五”时期，我国政府就已经将单位 GDP 能耗纳入各地区的绩效考核目标。政府管理部门也就按照单位 GDP 能耗对企业进行考核。对于高耗能、生产工艺标准化程度比较高的行业和企业而言，采用单位 GDP 能耗进行考核相对比较公平，但是对于烟草行业而言则存在一定的问题。一是卷烟生产中制丝的工艺设备标准化程度较低，设备往往是根据不同企业的工艺要求单独设计制造，其能源利用效率差异较大；二是不同企业的产值、工业增加值与其产品结构关系密切，而不同产品结构的能耗水平差异不大，也就是说，不同档次卷烟的成本差异主要体现在原材料上，而单位产品能耗差异不大。所以对于烟草行业而言，仅依靠“单位 GDP 能耗”这一指标来考核企业，可能会促使企业在不考虑市场需求的情况下，单纯通过提高高档产品的生产比重来实现考核目标，这样的话就无法完全反映企业实际的能源管理水平。

2.4.3 能源品种不同导致能源效率不同的问题

不同能源品种的利用效率存在较大差异，比如，2 吨原煤的热值与 1 吨石油的热值大体相当，以燃煤为主的能源利用效率势必低于以燃油为主的能源利用效率[①]。因此，企业外购能源的消费品种不同，即使在相同工艺技术条件下，企业的能耗水平也是有差异的。使用燃料油、蒸汽等二次能源的利用率肯定要高于煤炭。这也就使利用燃煤提供蒸汽的能耗水平要高于直接购买蒸汽或使用燃油提供蒸汽。尽管优质能源的利用效率高，但是其价格也高，企业为此付出的成本也就高。

---

① 耿诺，王高尚．我国能源效率分析［J］．中国能源，2008（7）．

2.4.4 能源消费中的统计分析问题

按照政府部门的管理要求和企业实际，卷烟企业均定期进行企业能源审计工作，并编写能源审计报告。应该说，能源审计工作对促进企业能源管理水平的提高很有帮助。但是全国范围内的企业能源审计工作是从2006年才开始的，实施时间相对较短①，围绕企业能源消耗的连续性、系统性的分析评估相对欠缺。对于烟草行业而言，能源消费量相对较小，过去企业往往是从成本控制的角度去进行能耗的分析，对生产过程中能源消费各个环节、各个方面的认识往往是仅针对某一个环节或某一个方面，缺乏全局性、系统性的分析。比如用热方面，有些企业注重燃料燃烧和余热利用，而没有考虑传热的合理化问题等。

2.4.5 能源消费中的计量系统问题

在卷烟工厂内，存在三级计量体系不完整、三级计量的覆盖面有待完善的问题。大多数工厂只是在部分能源种类实现了三级计量；在能源制造端的数采感知较全面，但是在能源长距离输送过程状态以及末端能源状态的数据采集较少。

作为动力能源管控的基础环节，底层数据支撑十分重要。需要逐步完善三级能源计量和全动能系统的数据采集。因此，需结合工厂实际，充分调研论证高耗能设备管控措施、关键重点用能环节，编制工厂能源计量器具优化完善规划方案，分批次、分区域、分类别逐步优化完善能源计量器具配备。同时，做好能源输送过程中的状态检测，实现能源供应全过程的状态感知，作为底层数据支撑，更好地服务保障生产。

---

① 国家发展改革委于2006年4月印发《千家企业节能行动实施方案的通知》。实施方案中明确要求重点耗能企业应开展能源审计工作，编制企业“十一五”节能规划。

3 卷烟生产工艺与能源管理

3.1 卷烟生产工艺

3.1.1 概述

卷烟生产的工艺流程是根据烟叶原料的理化特性，按照一定的程序逐步通过各种加工方法或设备，把原料制成合格卷烟产品所必须经过的加工制造过程。它包括的主要工序有制丝、卷接和包装。

卷烟生产工艺流程因生产卷烟产品的类型、产品的等级和规格、使用设备的性能、采用烟叶原料的初加工程度等方面因素的不同而不同。随着我国卷烟生产技术的进步、产品类型和结构的改变、原料物理状态和化学成分的变化，我国卷烟生产的工艺流程在不断地发生改变，主要表现为：

第一，在制丝生产中，制叶丝生产正处于发展变化当中，尽管有多种形式并存，但均向片烟、烟梗投料的生产工艺过渡；制叶丝生产实现叶丝在线膨胀工艺；梗丝线采用水洗梗、梗丝加料、加香等新的生产技术，并且梗丝采用只分等级、不分牌号的生产方法，便于卷烟厂根据不同类别、牌号的卷烟，使用不同等级和比例的梗丝；再造烟丝、膨胀烟丝等分别作为配方中的一种组分或小配方，在加香前按设定比例进行掺配。

第二，卷接包由多个车间生产变为一个车间生产，实现了卷接包的联合；一个卷烟厂的卷接机组由不同速度、不同国家制造的多种机型向单一机型过渡，便于对设备进行管理、使用和维护；包装机组尽管有软包和硬盒翻盖之分，但机器的型号也在逐渐地减少。

在制定卷烟工艺流程时，应本着技术上先进、经济上合理、实践中实用可靠的原则进行制定。只有这样，才能使所制定的卷烟工艺流程达到提高卷烟产品的质量、降低原辅材料的消耗、提高生产效率、增加工厂经济效益的目的。

一个卷烟企业所制定的卷烟工艺流程是否先进、合理、实用和完善，主要从以下几个方面进行评价：

第一，能否满足多品种卷烟产品的生产需要。卷烟产品的类型是依据其吸味特点划分的。目前，我国的卷烟产品类型主要有烤烟型、混合型和雪茄型，以及在这些卷烟叶组配方基础上发展起来的外香型和新混合型等。卷烟产品类型不同，其吸食品质和风格特点差异很大。这些差异主要是所使用的烟叶原料和加料、加香不同，因此，对不同类型的卷烟，就应当针对其所用原料的化学成分和加工特点进行加工，从而也就导致了工艺流程的不同。例如，烤烟型卷烟所用的原料是烤烟烟叶，它的工艺流程应针对烤烟烟叶理化性能进行加工；而混合型卷烟所使用的烤烟烟叶的加工特点与烤烟型卷烟相同，其中的晾晒烟叶，针对其化学成分和加工性能，需经过重加里料和高温烘焙后，才能与烤烟叶片一起混合加工，因此，混合型卷烟的工艺流程必须是在烤烟型卷烟工艺流程的基础上，增加白肋烟处理线，以及贮存和定量配比装置；外香型卷烟依然采用的是烤烟型或混合型卷烟的生产工艺，只是在加料、加香上有所不同，并在生产中注意清洗或单独设置加料加香机和贮柜。另外，对于同一类型、不同等级的卷烟，制丝的工艺流程是相同的，制造低档卷烟，其工艺流程也不能简化；而不同等级的卷烟，由于其烟支的规格及包装的精美程度不同，卷接包的工艺流程有可能不同。

第二，能否满足不同初加工程度的烟叶原料生产要求。烟叶是卷烟加工的原料，其不同的加工物理性状，就要求有与之相适应的工艺流程进行加工。例如，以把烟为原料的工艺流程，要求具有完整的打叶风分及前处理工艺流程；而以片烟为原料的工艺流程，则可省去打叶风分及前处理生产线，但需要增加润片松散和掺配工序。在目前来料既有把烟又有片烟的过渡期内，工艺流程既要保留原有的打叶风分及前处理生产线，同时又要增加润片松散及掺配工序。

第三，能否满足卷烟加工的工艺要求。这是所制定的卷烟工艺流程是否在技术上先进的关键。主要从以下几个方面进行考虑：①所选设备是否符合卷烟加工原理的要求。如真空回潮、润叶、加料、叶片增温过程所选设备及操作，是否符合烟草吸湿的规律；如何根据烘丝前烟丝的水分和温度，选择烘丝机的热风流向和流速，以达到提高烟丝的填充能力、降低原料消耗的目的等。②工序的组成和排列。卷烟工艺流程中的每道工序均承担着一定的工艺加工任务，通过每道工序的加工，逐渐改变着烟叶原料的性质、尺寸和形状，从而完成合格在制品的生产。因此，卷烟工艺流程的工序组成和排列顺序是否合理，将会影响在制品的加工质量和原料的损耗。③工序间的连接方式是否合理。

第四，是否与生产能力相匹配。包括各工序的生产能力和各工段间的生产能力的匹配。工段间的生产能力匹配必须以工序间的生产能力匹配为条件，而工序的生产能力是由全过程的生产能力决定的，只有各工序的生产能力均按全过程衡算的流量进行生产，才能使整个卷烟生产线协调运行；否则，不仅会影响设备的有效作业率的发挥，还会造成在制品质量的波动。

第五，是否具有技术上的先进性。其主要表现在新工艺、新技术的应用推广情况以及自动化程度上，如是否采用了烟丝膨胀技术、是否采用了“柔打”技术、是否采用了叶丝先冷后混工艺、是否采用了分段集中的控制方式等。

第六，是否为今后的发展创造了条件。其主要体现在空间和时间以及生产能力方面是否考虑到了为今后技术的进一步发展、生产能力的适当扩大、原料形式的变化、产品结构的调整等留下发展的余地和空间。

第七，在生产中的实用性、可行性工艺流程的制定还应考虑物料的输送是否流畅，设备的操作、维修、调整是否方便，流程布局是否紧凑、协调、美观，各类管线排列是否整齐、清晰等。

3.1.2　制丝工艺

在卷烟生产过程中，制丝工艺的工序最多，工艺流程最长，加工方法和加工设备较为繁杂，工艺要求也较高。制丝效果（如烟丝的结构、填充值、纯净度、含水率及出丝率等）的好坏，不仅影响卷接包设备的有效作业率，而且直接影响卷烟的质量和消耗。在卷烟生产中，各工序间的连接方式是否合理，对加工的质量、原辅材料的消耗、能耗及生产成本等都有直接影响。目前，在制丝连续化生产中，工序间的连接一般采用皮带输送、振动输送和风力输送三种输送方式。

3.1.2.1　烟片处理工艺

烟片处理的过程主要有解包、切片、松片回潮、加料润叶和贮叶。在混合型卷烟生产过程中，白肋烟烟片还需经过加里料、烘焙和加表料处理。烟片预处理的任务和作用是松散烟片，使烟片均匀吸收水分和料液，改善烟叶内在质量，提高烟叶抗碎能力，满足后序加工工艺的要求。

烟片处理是将箱装的片烟原料通过开箱称重后，分切成大小基本相同的几片，对烟片进行加温、加湿以使烟片松散，通过预配，使各组分烟片原料初步掺和均匀后，使烟片均匀地吸收水分和料液，改善烟叶内在质量，提高烟叶的耐加工性能，满足下一工序制叶丝的工艺要求。

烟片处理的工艺过程主要为：备料—开箱与称重—切片—松散回潮—烟片预配—筛分与加料—配叶贮叶。

3.1.2.1.1　开箱与计量

开箱的工艺任务是将烟片（包括再造烟叶）通过开箱，拆掉外包装箱，按产品配方设计要求把烟片（包括再造烟叶）均匀地放在输送带上。计量则是准确计量每批烟片（包括再造烟叶）投入的重量。

开箱与计量的技术要点：一是开箱后应验看烟片（包括再造烟叶），剔除杂物和不符合配方规定的烟片（包括再造烟叶）；二是加强设备的维护保养，确保设备性能良好和工作正常；三是计量电子秤的精度；四是烟箱应按照一定的顺序摆放在输送带上。

3.1.2.1.2　切片

切片的工艺任务是将拆掉外包装的烟片（包括再造烟叶）按规定的厚度切成若干块。分切方法主要有两种：一种是将烟垛垂直分切成一定重量的小块，一块一块地送到下一工序；另一种是将烟片垛横向分切（铲片）成一定重量的小块，一层一层地送到下一工序。

3.1.2.1.3　松散回潮

松散回潮的工艺任务是增加烟片的含水率和温度，提高烟片的耐加工性，使切片后烟片松散，改善烟片的感官质量。松散回潮的质量要求为松散回潮后烟片无结块、结团现象，同时应达到规定的技术指标，具体要求见表3－1。

表3－1　松散回潮后烟片的技术指标

含水率（%）		温度（℃）	
指标	允差	指标	允差
17.0～20.0	±1.5	55.0～75.0	±3.0

松散回潮机的设备性能要求：一是烟片增加含水率不小于规定的技术指标，回风温度可达。含水率和温度的增加量可以自动调节。二是滚筒内装有的导流板和耙钉应完好，利于引导和松散烟片；滚筒外部有保温装置，以减少热能的损失。三是设备应具有水和蒸汽流量计、热风循环系统及冷凝水集中排放系统，热风温度和风速可调；热风循环系统装置合理。四是水流量计和蒸汽流量计的精度为0.5%。五是水汽喷嘴雾化性能适宜，位置合理，角度可调。六是筒体转速可调。七是设备运行稳定。

3.1.2.1.4　烟片预配

烟片预配的工艺任务是要使各品种、等级的烟片初步掺配均匀，为加料工序提供稳定的物料流量。烟片预配的设备性能要求：一是采用纵横往复式布料车进行铺料，具有配叶均匀的功能，纵向布料速度应保证配方中最小品种均匀掺配。

二是具有对烟片进料、出料及贮存量的监控功能。三是具有与流程相适应的贮存能力。四是出料均匀、彻底。烟片预配时，贮柜应有明显的牌别、批次等标志，不得错牌。整批烟片完全进柜以后方能出柜，不得边进边出。每批烟片应贮于同一柜中。

3.1.2.1.5 筛分与加料

筛分与加料的工艺任务是筛除6毫米以下的烟片，以利于加料，对烟片准确均匀地施加料液，并适当提高烟片的含水率和温度。

3.1.2.1.6 配叶贮叶

配叶贮叶的工艺任务：一是使各组分烟片进一步混配均匀，平衡烟片的含水率和温度。二是使烟片充分吸收料液。三是调节和平衡烟片处理工段和制叶丝工段之间的生产能力。烟片贮存时间根据产品设计要求确定，最短贮存时间为2小时，最长贮存时间以不得使烟片品质降低为限。贮柜应有明显的牌别、批次等标志，不得错牌。整批烟片完全进柜以后方能出柜，不得边进边出。每个贮叶柜的贮存量不应超过规定，贮叶高度不大于1300毫米。底带不得有残留，应定期对贮叶柜进行清理，防止发生霉变。

3.1.2.2 叶丝加工工艺

制叶丝的过程主要有切叶丝、叶丝加温加湿、烘叶丝和叶丝冷却。即经过烟片处理的烟片，通过切丝形变为叶丝。切后叶丝经过加温加湿、干燥和冷却，其松散性、卷曲性以及弹性提高，从而增加了叶丝的填充能力，所以，又把叶丝加温加湿和干燥称为叶丝在线膨胀。

制叶丝工段的工艺任务是将加料回潮并经过配叶贮叶后的烟片，制成纯净度高、整碎度适宜、填充能力强、耐加工性能好、燃吸质量好、水分均匀、适宜卷制要求的一定宽度的叶丝。制叶丝工段的工艺流程为叶片增温—异物剔除—定量喂料—筛分—增温增湿—叶丝干燥。

切丝机是制丝设备中的关键机械。按切丝方式可分为上下式切丝机、旋转式切丝机和滚刀式切丝机。上下式切丝机是我国较早使用的切丝设备，后来被旋转式切丝机和滚刀式切丝机所取代。目前国内卷烟企业使用较多的是滚刀式切丝机。

3.1.2.3 梗丝加工工艺

烟梗是烟叶的重要组成部分，通过梗叶分离后，可制得占烟叶总重25%左右的烟梗。烟梗质地坚韧，在烟草的栽培生长过程中，有输送养分和水分的作用，因此，它所含的化学成分的性质基本上与叶片相同，而在含量上则不及叶片。具体表现在：用烟梗制成的梗丝，燃吸过程中香气不足，吸味平淡，刺激性和劲头较小，杂气较重，尤其是木质性杂气重。但是，如果能将烟梗经过合理的加工利用制成高填充力的梗丝，可以作为卷烟的填充性原料。因此，烟梗加工的目的主要在于：一是提高烟叶原料的利用率，减少浪费，降低生产成本。二是发挥梗丝较强的支撑作用，增加烟丝的填充能力和燃吸时空气的透过量，达到降低消耗、提高烟支燃烧性的目的。

根据加工对象和加工性质的不同，制梗丝过程可以分为几个主要的工艺加工过程，即烟梗预处理、烟梗形变以及梗丝在线膨胀和梗丝风选。其工序包括筛分与回潮、贮梗、烟梗增温。

3.1.3 卷包工艺

最初的卷制工艺和接装工艺是相互独立的，现在则普遍采用了卷接机组的生产方式。卷包工艺主要包括贮丝喂丝、卷烟、包装、条烟输送、自动装箱、成品贮转。

3.1.3.1 烟丝输送

烟丝输送是指将贮丝房烟丝输送至卷烟机的工艺环节。目前采用的烟丝输送方式主要有风力送丝和小车送丝（包括轨道式和挂壁式）。实践证明，在烟丝输送过程中，由于其抗破碎性较差，很容易造碎，影响烟丝结构和填充值。贮后烟丝输送到卷烟机台一般采用小车送丝或风力送丝，小车送丝有挂壁式和轨道式两种。

3.1.3.1.1 风力送丝

风力送丝是目前采用最广泛的送丝方式。这种输送方式的特点是设备投资小、对厂房要求低、管道布置灵活，且具有松散烟丝、分离烟丝中粉尘等作用；不足之处是当输送参数选择不当时烟丝造碎严重，此外，无法对烟丝进行计量。

3.1.3.1.2 小车送丝

小车送丝系统是近年发展起来的一种新的烟丝输送系统。与风力送丝相比，具有烟丝温湿度易于保持，烟丝香气基本无散失，易于统计、计量，便于考核、分析，对烟丝的造碎小等优点；不足之处是对厂房要求高、设备投资大。小车送丝又可以分为挂壁式和轨道式；按系统中的小车数量可以分为单车往复送丝和多车环路送丝。

3.1.3.2 供丝系统

供丝系统具有贮丝、连续供丝、定量、松散、除杂等作用。无论采用何种送丝方式向卷烟机供丝，均是间歇性的，通过在卷烟机供丝系统储存一定量的烟丝，可以达到连续、均匀供丝的目的。

3.1.3.3 吸丝成型系统

吸丝成型系统的作用是将烟丝整理成连续束状，以便于卷制；并对烟丝进行最终定量。另外，在吸丝成型过程中，烟丝中的烟末和粉尘会被进一步分离出来。

供丝系统提供的烟丝量大于卷制烟支的实际需求量，多余部分在吸丝成型过程中由平准器修整下来，并通过回丝装置返回供丝系统。

3.1.3.4 卷接

烟丝喂入卷烟机料斗后，经均丝装置由风力将其吸附到烟丝钢带上向前输送，经卷制、切条和接嘴等环节卷制为烟支，进入烟支存储设备。

滤棒加工采用工厂原有的滤棒成型机进行生产，丝束由辅料库运至车间后经开箱、开松、增塑、上胶、成型、固化等环节，由滤棒发射机自动输送至各卷接机组。

残烟支的处理系统采用自动剥烟、分离、筛选技术。处理后烟丝运送至混丝工段待用，废烟纸送至废品处理间。

卷接质量是卷烟产品质量的重要组成部分。控制卷接质量，不仅可以保证卷烟具有良好的外观，而且有助于卷烟内在质量在抽吸过程中充分体现出来。这是因为卷烟是通过抽吸来消费的，其吸食品质的好坏除了与叶组配方、加料加香设计有关外，在很大程度上会受到抽吸条件的影响。而卷烟的卷接质量是影响其抽吸条件的重要因素。

3.1.3.5 卷烟包装

卷烟包装的主要目的是保质并便于流通。保质包括两层含义：一是通过包装保持卷烟产品的加香剂，使其不至于过快地挥发掉；二是保持烟支的水分，使其在贮存、运输和销售期间不会因环境湿度的变化而发生大的变化，从而保证产品的吸食品质不会由于烟丝过于干燥或潮湿而受影响，同时防止卷烟发生霉变，延长其贮存寿命。

卷烟包装分小盒包装、条包和箱装三个程序。卷烟产品是以箱装的方式出厂并进行运输和贮存的，零售则以小盒包装或条包的形式为主，小盒包装便于吸烟者随身携带。

3.1.4 卷烟生产系统特点

烟草行业生产属于流程式生产和离散式生产混合生产模式，在制丝作业期间，其生产模式为流程化生产，而在卷接包作业时，却具有离散化生产的特征，卷烟生产的过程主要通过对烟叶的制丝、卷接和包装完成价值的整个增值过程。从卷烟生产系统看，有如下特点：

3.1.4.1 流程式和离散式结合的混合生产模式

卷烟生产主要集中在制丝工艺、滤嘴成型工艺和卷接包工艺。其中，制丝生产工艺是一个物料混合的物理加工过程，基本上无法从其成品中分解出单独的原料，具有流程式生产的特点。而卷接包生产工艺是一种物料装配工艺，即在产品中可以分解还原出所有的主要原料，因此又具有离散式生产的特点，同时它们也有相同的一面，即生产能力高、等待加工时间短等。

3.1.4.2 现代卷烟生产高度自动化

现代制造技术、电子技术、控制技术、计算机技术和通信技术在卷烟生产中的广泛运用，使卷烟生产呈现智能化和集成化的特征，整个生产过程自动化程度得到很大程度的提高，生产的连续性、可靠性得到保证。

3.1.4.3 面向库存和面向订单相结合

就目前我国的卷烟市场而言，市场模式基本上属于计划经济模式，因此，为了及时把产品交到消费者手中，满足消费者的需求，卷烟生产、销售企业需要一定的库存量，即卷烟生产企业的生产组织模式主要为面向库存的生产模式。随着市场竞争的激烈和消费市场的多样化，为了最大限度地满足各种各样的消费群体，以及降低库存成本、降低库存积压以至产品变质的风险，卷烟生产企业必须采用面向订单的生产模式。

3.1.4.4 物料种类少，但库存量大

在卷烟生产中，许多物料，如铝箔纸、卷烟纸、醋酸纤维和烟叶、乳胶等可以直接用于不同的产品，这些物料的共同特点为通用性强、库存量大。但相对于其他的装配行业，卷烟生产企业的另一重要特点是物料种类少。此外，对于烟叶，由于是一种农产品，因此它具有所有农产品的共同特点，即固定的收购期，而且烟叶还有另一个重要特点就是需要进行一年以上的自然醇化，以提高其质量，因此库存期较长。

由于是大批量连续生产，烟草企业一般都采用自动化程度较高的生产设备进行生产。从卷烟产品的整个生产周期看，卷烟产品的生产过程依次经历以下五大环节：生产运作的策划—生产运作准备—生产过程的实施与确认—过程控制—质量检验及生产价值体现。

目前企业内部涉及生产管理和计划组织的部门主要是企业管理处和生产制造处。企业管理部门主要负责根据中烟公司月度生产调度令编制周生产计划并下发给生产制造部门，生产制造部门负责根据周生产计划制订日生产计划，根据实际生产情况及时进行调度并开展生产统计、生产情况综合分析、生产现场管理（生产监控）、生产过程管理以及产品在线工艺质量分析。

3.2 卷烟生产能源管理

3.2.1 卷烟生产的能源管理概述

3.2.1.1 卷烟生产的能源消费

卷烟企业的生产工艺特征决定了其终端能源消费主要是电力和蒸汽。但是由于企业所在地的配套设施、环境政策不同，企业外购的能源品种并不完全相同。比如，有的企业蒸汽直接外购，有的企业采用燃煤锅炉供应，而有的企业采用燃油锅炉供应。

卷烟生产的工艺特征决定了制丝车间的能源消费在企业总能耗中所占比重最大。根据课题组的调查，制丝车间的能源消费占企业总能耗的比重在44% ~ 68%。其次是动力车间，占企业总能耗的17% ~37%。

企业每个月的能源消费量不均衡。受企业生产计划、气候条件等因素的影响，一年之中卷烟企业能源消耗的波动较大。从调查数据来看（见图3－1），每年1月是各企业能耗水平最高的月份。

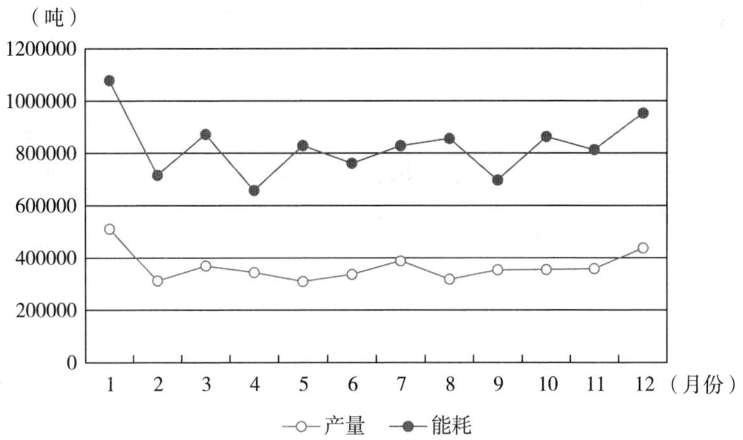

图3－1 N企业2019年分月份的能耗与产量情况

资料来源：课题组整理。

3.2.1.2 卷烟生产能源管理的含义

卷烟生产能源管理就是采用科学方法对卷烟生产过程中的能源采购、储存、转换、使用等环节进行计划、管理、生产、技术、设备、供应、资金、人员、计量、统计、监测、定额、核算、奖罚等方面的技术性管理工作。它能帮助卷烟企业降低能源成本、减少温室气体排放和控制风险，并确保能源的高效使用。实施全过程的能源管理，应建立能源管理系统、能源管理网络，落实能源管理职责。其目的是提高企业能源利用效率，从而提高企业的经济效益。因此，节能是企业能源管理的核心。

3.2.1.3 卷烟生产能源管理的特点

3.2.1.3.1 定量化

定量化是能源科学管理的基础。“定量”就是要有完整可靠的数据，在定量的基础上才能实行能源定额管理，编制供需计划和长期预测。完整而可靠的数据必须要有完整的统计系统和统计资料。

3.2.1.3.2 网络化

网络化是指不仅要建立健全能源管理组织的三级网络，还要建立能源计量网络和能源生产消费数据的报送网络。充分借助网络技术有助于实现高效的能源管理。

3.2.1.3.3 标准化

标准化是能源科学管理的重要组成部分，也是企业合理用能的一项重要手段。通过制定、发布和实施相关能源管理标准，使生产经营过程中能源消耗水平和能源管理水平有了合理的评价依据，从而有助于提升企业效益。

3.2.1.3.4 制度化

要组织好能源系统内部及外部所进行的一系列技术经济实践，必须建立和健全各种规章制度或标准，以文字形式、法律性质，将能源管理工作的程序、方法、要求、对象、范围等明确规定下来，作为全体员工的行动规范和准则。

3.2.1.4 卷烟生产能源管理的内容

3.2.1.4.1 企业能源采购存储管理

为保证输入能源满足生产需要，在企业能源需求分析基础上，确定能源采购品种，形成企业能源需求计划。根据能源需求计划，选择供应商，确定采购数量，对输入能源进行计量和质量检测，并对企业能源采购存储管理进行评价。

3.2.1.4.2 企业能源计量与监测管理

确定能源计量点和编制能源流向网络图，配置企业能源管理中所需的计量器具，建立企业能源计量体系，确定企业的能源监测管理模式，对企业能源监测进行动态控制，并实施企业节能监测。

3.2.1.4.3 企业能源消耗定额与考核管理

确定企业能源消耗定额的种类和统计范围，按照能源消耗定额制定的方法确定能源消耗定额，并对企业能源消耗定额的完成情况进行考核。

3.2.1.4.4 企业节能管理

企业一般有结构节能、技术节能和管理节能三种节能途径。企业节能管理的内容主要包括节能项目管理和合同能源管理。节能项目管理包括节能项目范围管理、时间管理、成本管理、质量管理、人力资源管理、沟通管理、风险管理、采购管理和集成管理。合同能源管理是指节能服务公司与用能单位以契约形式约定节能项目的节能目标，节能服务公司为实现节能目标向用能单位提供必要的服务，用能单位以节能效益支付节能服务公司的投入及其合理利润的节能服务机制。

3.2.1.4.5 企业能源管理信息化

根据企业能源管理信息系统的设计思想，选择合适的开发方法，按照一定的技术路线开发出企业能源管理信息系统，并在此基础上建立企业能源管理中心。

3.2.2 卷烟生产的能源设备管理

3.2.2.1 卷烟生产的用能设备

卷烟工厂所涉及的用能设备主要分为两大类：一类是生产工艺设备，另一类是动能保障设备。生产工艺设备主要包括制丝流水线设备、卷接包设备。动能保障设备主要包括锅炉、空压机、制冷机、空调机组、给排水、变配电等公用动力设施。

卷烟工厂主要生产设备有制丝设备、卷接设备、包装设备，另外还有发酵设备以及动力和其他通用设备。制丝设备主要有真空回潮机、打叶机、润叶润梗机、切丝机、烘丝机、贮丝机、梗丝膨胀机及其他辅联设备等；卷接设备主要有卷烟机、过滤嘴接装机、卷接机组、滤嘴成型机等；包装设备主要有小包机、条包机、包装机组和硬盒翻盖包装机组等。

从卷烟生产设备产生到现在，随着机械制造水平、自动化控制水平的进步，经过不断改进和发展，卷烟生产设备生产能力和安全性能都快速提高。如制丝生产设备实现了先进的光谱除杂、就地风选等。卷接包装设备运行速度由20世纪的每分钟6000支，逐步发展到现在的每分钟16000支甚至更高。卷烟生产设备采用了大量新技术，如PLC微机监控与人机对话界面，可方便地进行机器操作和人机对话，具有对故障进行初步诊断、生产数据统计、监控和记录操作信息等功能；在质量管控方面，更是实现了由“人防”向“化防”大转变，比如烟支经常出现的质量缺陷，如重量偏差、空稀头、漏气、嘴皱、油烟、水松纸残损等，都实现了自动检测和剔除。卷烟制造设备，尤其是卷接与包装烟设备是典型的光、机、电一体化产品，设备结构复杂，如GD包装机在从烟支到条盒的整个工序过程中，仅与辅料等直接接触的动作执行件就有近500个零部件，还不包括机器内部的上万个传动件。这种高技术水平的卷烟生产设备在保证了卷烟产品的质量的前提下，大大提高了劳动生产率，有效降低了企业生产成本。卷烟企业设备资产价值高，尤其体现在卷接、包装、电控设备上，属于资产密集型企业。同时，由于设备种类多（制丝、卷包、动力）、专业跨度大，因此管理要求也各不相同。

动力车间的各类设备具有不同的功能，在整个车间中发挥着不同的功能。依据这些设备在能源提供方面的重要程度、设备自身的价值、设备一旦发生故障产生经济损失的大小以及故障维修的难易程度等因素，它们可以分为以下三类。

3.2.2.1.1　一类设备：锅炉、电力变压器

锅炉是为车间提供蒸汽的设备。锅炉产生的蒸汽可用于烟丝加工过程中的烟叶和烟丝的回潮和加湿。蒸汽一旦停止供应，制丝车间的各条生产线就得停机，直接影响产品的生产。在锅炉能够提供蒸汽的条件下，如果蒸汽质量不达标，例如锅炉压力过低或蒸汽流量不均衡，同样也会影响烟叶、烟丝的质量。

此外，每个生产车间的空调加湿器热源也是由蒸汽提供的。一旦锅炉出现故障，不能提供蒸汽，就无法保证各个生产车间的温度与湿度，也会影响产品质量。在不停止生产的情况下，维修人员可以对锅炉的外围部件进行直接维修，而如果锅炉内部出现故障，就必须停炉，还要等到温度降下来之后才能进行维修。

电力变压器是负责所有部门（包括管理部门和生产车间）供电问题的配电设备。电是任何设备启动所必需的条件，所以，一旦电力变压器出现故障，就会直接影响到车间其他设备的生产运行。甚至，有时为某一生产车间供电的变压器出现问题，不仅影响到本车间的生产，还有可能影响到下一工序生产车间，使其不能正常工作。一旦电力变压器坏了，就比较难维修：一方面，维修得在停电状态下进行；另一方面，故障源不易查找，有时候从发现故障源到排除故障源得花上一两天时间，这就会造成很大的经济损失。

3.2.2.1.2　二类设备：空气压缩机、空调

空气压缩机的主要作用是为制丝和卷包车间提供压缩空气。当空气压缩机出现故障时，气动设备的运行就会受到影响。

空调的作用主要是控制生产车间的温度和湿度指标，使其严格符合规定的指标从而确保烟丝、卷烟的质量。空调一旦出现故障，尽管空气的温湿度指标在短时间内变化不是很明显，不会很快影响生产，但如果调整不及时，标准的温湿度指标就得不到保障，进而会影响到产品质量。

空调和空气压缩机出现故障时造成的损失较大。一方面，它们出问题时，维修难度较大；另一方面，机器维修好以后，继续正常生产以前，设备需要一定时间启动、预热和调整，这就会损失一定的能源。

3.2.2.1.3 三类设备：水泵、风机、电机、制冷机等

水泵、风机、电机和制冷机等设备也发挥着相当重要的作用，但是由于它们的规模不大，所以，当它们出现故障时，对生产的影响相对来说不是很大。车间中这类设备的数量较多，维修人员对这些设备也相对比较熟悉，对故障的情况也比较了解。所以当这类设备出现故障时，车间内一般都可以进行自主维修。

卷烟企业主要的用能设备如表 3－2 所示。

表 3－2 卷烟企业主要的用能设备

序号	能源种类	区域/工段	设备	是否连续使用	对应岗位
1	水、电、气、汽	烟梗预处理	洗梗机、刮板润梗机	是	烟梗翻包喂料工、烟梗预处理工
2	水、电、气、汽	制梗丝加香	烟梗回潮筒、梗丝加料筒、梗丝加香筒	是	烟梗及梗丝处理段中控工、梗丝加料监控工、梗丝加香监控工
3	水、电、气、汽、天然气	制梗丝干燥	梗丝气流干燥塔、烘梗丝筒	是	梗丝干燥中控工、梗丝干燥监控工
4	水、电、气、汽	切（梗）丝	切叶丝机、切梗丝机	是	切叶丝工、切梗丝工
5	水、电、气、汽	烟片预处理	松散回潮筒、叶片加料筒	是	松散回潮监控工、叶片加料监控工
6	水、电、气、汽	制叶丝	增温增湿筒	是	增温增湿监控工
7	水、电、气、汽、天然气	制叶丝干燥	超级回潮筒、叶丝气流干燥塔	是	叶丝干燥监控工
8	水、电、气、汽	混丝加香	烟丝加香筒	是	烟丝加香监控工
9	水、电、气、汽	储丝房风力送丝	喂丝机	是	出料工
10	水、电、气、汽	废烟处理	废烟处理机	是	废烟处理工
11	水、电、气	成型	成型设备	是	操作工、维修工
12	水、电、气	发射	发射机组	是	操作工、维修工
13	水、电、气	制冷	制冷机组	是	维修工
14	水、电、气	集中供胶	供胶机组	是	操作工、维修工
15	电	制冷工序	制冷机组、冷却水泵、冷水泵、冷却塔	否	空压制冷空调操作工、维修工
16	电	空压工序	空压机组、干燥机、冷却塔风机及软水加压泵	是	空压制冷空调操作工、维修工

资料来源：课题组整理。

3.2.2.2 烟草行业设备管理要求与现状

2008 年以来，中国烟草总公司紧紧围绕行业发展基本方针和战略任务，先后下发《中国烟草总公司设备管理办法（试行）》《中国烟草总公司卷烟工业企业设备管理绩效评价体系（试行）》《中国烟草总公司关于推进卷烟工业企业设备管理精益化工作的指导意见》等文件，明确提出了“健全体系、完善制度、夯实基础、创新模式”的行业设备管理任务，确立了“三个转变”的指导思想，即由经验管理向科学管理转变、由只关注设备阶段性的单纯技术管理向技术与经济相结合的综合管理转变、由满足单个企业的设备保障管理向满足集团企业多点管控的生产规范化与产品质量标准化的设备管理转变。通过建设行业设备管理信息系统，发布设备管理绩效评价报告、开展设备管理专题研究、组织设备管理经验交流会等，从宏观到具体、从整体到局部，指导卷烟工厂设备管理改进和创新，推动行业设备管理上水平。

3.2.2.2.1 中国烟草总公司设备管理办法

《中国烟草总公司设备管理办法（试行）》（中烟办〔2009〕84 号）是烟草行业设备管理领域的纲领性文件，要求基层企业建立满足行业发展需要的设备管理体系，并在组织、经济、技术等方面采取措施，将设备的物理形态管理和价值形态管理相结合，对设备的全生命周期进行综合管理。文件共 14 章 76 条，分别对设备分级，分类，基础管理，前期管理，使用管理，维修管理，改造、更新与报废管理，技术与经济管理，安全、环保与节能，资源管理，教育与培训，考核与评价等方面做出了详细要求，鼓励并支持设备工程技术和管理技术方面的研究、实践和创新，积极推动现代设备管理方法和科学技术成果的应用。

3.2.2.2.2 卷烟工业企业设备管理绩效评价体系

《中国烟草总公司卷烟工业企业设备管理绩效评价体系（试行）》（中烟办〔2011〕16 号）制定了七大类 20 项指标，“绩效评价体系”适用于总公司对省级工业公司及所属卷烟工厂的设备管理绩效评价工作。2014 年以来，通过建立行业设备管理信息系统，已实现全行业卷烟工厂设备绩效指标的信息化管理，通过对行业设备管理绩效指标的核对计算、汇总、发布，引导卷烟工业企业自觉进行指标比对，明确设备管理水平定位，识别差距，分析原因，寻找办法，制定措施，改进优化，形成设备管理绩效提升的良性循环。

3.2.2.2.3 卷烟工业企业设备管理精益化工作的指导意见

《中国烟草总公司关于推进卷烟工业企业设备管理精益化工作的指导意见》（中烟办〔2014〕70 号）提出“四个零”目标，即设备运行零故障、设备诊断零失误、备件管理零冗余、设备零安全事故。文件指出，重点采取六方面措施，即精细管理设备全生命周期基础信息、精确预测设备运行状态、精准修理推行设备、精心保养实施设备、精实控制设备运行成本、建设精干的队伍；不断提升设备运行效率、降低故障停机、保证产品质量、降低材料耗损、控制运行费用、提升队伍素质。

3.2.2.3 卷烟工业企业的 TnPM 管理体系

TnPM 是以最高的设备综合效率和完全有效生产率为目标，以全系统的预防维修为载体，以员工的行为规范为过程，以全体人员参与为基础，以设备为主线的管理体系，是设备人机系统精细化管理体系的总称，是全员参与、步步深入的，通过制定规范、执行规范、评估效果、不断改善来提升设备综合效率的设备管理体系。TnPM 在原来日本 TPM（全面生产维护）的三个“全”（全员、全系统和全效率）的基础上扩展为四个“全”，即以设备综合效率和完全有效生产率为目标（全效率）、以系统的检维修体系设计为载体（全系统）、以员工的行为规范为过程（全规范）、以全体人员参与为基础（全员）。

2013 年，全国 TnPM 五阶六维评价委员会提出了精益 TnPM 方法论。所谓精益，即理念是高价值、低成本，而 TnPM 理念是人机和谐与规范化，两者可以起到互促、互补作用。两个体系虽然提法各异，但都会遵循 6S（整理、整顿、清扫、清洁、素养、安全），清除六源（6H，污染源、清扫困难源、故障源、浪费源、缺陷源和危险源），进行六项改善（6I，改善影响生产效率和设备效率的环节、改善影响产品质量的细微之处、改善影响制造成本之处、改善造成工人超强劳动及局部疲劳动作的环节、改善造成事故及环境危害的隐患之处、改善工作和服务态度），追求要素极限的 6 个零（6Z，追求质量零缺陷、追求材料零库存、追求安全零事故、追求工作零差错、追求设备零故障、追求生产零浪费）。烟草行业又增加了零投诉，扩展为 7 个零为管理基础。

TnPM 有很多价值含量高的工具箱，适用于在设备管理方面发挥优势，如科学的前期管理、自主维护三闭环、小停机管理、零故障管理、全优润滑管理、维修策略优化［赛车式检修（PITSTOP）、全面质量维护（TQMain）、价值驱动维修（VDM）、安全为中心维修（SCM）、寿命周期风险维修（LCRM）等］、备件管理优化、维修规范体系，以及员工成长模型、赢在基层班组建设、全员参与的有氧活动和源头追溯与根除预案等，将有效地把握设备精益管理的关键环节。精益 TnPM 管理体系，“精”就是少投入（包括人力、设备、场地等）、少消耗资源、少花费时间，“益”就是多产出经济效益、多创造价值，其核心是消除一切消耗了资源而不创造价值的浪费。通过导入精益 TnPM 管理体系，改革传统的思维方式和原有的管理模式，推进精益转型，应用精益持续改善的方法和工具，全面消除生产经营管理过程中存在的时间、空间、人力、资源等各种浪费，为企业创造更大效益，实现企业管理升级。精益 TnPM 的应用以实事求是为本，适时、恰当、准确，不唯书、不唯上，只唯实、有侧重。

在各类设备管理制度建立、修订与优化过程中，卷烟企业应贯彻设备全寿命周期与完全有效作业率管理原则和理念，融合全面规范化生产维护体系（TnPM）要求，将设备管理分前期（采购到安装试产阶段）、中期（正常使用阶段）、后期（老化至报废阶段）不同阶段，并针对各阶段不同流程与重点实施精益化管理。

在设备前期管理中，设备管理职能部门分金额、周期、产地、技术、后续维护等不同要素，提出并规范了招投标管理机制，实施合理的技术把脉、分级审批、灵活移交等管理规定，尽可能地明确了后续设备使用指导、技术支持、异常处理与备件保障等规范要求，使其他企业常见的以价格为主的传统设备招标模式，变成了“技术为先、价格为辅”或者“技术与价格相结合”的较为合理的招标模式。

设备处于使用期，是资产成本投入取得回报的重要时刻，为保持设备稳定，充分发挥性能作用，参照 TnPM 体系“五阶六维评价标准”要求，设备管理部门应制定设备安全操作标准、清扫标准、润滑标准、点检标准、维修标准五大标准，使日常设备使用、维护、维修有法可依。

在设备使用后期，设备管理部门要关注设备异常规律性，通过故障管理制度、维修管理制度、技术改造管理制度、事故管理制度等系列制度引导，强化设备故障异常统计与分析，再加上正在开展的检维修规范管理明确的设备维修行为、技术规范与维护质量验收标准，这些都成为用好设备的前提条件与基础。

3.2.2.4 卷烟工业企业 TnPM 管理体系的建立

除了坚持全员参与和持续改善的 TPM 核心理念外，TnPM 的重要特点是在自主维护管理的基础上，对企业设备人机系统检维修体系进行整体设计，搭建出“自主维护—专业检维修—维修预防”三闭环维护体系。其核心是设备检维修模式（SOON）的建立，即通过策略—现场信息采集与分析—维修组织与资源配置—保养和维修行为规范 4 个环节，建立严密的防护体系，达到最高设备产能和效率的释放及最低运行成本的目标。除此之外，TnPM 在现场管理四要素、全员改善机制和员工技能提升及知识案例形成、设备管理信息化软件设计和设备全寿命周期系统评价（TnPM 的五阶六维评价标准）方面都逐步形成了自己的推进路线图和阶段重点，如图 3－2、表 3－3 所示。

TnPM 的推进过程主要分成三个阶段，每个阶段又各有重点。

第一阶段：

（1）先期导入 TnPM 管理工具理念，通过宣贯、制订 TnPM 实施计划、导入培训等形式在全厂员工中达成共识。

（2）初步建立以“6S”“清除六源”等四要素为基础的现场改善机制。

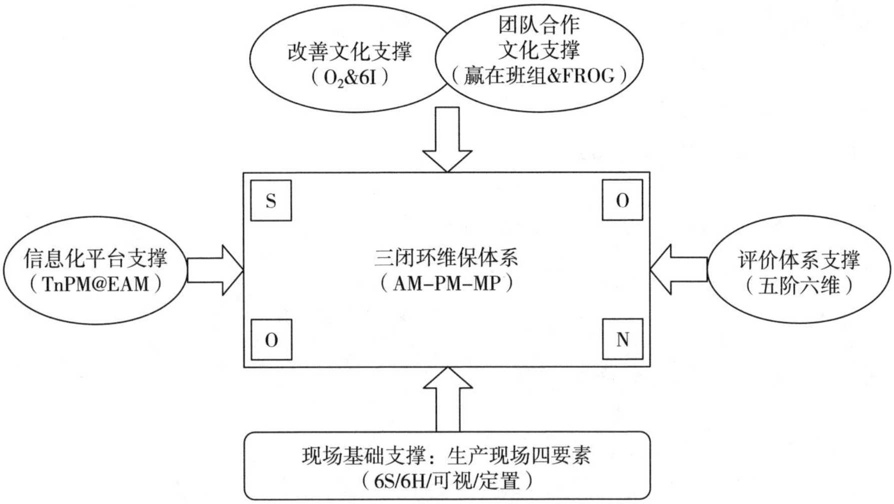

图 3－2　TnPM 的整体框架

表 3－3　某卷烟企业 TnPM 体系推进的总体内容

模块	类别	主题
1	现场管理	以 6H 为核心的现场四要素建设（6S 深化、消除 6H，可视化、定置化应用）规范化水平提升
2	自主维护	在现有保养机制上进一步提升自主维护能力
3	优化检维修体系	设备维修流程与资源优化，建立三闭环维保体系
4	内部评价机制	建立内部评价机制，形成管理闭环

注：6H 是指污染源、清扫困难源、故障源、缺陷源、浪费源、事故危险源。

（3）完善设备现场信息采集为重点，以规范保养流程、方法为主线，导入系统的设备检维修体系。

（4）现场改善为切入点，初步导入单点课（OPL）、提案改善（OPS）体系。

（5）初步建立 TnPM 管理工作评价、激励机制。

第二阶段：

（1）全面导入现场“四要素管理”，建立目视化和定置化管理规范（手册）并实施。

（2）规范化为重点，推进员工自主维护，建立完善的检维修体系。

（3）完善 OPL、OPS 体系，实现常态运行。

（4）要素为主线，完善职责体系，实现 TnPM 与其他管理体系（ISO9000、

OHSAS18000 体系等）的融合，理顺管理流程。

（5）建立 TnPM 管理评价体系。

（6）开展员工企业成长设计和实施。

（7）初步建立 TnPM 信息化系统。

第三阶段：

（1）完善持续改进的现场管理机制。

（2）在建立和完善评价体系的基础上，建立卷烟制造企业的入阶评价标准和流程。

3.2.3 卷烟生产的能源管理体系

3.2.3.1 能源管理体系的特点

2009 年 3 月我国发布的首项能源管理体系国家标准《能源管理体系要求》（GB/T 23331－2009）为实施管理体系认证、建立能源管理长效机制奠定了基础。2012 年 12 月修订后的《能源管理体系要求》（GB/T 23331－2012）发布，并于 2013 年 10 月 1 日实施。GB/T 23331－2012 覆盖了能源管理的全过程，主要内容包括：

（1）总要求。组织应建立并实施能源管理体系，以降低能耗、提高能源利用效率，能源管理体系应覆盖组织与能源管理有关内部过程和外包过程。

（2）管理职责。包括管理承诺、能源方针、作用、职责和权限等方面的要求。

（3）能源方针。能源方针促使能源管理体系和能源绩效在组织规定的范围和边界内得以实施和改进。

（4）策划。包括能源因素、法律法规及其他要求、能源管理基准及标杆、能源目标和指标、能源管理方案等方面的要求。

（5）实施与运行。包括资源，能力、培训和意识，信息交流，文件控制，记录控制，运行控制等方面的要求。

（6）检查。包括监视、测量与评价、合规性评价、不符合，纠正、纠正措施和预防措施、内部审核等方面的要求。

（7）管理评审。包括总则、评审输入、评审输出等方面的要求。

能源管理体系的特点包括：

（1）运用管理的系统理论。我国能源管理体系标准首先运用了系统原理在识别、分析和评价能源因素并考虑法律、法规、标准及其他要求的基础上确立能源方针和目标，为实现能源目标所规定的具体要求制定了能源指标，充分发挥了能源管理体系的整体优势，达到系统节能的目的。

（2）采用 PDCA 运行模式。PDCA 持续改进的循环模式有助于改进组织的管理业绩，在管理领域具有广泛的通用性，也适用于能源管理体系。

（3）应用过程方法。在能源管理体系建设中，使所有过程有机地结合，促进 PDCA 循环发挥更显著的管理效率。

（4）注重协调性与融合性。能源管理体系标准充分考虑了与其他标准整合的要求，以达到管理体系的相互兼容、相互协调。能源管理体系标准强调过程方法和管理的系统理论的有机结合，这样才使 PDCA 循环更具有管理的生命力。该标准通过规范各种能源管理活动、制度和措施，注重寻求和利用适宜的节能技术和方法，以及最佳能源管理实践和经验，达到节能减排的目的。

3.2.3.2 卷烟企业能源管理体系建设思路

应用系统理论和过程方法，围绕“数据驱动”和“事实流程”，通过有效控制能源使用消耗，建立持续改进能源绩效所需的系统和流程，以低成本或无成本的管理措施，依托现有能源管理信息系统，将能源管理工作与法律法规、政策、标准及其他要求进行有机结合；针对组织用能全过程和生产运营全过程，对组织的能源因素进行识别、控制和管理，实现降低能源消耗、提高能源利用效率的目的。

（1）基于历史“数据”和事实“法规”。通过对企业数年来的能耗平均值和最优值分析，确定企业能源基准，结合企业管理目标和相关法律法规要求确定企业的能源目标。

（2）基于过程控制为主。以能源可控变量为基础设定能源绩效参数：对能源控制或影响可控能源变量的设备、设施的部分工艺参数及其他（人、物料等）可测量的参数。

（3）基于“数据”和“事实”对比。通过在日常运行中监控和保持各能源绩效参数在设定范围值内，并通过指标管理方案的实施，定期测量计算实际能源绩效，并将能源绩效（实际值）与能源指标（预计值）进行跟踪比对，比对发生偏差的则制定相应的改进或调整措施，必要时调整目标指标或实施方案，确保能源绩效符合能源指标或能耗标准（定额）。能源绩效反映整体绩效参数的控制情况。

3.2.3.3 能源管理体系建设步骤及方法

3.2.3.3.1 准备工作

能源管理体系建设之前，首先要确立相关组织机构，以确保能源管理体系与集团现有的质量、环境、职业健康安全三标体系的兼容性和一致性。卷烟企业成立能源管理体系建设项目实施小组，能源管理部门负责组织推进体系建设，组员由各厂、部门、车间负责节能减排、清洁生产人员组成。编制能源管理体系实施方案，明确成员职责、项目建设目标、体系实施范围与工作计划，同时举办能源管理体系宣贯培训。

3.2.3.3.2 能源评审

能源管理评审是企业明确能源管理现状的手段，其结论是建立能源管理体系的技术基础和前提条件；通过评估建设前期的能源管理水平，找到能源管理过程中存在的不足。能源评审的内容主要包括：一是明确组织应遵守的与能源相关的法律法规，收集、分析和评审集团现有与能源相关的管理制度、职责、程序等文件，与 GB/T 23331 标准要求对照，进行合规性评价，形成《合规性评价报告》。二是运用过程管理的思路，通过对生产工艺过程观察、企业能源管理现状调查、能源技术调查和历史用能数据分析，识别主要用能种类、主要耗能设备，对主要能源消耗影响因素进行分析，确定出主要能耗因素并制定控制措施，作为能源绩效改进的机会并排序，最终形成《能源使用评价表》，编制《初始能源评审报告》。

3.2.3.3.3 确定能源目标指标及管理方案

首先，确定能源管理方针，方针应明确承诺遵守与能源管理相关的法律法规、政策、标准及其他要求，承诺降低能源消耗、提高能源利用效率并持续改进。其次，根据初始能源评审信息，制定尽可能量化和分层次的能源管理目标指标、能源基准，确立能源管理标杆。最后，形成能源管理实施方案。通过能源绩效指标跟踪，对能源消耗的难点、重点进行分析攻关，针对工作短板和存在的问题制订详细的能源管理方案；并分别明确方案实施的主要负责人员，深挖主要耗能设备及相关工序的节能潜力，细化能源过程管控。

3.2.3.3.4 能源管理体系文件编制

绝大多数卷烟企业已通过质量管理体系（ISO9001）、环境管理体系（ISO14000）、职业健康安全管理体系（OHSMS）三个体系认证，能源管理体系的建立应充分考虑与三个体系文件的融合，充分利用已有资源，以确保多体系的一致性和兼容性。在能力培训、文件、运行控制、设计、采购等方面引用原质量环境安全体系程序文件，形成完整有效的涵盖能源采购、转换、输送、消耗等环节的全过程的规范、科学、系统的管理制度体系。

3.2.3.3.5 能源管理体系运行

能源管理体系文件在业务与管理过程中予以实施，是体系运行中比较关键的阶段。能源管理体系刚建立时需改进的问题相对较多，应通过体系自身运作完善。此阶段需对新编制的能源管理体系文件使用者开展内审员培训，并纳入到培训考核中。同时，基层开展能效对标、职工合理化建议等活动，激励员工积极建言献策，保证体系运行的有效性。

3.2.3.3.6 能源管理体系内部审核和管理评审

能源管理体系内部审核是体系运行的全面系统衡量、检查和评价，是为衡量体系文件是否符合标准要求、体系文件是否得到严格执行及体系运行产生的绩效而采取的检查分析评价，为管理评审提供依据。

能源管理体系经试运行后，应对能源管理体系与能源方针、目标的适宜性，机构设置、职责分配及人力资源配置情况，能源管理绩效、目标指标实现程度，与外部相关方交流反馈情况，内部审核、纠正和预防措施的实施状况和验证结果等方面进行评审。

3.2.3.3.7 能源绩效

针对卷烟企业生产产品过程，以整个能源流转、使用为框架基础，对能源采购、输配送、加工转换、使用等环节做到“摸得清、控得住、降得下”，形成“运转顺畅、执行有力、监控有效”的节能管理机制。

4　精益管理

4.1　精益管理概述

4.1.1　精益管理的起源

精益的英文为 lean。朗文词典（Longman，1988）对 lean 的含义做了说明，作为形容词，lean 可理解为：①very thin，即瘦瘠的；②without much fat，即少肥肉的；③producing or having little value，即贫乏的。

精益管理主要来自于精益生产，而精益生产则来自于对丰田生产方式的提炼。由于丰田公司消除各种浪费，与采用大量生产方式的其他公司相比，仅用了一半的投入就获得了同样甚至更高的产出，因此，“精益”的提出者将丰田方式称为 lean，它的中文词义是“没有最好，只有更好，精益求精”，或“精简”。精益方式又可理解为：“精”表示精良、精确、精美；“益”表示利益、效益等。

按照日本学者门田安弘的总结，精益生产是在日本丰田汽车公司创造的准时制（Just in Time，JIT）生产的基础上发展起来的，以最大限度减少企业生产所占用的资源、减少企业管理和运营成本为主要目标的生产方式。在精益生产长期发展过程中，出现了多种名称，如丰田制造系统、看板系统、零库存生产方式、世界级制造、连续流制造（IBM 公司）、准时制造等。

精益生产方式产生于第二次世界大战后的日本丰田汽车公司，1973 年秋季石油危机爆发后，丰田生产方式才开始逐渐引起社会上的关注。1985 年，美国麻省理工学院筹资 500 万美元，由沃麦克（Womack）教授与丹尼尔·琼斯（Daniel T. Jones）教授领导“国际汽车计划”（IMVP）研究项目，组织了 50 多位专家，用了近 5 年的时间，对 15 个国家 90 家汽车厂进行考察，对什么使日本汽车制造业能在短短的二三十年间给欧美汽车业界带来如此大的冲击进行了广泛与深入的研究。沃麦克于 1990 年出版了《改变世界的机器》（*The Machine that Changed the World*）一书，在丰田生产方式的基础上提出了更加完善的生产经营理论，并将其定名为“精益生产”（Lean Production），于 1994 年提出了“精益企业”的概念，并于 1996 年将这些方法和理论总结为精益思想。哈佛大学研究室将深化产品开发作为精益企业最重要的要素进行了研究，出版了《产品开发绩效》（*Product Development Performance*）一书。德国也在精益生产的基础上总结出精益管理。精益生产方式在实践中被诸多企业采用，并且风靡全世界。

近年来，精益生产方式在专家、学者和企业家的大力推动下，在各行业得到了迅速推广和应用，精益生产方式在中国正日益受到人们的重视，未来发展潜力巨大。

4.1.2 精益生产的理念

从理论上讲，精益生产与丰田生产体系没有本质的区别，沃麦克在《改变世界的机器》一书中明确指出：“我们确信精益生产方式必将在工业的各个领域取代大量生产方式与残存的单件生产方式，成为 20 世纪的全球标准生产体系。”当今产业界已经提出“精益生产、丰田生产方式是 21 世纪的主导生产模式”。

丰田生产方式奉行的理念，除了受到戴明（W. Edwards Deming）质量管理和福特流水线的一般影响之外，其最不同之处来源于丰田生产方式的缔造者：创始人丰田佐吉、他的儿子丰田喜一郎、专职董事丰田英二和工程师大野耐一。丰田生产方式以“消灭一切浪费”为着眼点，设法在生产过程中消除任何无用的动作、避免无用的努力、拒绝无用的材料，努力建立一种新型企业：消灭不能给产品或服务的最终用户带来好处的所有活动，同时持续不断地寻找并贯彻改进的方法。

精益生产就是及时制造、消灭故障、消除一切浪费、向零缺陷和零库存进军。精益生产综合了大批量生产与单件生产方式的优点，力求在大批量生产中实现多品种和高质量产品的低成本生产。

精益生产方式是通过消除一切非增值的环节（即浪费），实现以最少的资源投入满足客户的需求并获取最大回报的企业运营方式。它强调以更少的人力、设备、空间（场地）、原材料投入和更短的时间，为客户在合适的时间和合适的地点，以具有竞争力的价格提供合适数量的合适产品。精益方式可应用于生产运作、产品开发、供应商以及顾客关系等企业运营的各个方面。

精益生产方式综合了单件生产与大批量生产的优点，既避免了前者的高成本，又避免了后者的僵硬化，如图 4－1 所示。精益生产系统的各个层次上都雇用了多面手，并采用了通用性好、自动化程度高的机器来制造品种多样的产品。精益的英文是“lean”，原意是“瘦的”，在精益生产中转意为“简化的”“精简的”“精益的”等。精益生产的基本原理是一切从简，即以简化一切不必要的工作内容为出发点。同时，其特别强调在任何时候对任何事物必须精益求精，在管理人员乃至每一个雇员的指导思想上，企业永远只是处于良好而不是最佳状态，要不断加以改进。因此，在企业“减肥”的同时，要对企业进行“活血”，即赋予企业基层组织以高度的自治权，使其承担主要责任，提高企业的活力。

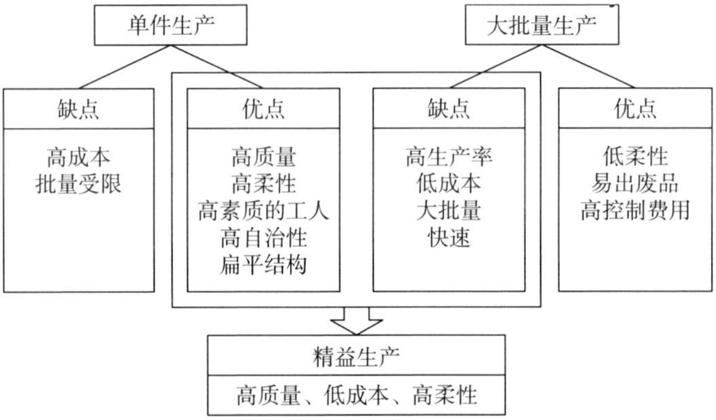

图 4－1　精益生产综合了单件生产和大批量生产的优点

资料来源：顾新建，曹韵红，徐福缘．大批量定制生产与精益生产方式的比较［J］．成组技术与生产现代化，2000（4）．

精益生产方式的特点可归纳为：以“人”为中心，以“简化”为手段，以“尽善尽美”为最终目标。麻省理工学院的研究小组调查结果表明，一般非精益制造企业中约有一半人、一半生产场地、一半新产品开发工作、一半库存量、一半设备投资与增加产品的附加价值无关。精益生产从简化着手，从而彻底改变了企业的面貌。

虽然在理论上精益生产较丰田生产方式并未有实质性突破，它是麻省理工学院的 IMVP 经过 5 年潜心研究丰田生产方式后提出的另一种命名，但是在实施过程中，世界各国企业在对丰田生产方式进行广泛学习的基础上，不断挖掘其合理的内核和进行本地化应用后，掀起了一股学习精益生产的狂潮。随着对丰田生产方式的不断推广和改进，精益生产把丰田生产方式从生产制造领域扩展到产品开发、协作配套、销售服务、财务管理等领域，贯穿于企业生产经营活动的全过程，使其内涵更加全面、更加丰富，对指导生产方式的变革更具有针对性和可操作性。

4.1.3 精益管理的目标

精益管理的目标可以从企业经营和运营这两个层面来看。

从经营的层面来看，精益管理的目标就是提高企业盈利能力和提升企业的市场竞争力。通过消除浪费、提升效率、降低成本，从而提高企业的盈利能力；同样做一件产品，执行精益管理的公司时间更短、成本更低、质量更好，从而提升企业的市场竞争力。但是在企业经营的实际过程中，盈利能力不光取决于成本控制，还取决于很多市场因素；企业竞争优势也不光取决于物美价廉的产品和服务，还有其他软实力。因此，一般不直接以经营层面的目标来衡量精益管理。

从运营的层面来看，精益管理主要聚焦四大目标——质量（Quality，Q）、成本（Cost，C）、交付（Delivery，D）、安全（Safety，S），如图 4－2 所示。

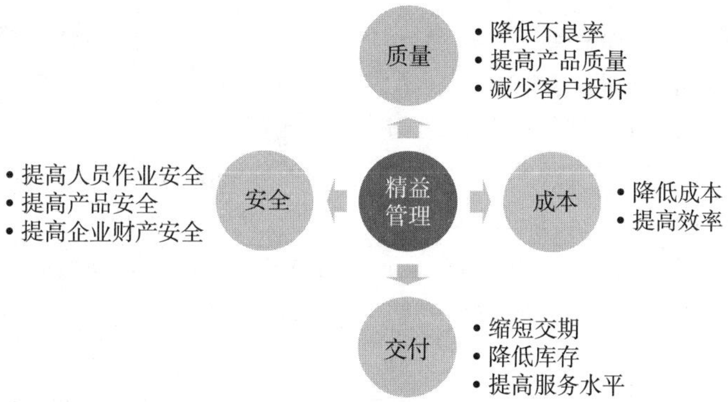

图 4－2 精益管理四大目标

4.1.4 精益管理的原则

沃麦克和琼斯（2003）将精益方式的精髓总结归纳为五项基本原则，它们是实施精益管理的基础。

4.1.4.1 识别价值

无论每一过程是否正确有效地执行，只要提供给顾客错误的产品和服务都意味着浪费。为了避免这种浪费，精益思想提出，首先应对产品和服务进行全面的需求分析，并与特定的客户沟通以明确其在特定时刻的特殊需求及预计的输出。

精益思想的关键出发点是价值（value）。价值只能由最终客户来确定，而且只有通过在特定时刻以特定价格提供满足客户需求的特定产品来确定时，价值才有意义。大部分的企业往往将价值理解为以最“有效益”的方式运用现有的资源，而精益思想要求企业能够打破传统，从一种自觉的尝试开始，通过与用户的对话，为具有特定功能并以特定价格提供的产品精确定义价值。这样做就要求暂不考虑现有的资源和技术，而要把注意力集中于顾客真正需要的价值上。

在适当的时间、以适当的价格向客户提供价值是企业成败的关键；能站在顾客的角度重新定义价值是能够找到更多客户的关键；而可以找到更多客户和创造更多销售额的能力又是精益思想能够取得成功的关键。

因此，精确地识别价值是精益思想关键性的第一步。

4.1.4.2　价值流

在任何企业中，所有被创造出的价值都是经由一系列的活动和任务，在适当的时间、按照适当的顺序逐步完成的，也就是经过一个价值流（Value Stream），最终才能得出结果。价值流表现为从产品概念形成到实现，或从订单到交付，或从原材料到产成品的一切活动按次序的组合。

完整的价值流包括两个方面：①物料流，即各阶段的产品在整条价值流里的流动；②信息流，即推动物料流动所需信息的流动，既包括产品研发过程中的信息流动，也包括从订单到生产的管理过程中的信息流动。

依据是否对顾客价值做出贡献，整个价值流中的所有活动和任务可以划分为三种：①增值活动（value added activities），即真正能够为客户创造价值的活动，如装配；②非增值但必需的活动（necessary non value added activities），即在目前产品开发、补充订货或者生产系统中还需要，尚不能马上取消或者不可避免的活动（称为第一种浪费），如检验工作以确保质量；③非增值活动（non value added activities），它们是在操作上完全不必要、必须马上去掉的活动（称为第二种浪费），如待料、整理半成品、二次搬运等。根据企业现有价值流，首先应该立即消除第二种浪费，然后在改善和提高技术水平或运营条件的情况下，利用“流动、拉动以及尽善尽美”原则，逐步消除其他仍然存在的不创造价值的浪费。

价值流分析应关注每一个产品或产品族的整条价值流，而不是单一的过程，即从价值链最初的供应商开始一直到最终客户，一旦开始这样做，人们就能发现大量的非增值活动。在企业中，这种整体化的解决方案被称为精益企业。

4.1.4.3　流动

在确定价值、绘制价值流及消除非增值的活动等步骤完成之后，下一步就是要确保价值流顺畅地“流动”（flow）。那么何谓流动？简单地讲，其指企业通过打破工种、职务、部门等传统界限，去掉影响具体产品或产品族连续流动的障碍，重新思考具体的工作方法和工具来消除各式各样的倒流、废品和障碍，使完成一项任务所需要的基本步骤排列成一个稳定的、连续的流，其中没有浪费的动作、没有干扰、没有排队而连续地进行。

使流程顺畅是非常关键的一步，它需要思想上的深刻改变，即在持续流动思想指导下克服传统的批量生产思想。

企业通常是按职能部门（或不同的工种）纵向组织起来的，因为职能式的组织是创造和储备知识的最佳方法，也是发展员工最好的途径。但是，这种组织形式通常导致“批量生产、排队供应”（batch and queue）的生产方式，即上游工序生产一定批量后再传递给下游工序，而批量则意味着产品要长时间地排队等待。另外，这种方法往往使部门人员忙个不停，使所有的设备超负荷运转，往往还需要使用精密的高速设备。那么，我们为什么不能重新思考，通过降低批量、加快流转使价值流连续地流动？

另外，“批量生产、排队供应”的方式也不易使员工产生心理上的流动。工人们只能看到整项任务中的一部分，而没有核实任务是否正确执行及整个系统的真实状态的信息，因此，重视工作的持续流动和价值的持续流动，也同样为心理流动打下了基础。

因此，从接到客户订单到产品生产再到产品交付的整个价值流必须有专人来监督、管理和改善，以保证价值流顺畅地流动。

4.1.4.4 拉动

精益思想不仅指如何提供消费者真正需要的产品和服务的问题，而且包括在消费者真正需要的时刻适时提供正确的产品和服务，这一思想背后的策略正是拉动（pull）原则，它意味着让客户拉动价值流，而不是将产品推给消费者。

该原则可应用于整条价值流，即只有当下游客户需要某产品或服务时，上游才生产。通常，这一原则能使产品研发、制定工艺过程和制造过程的时间分别减少50%、75%和90%（Womack and Jones，1990）。另外，在一个复杂的价值流中对客户需求的快速响应也能加速资金回转，将存量减少到最低。实现客户拉动价值流最有效的方式是JIT、看板管理和目视管理等。

4.1.4.5 尽善尽美

实际上，精益方式的强势不仅仅是“减少库存”或“发现问题、提高生产率、提高产品质量”，而是没有发现问题就会产生不安，“大家都拼命地发现问题”（大野耐一，2003），即持续改善，不断追求完美。

因此，精益方式的最后一条原则就是不断追求尽善尽美（perfection），它激励人们在生产越来越多客户真正需要的产品的同时，不断减少所耗费的精力、时间、空间、成本，这一过程是永无止境的（Womack and Jones，1990）。前述精益价值的五条原则是相互影响的，其中任何一点的改善往往能引发其他方面的改善，例如，直接与客户联系的产品开发小组总是能找到越来越好的方法简明地定义客户价值，因而也常常能发现一些改进流动。

4.1.5 精益管理发展的趋势

4.1.5.1 从关注消除浪费向强调为利益相关者创造价值的转变

早期人们对精益方式的研究主要集中在精益制造方面，即改进制造过程。传统的精益制造主要关注减少浪费，强调与浪费针锋相对的精益思想，由于精益思想五项基本原则与消灭浪费紧密相连，此后很多学者或企业中流传颇广的是“精益就是消除浪费”，或径直将精益思想称作“消灭浪费的哲理”。但是，过分凸显消除浪费的重要性造成对优化创造价值过程这一进取精神的忽视。实际上，“创造价值”与“消除浪费”同样重要，为利益相关者创造最佳价值是项目成功的关键。而且，为利益相关者创造价值能够更加有效地利用组织有限的资源，在更高的层次上达到消除浪费的目的。

将精益与价值结合在一起建立“精益价值”，跨越了对传统精益的理解，精益方式应从传统的精益制造转到精益价值的阶段（Murman，2002）。1996 年以后，对精益方式的研究发展到精益价值的阶段。精益价值体现了现代管理方法的发展方向，现代精益价值更关注为所有的利益相关者创造价值，并以制造阶段为中心扩展到企业所有过程的增值。

4.1.5.2 从关注制造过程的精益向实现项目全生命期精益的转变

由于精益出身于“生产”“制造”，长期以来人们习惯于将精益与准时制造等同，局限了精益思想的应用。传统的精益应用多数仍然局限在“生产”“制造”和 JIT/看板管理上，精益所取得的效果多数体现在制造车间现场的层次上。但是，仅仅在制造车间层次上的精益往往会导致局部的优化，即成功的“孤岛”。

项目全生命期过程与单纯的制造过程在范围上有较大的差异。除了制造过程外，方案论证、初步设计、详细设计和试验等均是项目成功至关重要的阶段。项目生命期各阶段对全生命期成本的影响是不一样的。通常情况下，航空航天等复杂项目在概念设计阶段所花费的成本只占整个系统全寿命成本的 1%，但它却决定了 70% 的全生命期成本，随着研制的进展，经费的消耗大幅度提高，但决定全生命期成本的能力越来越小（Walter，1999）。因此，将精益的思想应用于大型工程研制项目，仅针对制造过程的精益是不够的，更应该包括产品研发过程的精益，项目研发阶段是实现用户需求、降低成本和缩短周期最主要的阶段。将精益的范围由制造过程扩展到整个项目全生命期，特别是产品开发过程的精益，消除单纯制造过程的精益“孤岛”，是精益思想在大型工程项目中取得成功的关键。

4.1.5.3 从关注生产现场的精益向关注整个精益企业的转变

20 世纪 90 年代末以后，研究者又开始关注整个精益企业（lean enterprise）的转型，精益企业综合了从设计、制造到供应与销售“一揽子”的管理。

2002年，精益飞机研制计划（Lean Aerospace Initiative，LAI）总结多年研究成果，由三位美国国家工程院院士及十多位教授合作出版了《精益企业价值》一书（Murman et al.，2002），该书标志着对精益理论和实践的研究进入了新的阶段——精益企业价值阶段，即关注企业的所有利益相关者，并将精益方式扩展到企业所有过程的增值。

LAI提出的精益企业模型（Lean Enterprise Model，LEM）描述了企业实施精益价值管理的目标和原则（Murman，2002）：浪费最小化；快速应变；在正确的时间和地点用正确的方法做正确数量的正确的事情；价值流中有效的相互关系；持续改进；全过程的高质量。LEM可以评价整个企业的精益水平和发展方向，LEM包括企业向精益转变的指南、精益企业自评估工具和实施精益运作最佳实践的鉴定和测评。

企业精益价值的实现依靠一组相互依存和互为补充的工具和方法，它们有些是由来已久的工程方法，有些为精益价值管理所独创。实现精益价值管理的方法可以分为实践层和工具层两个层次。

4.1.5.4 从生产者的精益向消费者的精益转变，倡导精益消费

继《改变世界的机器》与《精益思想》之后，精益理念的研究从汽车制造业延伸到其他制造行业，今天更进一步被应用到服务业，融入我们的衣食住行中，包括健康医疗、汽车维修、网上订货、航空旅游以及零售业等，直接与消费者的日常生活挂钩。

沃麦克和琼斯（2005）在《精益解决方案》（*Lean Solution*）中首先提出了精益消费的概念。精益消费就是根据精益思想的基本原则，像对待生产过程一样，把消费作为一个过程予以重新考虑，只不过是从相反的方向进行，以便能发现使消费者获得所需商品和服务的更好方式。沃麦克教授把经过改进的这一过程称为精益消费，生产者提供给消费者的过程应遵循下列基本原则：①能够完全解决消费者的问题；②不会浪费消费者的时间；③为消费者准备好想要的东西；④在消费者需要的地方提供价值；⑤在消费者需要的时候提供价值；⑥在解决问题时减少消费者的决策选择。

4.2 精益管理的工具方法

随着精益管理在全世界不断地深入和发展，精益管理的工具方法也越来越丰富，整体上可以分为六大类：经营管理类、生产管理类、质量管理类、物流管理

类、工程设计类和人力资源管理类。

4.2.1 经营管理类

4.2.1.1 KPI 体系

KPI 体系即关键绩效指标体系，它是指把企业的战略目标简化为几个能够度量的关键指标，然后对这几个关键指标进行评估，并把设定的关键指标作为评估的标准，将员工在规定时限内的绩效与其进行对比的一种绩效考核的方法。公司的战略规划离不开 KPI 体系，借助 KPI 体系可将公司盈利和发展目标与日常具体工作联系起来。

4.2.1.2 阿米巴

阿米巴是变形虫 Amoeba 的中文译音。阿米巴经营是日本“经营四圣”之一的稻盛和夫在日本京瓷集团自主创造的经营管理模式。它是指将组织分成小的集团，通过与市场直接联系的独立核算制进行运营，培养具有管理意识的领导，让全体员工参与经营管理，从而实现“全员参与”的经营方式。阿米巴是单元化生产方式在经营上的运用，阿米巴经营可以让企业识别利润的源泉在哪里，然后围绕利润中心进行业务梳理和重组。另外，阿米巴中的经营会计对成本分析也非常有帮助。

4.2.1.3 成本分析

成本分析是指根据成本核算提供的相关数据和信息，运用一定的方法，分析差异，揭示产品成本水平与费用的变动情况和构成动因，并采取行之有效的纠偏措施，以提高企业的经济效益。通常情况下，企业可以将本期所发生的实际成本与计划成本、上年同期成本、本企业历史最优成本、国内外同类产品的最优成本进行比较，全面分析成本状况与变化，以了解当前本企业在同行业中的成本管理水平，查找差距，消除不合理的开支与浪费，降低生产成本与费用，改进生产经营管理。

4.2.1.4 项目管理

项目管理是指把各种系统、方法和人员结合在一起，在规定的时间、预算和质量目标范围内完成项目的各项工作。项目管理很好地解决了企业运作孤岛的问题，精益管理的每一项改进工作都可以视为单独的子项目，项目管理机制是精益管理的运行方式。需要注意的是，精益推行者如果不熟悉项目管理，很难跨部门协调人员开展工作。

4.2.2 生产管理类

4.2.2.1 价值流图/价值流设计

价值流图（Value Stream Mapping，VSM）是丰田精益制造（Lean Manufacturing）生产系统框架下的一种用来描述物流和信息流的形象化工具。通过从客户到供应商进行图形化的描述，我们可以俯视整个制造供应链的全貌，从而从战略层面发掘出大的浪费和改进空间，避免盲目地执行改善。价值流图将企业的信息流程和生产流程进行目视化，通过目视化的方式将企业运营过程中的问题充分暴露出来；价值流设计（Value Stream Design，VSD）是改善价值流的计划的可视化文档。它是通过挑战 VSM 并设计新的价值流而创建的，VSD 将企业的未来蓝图呈现出来，用以指导企业前进的方向。

4.2.2.2 VSDiA（Value Stream Design in Indirect Area）

VSDiA 是针对非生产领域的价值流程分析工具，通过 VSDiA 的分析，可以识别哪些工作有价、哪些无价，以及如何简化流程。在实施 VSDiA 时首先是确定需要改善的对象，只有确立研究对象才能找到问题的切入点。实施 VSDiA 的六大步骤为：选定要研究的对象；当前价值流状态图（VSM）；未来价值流状态（VSD）；制定并实施价值流改进计划（VSI）；按照措施及计划执行并跟踪（VSA）；总结。

4.2.2.3 模特法

模特法是制定标准工时的科学工具，即将人体的各种动作分解为 21 种基本的动作，制定标准工时的时候，将员工作业的动作分解成模特法中对应的动作，并根据对应动作相对应的时间来制定标准工时，模特法中最基本的动作单元时间为 0.129 秒，可以根据熟练度等条件的不同而加以调整。由于模特法有一定的专业性，目前在企业中使用并不是非常普遍。

4.2.2.4 秒表测量法

秒表测量法目前在制定标准工时方面应用较多。它是在一定期间，通过对研究对象进行抽样测量，直接和连续观察一项工作的执行，记录时间消耗和有关资料，并根据标准，评定完成情况，然后加上宽限时间，根据这些数据来计算出标准时间；记录测量结果，在测量过程中需要观察异常，做好备注，然后再进行相应数据处理得出标准工时。其主要适用于重复性手动工作。

4.2.2.5 标准化作业

标准化是企业成熟的一个标志，所有生产性工作和非生产性工作都需要有标准，只有标准的工作才能持续产出稳定的结果。标准化作业是实现均衡化生产和单件生产、单件传递的又一重要前提。丰田公司的标准化作业主要是指每一位多技能作业员所操作的多种不同机床的作业程序，是指在标准周期时间内，把每一位多技能作业员所承担的一系列的多种作业标准化。丰田公司的标准化作业主要包括三个内容，即标准周期时间、标准作业顺序、标准在制品存量，它们均用“标准作业组合表”来表示。

4.2.2.6 目视化

目视化管理就是将工作需要的工具、部件、生产过程以及生产系统的绩效指标，通过一个清晰明了的方式展示出来，目的是让相关人员对系统的现状一目了然。目视化是透明化原则的要求，所有需要的信息都要被目视化，因此目视化需要考虑目视化内容和目视化方式这两个问题。

4.2.2.7 A3 报告

A3 是一个非常简单明了的报告格式，运用它可以节省决策者的时间成本。A3 报告是将问题解决的 8 个步骤归纳在一张 A3 纸上，即用一张 A3 纸即可展现“问题解决的整个思考流程”（见图 4-3）。A3 报告有三种形式，即问题解决型、提议型和状态型，最常用的是问题解决型 A3 报告。问题解决型 A3 报告主要有七个步骤：背景—当前情况和问题—目标—问题根本原因分析—对策—效果确认—跟进措施。A3 报告从左边的顶部开始阅读，从左至右。

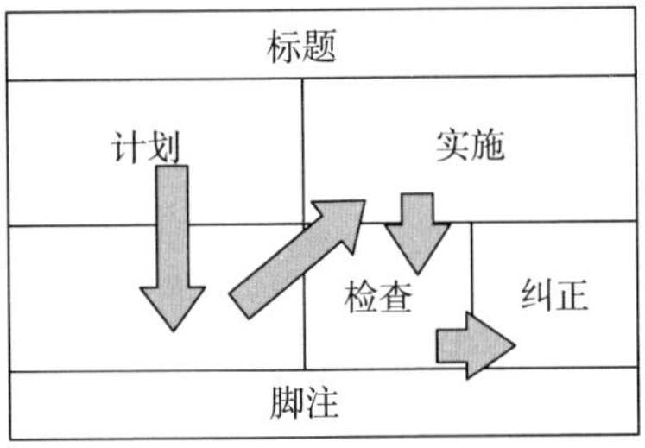

图 4-3 A3 报告示意图

4.2.2.8 5W1H

5W1H 是一个非常高效的解决问题的工具，5W1H 提问技术是指对研究工作以及每项活动从对象（What）、原因（Why）、时间（When）、地点（Where）、人员（Who）、方法（How）上进行提问，为了清楚地发现问题可以连续几次提问，根据提问的答案，弄清问题所在，并进一步探讨改进的可能性。这是一个高效的结构化思维模型。

5W1H 提问方法如表 4-1 所示。

表 4-1 5W1H 提问技术

考察点	分析现状	提出问题	改进意见
对象	做了什么（What）	是否必要	有无其他更合适的对象
原因	为何做（Why）	为什么要这样做	是否不需要做

续表

考察点	分析现状	提出问题	改进意见
时间	何时做（When）	为何需要此时做	有无其他更合适的时间
地点	何处做（Where）	为何需要此处做	有无其他更合适的地点
人员	何人做（Who）	为何需要此人做	有无其他更合适的人
方法	如何做（How）	为何需要这样做	有无更合适的方法与工具

4.2.2.9 ECRS分析法

ECRS分析法是工业工程学中程序分析的四大原则，用于对生产工序进行优化，以减少不必要的工序，达到更高的生产效率。E（Eliminate，取消），即除掉不必要的步骤和重复步骤；C（Combine，结合），即和别的作业结合一起进行，省去浪费；R（Rearrange，重新配置），即改变作业的顺序，省去浪费；S（Simplify，简单化），即使作业单纯化，改善细微顺序来省去浪费。

4.2.2.10 5S管理

5S是指整理、整顿、清扫、清洁和素养。5S能够改善工作环境，提高工作效率，也是做好其他工作的基础。5S起源于20世纪50年代日本的丰田公司。为了确保作业安全，丰田公司首先推行了前两个S（整理、整顿），后来又因生产和品质控制的需要而逐步提出了后三个S（清扫、清洁、素养），从而使应用空间及适用范围得到进一步拓展。根据企业进一步发展的需要，有的公司在原来5S的基础上又增加了节约（Save）及安全（Safety）这两个要素，形成了7S。

4.2.2.11 OEE（Overall Equipment Efficiency，设备综合效率）

OEE即设备综合效率，是一种用于分析设备使用效能的计算工具，可以表现实际的生产能力相对于理论产能的比率（见图4－4）。一般在OEE计算中采用的基础时间是计划内的运转时间。其计算衡量结果以百分比方式表示为：设备综合效率（%）＝可利用时间效率（Equipment Availability）×设备性能效率（Performance Efficiency）×合格品率（Rate of Quality Products）。

4.2.2.12 QCO（Quick Change Over，快速换型）

QCO理论是日本工程师新乡重夫提出的，他同时还是工业工程（IE）领域全球著名的质量管理专家，丰田生产系统的创始人之一。新乡重夫对于换型时间的定义就是：从上一型号最后一个工件加工完成到下一型号第一个合格工件加工出来为止，这一部分损失的时间称为换型时间。要实现快速换型，则必须对换型时间进行分析，一般换型时间可分为四个部分，即准备时间、换型操作时间、调整时间、整理时间；也可以把换型时间分为外部换型时间和内部换型时间。外部换型就是指可以在设备不停机的情况下做的相关换型工作；内部换型则是指必须

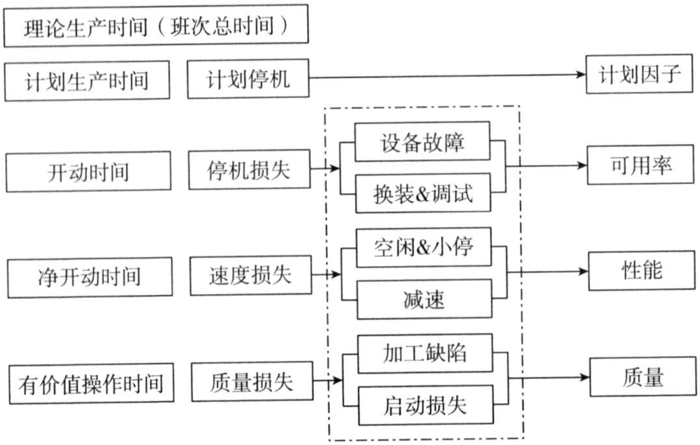

图 4-4 设备综合效率定义

在设备停机的情况下做的相关换型工作。快速换型的优点在于：减少停机时间、增加生产计划的灵活性、减少浪费、减少库存成本、提高运行能力。

4.2.2.13 TPM（Total Productive Maintenance，全面生产维护）

全面生产维护又称为全员生产维护、全员生产保全等。它是以提高设备综合效率为目标，以全系统的预防维修为过程，以全体人员参与为基础，以设备保养和维护为核心，持续改善的现场管理体系。TPM 主要由“两块基石”“八大支柱”构成。“两块基石”即 5S 和小组活动；“八大支柱”即①个别改善（又称焦点改善）；②自主维护；③计划保养；④教育训练；⑤设备初期管理；⑥质量维护；⑦间接部门的效率化；⑧安全与环保。TPM 的主要目的是：通过追求零故障、零事故、零缺陷、零损失，达到生产综合效率最大化。没有零故障，则很难达成零事故、零缺陷、零损失。

4.2.2.14 产能分析

生产系统的生产能力是指生产性的固定资产在一定时期内所能生产一定种类产品或服务的最大数量。设计生产能力是指一个新的生产系统，根据既定产品和工艺过程的特点和要求建设的厂房、建筑物、生产设备、运输装置等固定资产形成的综合生产能力。生产系统建成以后，经过一段时间的调试和试生产，进入稳定的运行期间，应该达到生产纲领规定的年产量。

产能分析是在确定产品选型、市场调查和需求预测的基础上，分析经济规模的界限，确定最合理的生产规模。经济规模问题是研究生产规模与生产成本的演变关系。因为生产成本因产量不同而变化，在一定条件下可以从这种演变关系中找出经济规模界限或经济规模区域。在确定最适宜的生产规模的同时，还应研究这种生产规模的可行性。产能分析是做投资规划的基础，也是制订生产计划的基础，产能分析完成后需要进行产能平衡分析，如果需求大于产能，优先选择消除产能瓶颈来提升产能。

4.2.2.15 生产计划系统

生产计划是关于企业生产系统方面的工作计划。生产计划系统是根据分销商的市场需求预测来制订年度生产主计划的，是公司的“大脑”，是把客户需求、公司内部生产和供应商供货紧密联系起来的枢纽。它是企业制订物料需求和供应计划、设备管理计划和生产作业计划的主要依据。

4.2.2.16 均衡生产

均衡生产就是在当月里，用与各种产品的平均销售速度同步的速度生产每一件产品，也就是与销售周期同步生产产品。均衡生产就是要求物流的运动完全与销售周期同步，即从采购、生产到发货各个阶段的任何一个环节都要与销售周期同步。均衡生产是一种理想状态，要接近此种状态，必须建立或实施混合生产体制、缩短切换时间、单件流动、及时采购以及全面质量管理。均衡化生产包括总量均衡和局部均衡。总量均衡就是将连续 2 个时间段的总生产量的波动控制到最低程度。简单地说，是尽量使每个时间段（一般指 1 天）都生产相同的数量。局部均衡就是在生产线上安排各相关品种的产品进行混合生产，各品种产品的生产与销售周期同步，各品种产品在生产过程中实现了流畅化。

4.2.2.17 单元生产

单元生产（cell production）是当代最新、最有效的生产线设置方式之一，为日本以及欧美企业所广泛采用。单元生产也称细胞式生产，是由日本 IE 专家山田日登志在精益生产方式的基础上提出的一种新的生产方式，这种方式是由少数“多面手”组成生产小组并完成工序相对完整的作业的生产过程。单元化生产是将一条生产能力较高的大型生产线分解成若干条生产能力较低的小型生产线，以增强生产运作的灵活性，解决生产能力平衡与布局流程优化的问题。单元化生产是在传统流水线生产方式上改进而成的，适应多品种小批量的市场需要，能缩短产品交货期，提高生产灵活性。单元生产常见形式有 U 字形流水线、二字形生产线、向日葵和手风琴形自动化生产线。U 字形流水线又分为屋台式、逐兔式和分割式。

4.2.2.18 精益产线设计

精益产线设计是多种精益工具的综合运用，如线平衡、人机工程、单元化生产、快速换型、防错和自动化解决方案（还包括智能化设计）等。精益产线设计属于制造模式创新，是企业精益管理升级的体现。

4.2.2.19 精益工厂布局规划

布局规划是一项非常重要的工作，因为布局规划对后期的生产效率和运营成本有着决定性影响。精益工厂布局规划是以现状布局为基础，通过消除人、机、料、法、环各个环节上的浪费，来实现五者最佳结合的布局，并建立实现生产系统有效管理的系统方法。在布局规划时应用精益管理原则可以最大程度减少厂房结构设计变更，提高投产后的生产效率，降低运营成本。其步骤为：①基本状况把握；②解读企业文化；③价值流分析；④绘制流程资源关系矩阵；⑤产能规划；⑥确定主体布局规划；⑦规划设计说明；⑧模拟和改善；⑨规划执行训练；⑩搬迁后跟进。

4.2.2.20 改善提案活动

改善提案活动，也称合理化建议、点改善，是发动全员进行提案改善的一种有效方法，企业形成精益文化的一个标志就是全员参与合理化建议。它是公司通过一定的制度化的奖励措施，引导和鼓励员工积极主动地提出并实施任何有利于改善企业经营绩效、提高企业管理水平的革新建议、改进意见和发明创造等的活动。需要注意的是，改善提案活动必须要有相应的改善运行机制，以保证员工的积极性。

4.2.3 质量管理类

4.2.3.1 Q－VSM/VSD（质量价值流程分析/设计）

Q－VSM/VSD 即借鉴 VSM/VSD 的原理，详细分析各类质量问题在生产过程中是怎么发生的，然后通过风险评估、质量控制环设计、质量处理策略制定等最大程度降低质量问题发生的概率和影响。这是一个全新的工具，对于降低不良率非常有帮助，属于质量设计的范畴。目前大部分公司还没有质量设计职能。

4.2.3.2 鱼骨图

鱼骨图是一种发现问题“根本原因”的方法，也称为“因果图”。鱼骨图原本用于质量管理。问题的特性总是受到一些因素的影响，找出这些因素，并将它们与特性值一起，按相互关联性整理而成的层次分明、条理清楚并标出重要因素的图形就叫特性要因图。因其形状如鱼骨，所以又叫鱼骨图（以下称鱼骨图），它是一种透过现象看本质的分析方法。

4.2.3.3 SPC（Statistical Process Control，统计过程控制）

依照科学的数据取样计划，SPC 能够预测质量的发展趋势，在质量问题发生前主动干预，从而预防质量问题的发生，是一个非常重要的质量控制工具，现在经常应用于大数据建模。常见误区为数据取样不科学，导致 SPC 反映不出实际问题。

4.2.3.4 KT 法

KT 法也称为 KT 理性思考法，是由 Kepner 和 Tregeo（1965）提出的。其是通过对四个方面共11个问题的回答来详细描述问题，收集基本信息，然后分析问题产生原因的一种方法。KT法寻找原因非常准，解决问题速度非常快，因而近年来备受企业欢迎。KT法是一种思考系统，即就事情各自的程序，按照时间、场所等，明确区分发生问题的情形和没有发生问题的情形，由此找出原因和解决的办法。KT法共分四个程序：问题情境探索、问题分析、决策分析、前瞻分析。

4.2.3.5 8D

8D（8 Disciplines）又称团队导向问题解决方法、8D问题求解法（8D Problem Solving Report），是由福特公司提出的一种问题处理方法，之后亦成为QS9000/ISO TS16949的特殊要求。它提供了一套符合逻辑的解决问题的方法，同时在统计制程管制与实际的品质提升之间架起了一座桥梁。其步骤为：D1：小组成立；D2：问题说明；D3：实施并验证临时措施；D4：确定并验证根本原因；D5：选择和验证永久纠正措施；D6：实施永久纠正措施；D7：预防再发生；D8：小组祝贺。

4.2.3.6 6 Sigma

6 Sigma（Six Sigma，六西格玛）是由当时在摩托罗拉任职的工程师比尔·史密斯（Bill Smith，1986）提出的。这种方法主要强调制定极高的目标、收集数据以及分析结果，通过这些来减少产品和服务的缺陷。六西格玛背后的原理就是如果你检测到你的项目中有多少缺陷，你就可以找出如何系统地减少缺陷，使你的项目尽量完美的方法。目前，6 Sigma已经从一个衡量优良程度的标准、解决问题的技术演化为一个企业建立持续改进系统、增强综合领导能力、不断提升业绩、带来巨大利润的管理理念和系统方法。

4.2.3.7 防错

解决问题的最高境界就是预防，即不让问题发生，而防错就是这样一种工具，其针对问题进行事前干预。防错可以有效降低外部客诉，也是客户希望供应商采取的解决问题的方法。

4.2.3.8 失效模式与影响分析

失效模式与影响分析（Design Failure Mode and Effect Analysis，FMEA）也称为故障模式与影响分析，它由失效模式（FM）和影响分析（EA）两部分组成。失效模式是指能被观察到的错误和缺陷现象，如操作程序不正确、线路接触不良、产品开裂等；影响分析是指通过分析该失效模式对系统的安全和功能的影响程度，提出可以或可能采取的预防改进措施，以减少过程缺陷，提高过程质量的技术。简而言之，做FM是发现问题，做EA则是分析问题并解决问题。根据其用途和适用阶段的不同，FMEA可分为设计阶段FMEA（Design FMEA）、过程FMEA（Process FMEA）和设备FMEA（Equipment FMEA）。

4.2.4 物流管理类

4.2.4.1 拉动系统

拉动是精益管理的八大原则之一，拉动是相对于传统推动生产而言的。它是实时响应实际需求或消耗来执行的，是一种由下游向上游提出实际生产需求的生产控制方法。相比推动，拉动可以依照订单生产客户需要的产品，避免生产出来一堆客户不要的产品；拉动系统可以设定稳定可控的库存；拉动的产出时间通常也可控而且较短。其特点是分散控制、灵活、具有较好的适应性、关注物料的流动。

4.2.4.2 看板

看板是拉式生产中的一种工具。最初，看板通常是一张装在塑料袋里的长方形卡片，上面详细记载着零部件的名称、存放地点、领取或生产数量等信息。通过看板把生产线与生产线之间、总装厂和零部件厂之间以及公司与其数以百计的外协厂家之间联系起来，形成一个自律运转的及时生产的系统。看板分为补充看板、一次性看板和临时看板。补充看板应用于重复生产环境，一次性看板用于按单生产（MTO）环境，临时看板用于应急情况。看板回路是指看板类型和拉动路径。

4.2.4.3 ABC 分类法

ABC 分类法，平常我们也称之为“80/20”规则。

“80/20”规则普遍适用于各领域，对于企业交付也是一样。从价值的角度来看，有一小部分产品数量较少，但是价值占比很高，称为 A 类产品；居中的是 B 类；量多价值小的是 C 类。ABC 分类法可以用于确定产品生产的优先级，以及制定库存控制策略。原材料也可以按照同样的方法划分为 A、B、C 三类。

4.2.4.4 精益供应链

从整个供应链来看，供应链上的浪费更大，“牛鞭效应”会导致供应链上游企业产能过剩；供应链上的信息不透明会导致不能协同；各种寄售、第三方仓库等库存管理方式推高了整个供应链物流成本。精益供应链就是将从产品设计到顾客得到产品的整个过程所必需的步骤和合作伙伴整合起来，快速响应顾客多变的需求，其核心就是用尽可能少的资源最大限度地满足客户需求。

4.2.5 工程设计类

价值工程（Value Engineering，VE）也称价值分析（Value Analysis，VA），指新产品研制阶段的 VA 活动，是指以产品或作业的功能分析为核心，以提高产品或作业的价值为目的，力求以最低寿命周期成本实现产品或作业使用所要求的必要功能的一项有组织的创造性活动。有些人也称其为功能成本分析。价值工程涉及价值、功能和寿命周期成本三个基本要素。提高价值的五种主要途径为：①成本不变，功能提高；②功能不变，成本下降；③成本略有增加，功能大幅度提高；④功能略有下降，成本大幅度下降；⑤成本降低，功能提高。

4.2.6 人力资源管理类

4.2.6.1 精益人力资源管理

精益管理最初应用在生产领域，慢慢地延伸到了非生产领域。精益管理主要就是消除浪费、降低成本，达到利益最大化，将其运用到人才培养中，能够有效提高人才培养的效益。将精益管理思想应用到人才培养中是大势所趋。精细、有序、效益是企业推行创新型人才培养精益管理的要点。“精细”指人才培养管理制度和考核办法力求细化、量化，操作性强，覆盖全员，全方位、全过程。“有序”指人才培养流程和实施协调运转，强调人、财、物、信息等资源的高效流动和优化配置。“效益”指杜绝一切形式的浪费，追求人才培养效益最大化。

4.2.6.2 TWI 三部曲

TWI 是指 JI（工作指导）、JM（工作方法）、JR（工作关系），它是基层管理者班组长领导力培养的三部曲。工作指导培训（JI）：训练主管如何教导员工，以使他们能够快速地记住如何正确地、安全地、尽责地开展工作。工作方法培训（JM）：训练主管如何改善工作方法，由此可以通过最佳地利用现有的人力、材料和机器，在更少的时间内生产更多的高质量产品。工作关系培训（JR）：训练主管如何领导员工，由此可以预防问题的产生，而且给他们提供一套有效解决已发生问题的分析方法。

4.3 卷烟工业企业的精益生产管理

4.3.1 卷烟工业企业精益生产管理的背景

随着中国烟草行业改革的不断深入，许多卷烟厂被取消独立法人资格，改制为各省中烟工业有限责任公司下属的卷烟生产厂。改制后，卷烟厂的性质发生了较大变化：在主体资格上，由法人单位转变为非法人的独立核算单位；在经济性质上，由利润中心转变为成本中心；在运营模式上，由生产经营型转变为生产管理型。交货及时率、制造成本的高低、产品质量的好坏，这些指标成为了体现卷烟厂管理水平的最重要的指标。2005 年，国家烟草专卖局在全行业提出要实行“按订单生产”，要求各卷烟生产企业必须以市场为导向，由市场定产，国家烟草专卖局每月甚至每星期向各生产企业下达生产计划，这就对卷烟生产企业的生产管理水平提出了更高的要求。

面对激烈的市场竞争，烟草行业面临着“降本增效”的严峻挑战。精益生产的核心思想就是低成本、高质量、快速响应，其追求的目标是更容易、更快、更便宜和更好地提供产品与服务。由此可见，精益生产的核心思想完全吻合卷烟企业所追求的目标，在卷烟企业推行精益生产管理模式也是企业发展之必然。2013 年，随着《国家烟草专卖局关于推进企业精益管理的意见》的出台，各家卷烟生产企业均在深入推进精益生产管理，广泛使用六西格玛、6S、TPM、防差错、可视化、TWI、价值流、看板管理等精益工具，努力使精益管理落地。

4.3.2 卷烟工业企业精益生产管理的原则

4.3.2.1 效率优先原则

虽然我国烟草市场属于行业垄断下的有限市场经济，但仍然面临消费者需求多元化、消费诉求复杂化的局面。国家烟草专卖局在行业内推行“按订单生产”的模式，这些都要求烟草生产企业必须具备快速反应能力，具有柔性、高效的生产组织能力，能以尽量短的时间适时满足市场需求。

4.3.2.2 经济效益原则

追求经济效益是企业生产活动的落脚点。通过减少浪费，可以帮助企业提高经济效益。借助推行精益生产，可以消除卷烟生产中的浪费。在精益生产中明确指出了七种形式的浪费：过量生产、等待、输送、工艺处理、库存、多余的动作、不良产品。对于任何生产过程中不增加附加值的行为都可以视为浪费，都必须予以改善。

4.3.2.3 质量第一原则

烟草行业树立顾客至上的理念，首先就是要提供高质量的产品。高质量产品离不开内部分工协作。在企业内部实际也存在供需双方的关系。后工序就是前工序的顾客，前工序的生产以后工序的需要为标准，在质量上，坚持后工序监督前工序的原则，凡质量不合格不得往后工序流转，如流转到后工序，由造成质量问题的前工序负责，如果本工序没有及时发现前工序出现的质量问题而继续加工，然后流转到后工序，后工序发现后，责任由本工序和出现问题的前工序共同承担。因此，要提倡第一次就将事情做对。

4.3.2.4 持续改进原则

推行精益生产，不是一蹴而就的事情，需要针对问题，各个击破、逐一解决，通过各类问题的不断解决和改善而不断向精益的目标迈进。同时，作为企业各部门及个人行动的规范，管理标准是生产活动结果和工作质量评价的基准，它直接关系到企业生产经营活动的效果，它的科学性、合理性、准确性和先进性也必须经过现场实际的检验来确认。标准不管制定得多么完美，都必须要到实践中去进行验证和完善。而且当面临的客观条件和环境向更高的层次发展时，各项管理标准也要随之改变，以保持其先进性、合理性和准确性。

4.3.3 卷烟工业企业精益管理的内容

4.3.3.1 生产计划管理的改善

以市场为导向，把“推动式”生产系统转变为“拉动式”准时化生产系统，严格“按订单”组织生产，以销定产，生产计划与控制要根据市场订单来制定。精益生产采用的是“拉动式”的生产系统，根据市场订单来制订生产计划，通过准时化生产以及看板管理来实现。准时化生产能实现产品按时、按质、按量；看板管理能实时监控生产过程。

4.3.3.1.1 “推动式”生产变为“拉动式”生产

“拉动式”生产是由“订单”来定产，需要什么生产什么，需要多少生产多少，减少库存过多或者供货不及时的情况发生。“拉动式”准时化卷烟生产系统，从卷包车间开始，指令信息流与物流反向进行。指令信息流的源头是市场需求。根据市场需求制订生产计划，下达到卷包车间的最后一道工序——装箱工序，即装箱工序要在规定的时间内提供规定的产品数量以及规格，依次往前类推，拉动制丝车间的储丝房烟丝的供应数量以及供应商关于卷烟辅料的供应。而物流则是从供应商以及制丝车间的储丝房开始，供应商提供卷烟辅料，卷烟辅料进入辅料库，而制丝车间储丝房提供掺配好的烟丝，提供给卷接机进行烟支卷接，然后输送到包装机进行成盒包装，最后到达装箱机处进行装箱，进行销售。

4.3.3.1.2 生产过程实行看板管理

看板管理连接了相邻两个工序之间的生产过程，给前道工序提供传递信息以及控制生产过程的工具。卷烟制造可分为三大主要工序，分别为制丝工序、卷接工序、包装工序，其中制丝工序有四个工序，分别是切片工序、切丝工序、烘丝工序以及掺配工序。借助传递看板盒为前道工序提供需要的半成品数量、时间、顺序等信息，而生产看板盒能提供目前正在生产和即将要生产的卷烟规格、数量及完成的时间。

4.3.3.1.3 提高生产调度人员的工作效率

市场需求发生改变要求生产调度人员快速反应，对生产计划及时做出调整，第一时间传递到生产一线。制定《快速反应市场需求的工作要求》，规定生产调度人员在接到市场反馈的需求消息后，迅速反应，在2小时内确定调整计划并下达到生产车间，避免由于调度人员的拖拉以及不重视，影响产品的交货期。

生产计划管理改善时需注意：一是需要确定生产节拍，均衡生产，保证物流平衡。各个生产牌号的生产节拍不同，各个工序间的生产节拍也会不同，根据各个牌号的生产节拍，均衡安排生产。二是看板管理中，前后工序之间的在制品传递必须是后一工序向前一工序取货，而不是前一工序生产多少后一工序就接受多少。三是生产过程中必须严格按照看板管理进行生产，严格控制生产数量，禁止上一道工序生产过多的在制品。四是禁止不合格品流向下一道工序。五是设备要确保稳定生产。

4.3.3.2 生产流程的改善

卷烟生产属于流程式生产，其主要的设备有动力设备、制丝设备、卷接设备、包装设备，设备的布局主要按照所归属的车间不同以及工艺顺序而进行直线布置。优化生产流程，实行精益生产的“一个流”生产能减少因换牌而导致的停机时间，减少因设备安排布局不合理而产生的额外的作业时间以及过量的在制品库存，提高效率。根据“一个流”的生产方式对设备布局进行调整，进行U形设计，避免因加工入口区与半成品出口区距离过大而使操作人员花费太多的时间走动，导致很多无价值活动的产生，此外每台设备只设置一个入口存放区以及一个出口存放区，这样不会产生过量的在制品库存，也能保证半成品或者成品的准时供应。

卷烟生产要实现“小批量、多品种”的按需生产模式，对生产的牌号更换频繁，更换牌号需要花费大量的停机时间。缩短由于换牌号生产而产生的停机时间，对生产效率的提升有明显的作用，这可以通过精益生产的快速换模法对生产设备模具的装卸方法进行改进。一是更换设备模具后要及时进行调试，避免不调试就直接生产中途有故障导致停机；二是要将更换模具的方法以及调试方法标准化，提高更换模具以及调试设备的速度。

生产流程的改善还要进行作业标准化。首先，通过对现场各个岗位的操作人员的操作动作进行分析，对无价值的动作进行消除，对规定的动作进行优化，形成标准化动作。其次，优化后标准动作制作成作业指导书，下达到各道工序、各个岗位，使员工严格按照工作标准以及岗位标准开展工作。最后，将标准化作业以及绩效考核结合起来，通过绩效考核目标来提高员工的标准化作业水平。此外，还应对一线操作人员及对应的管理人员按照工序进行轮岗培训，培养岗位操作多面手，有利于生产节拍的均衡。

4.3.3.3 质量管理的改善

稳定的质量是卷烟工业企业得以持续健康发展的重要命脉，是提高企业品牌知名度的关键因素，反之则会给企业带来巨大的损失。精益生产的全面质量管理应以预防控制为重点，以标准化作业为主线，以工序过程能力（CPK）为基础，持续推进过程质量精细化管理，逐步实现基于统计过程控制（SPC）的生产过程质量管理模式，最终以过程确保产品稳定与优质，实现过程工艺质量的精益控制。

过程质量控制构架由三大模块构成：工序能力保证、工艺链能力保证、运作体系保证，点、线、面结合进行全过程预防控制，全面而详细地从制造过程全方位实施有效的质量控制与改善。具体措施包括：

（1）以工艺预防管理为基础，以“标准化作业”为主线，推进过程精细化管理。建立全工序过程管理模式，纵向实施生产部、车间、轮班、机台四级过程控制，横向打通制丝、卷包、成型、仓储配送形成工艺链管理。根据“重在预防”原则，深化和细化设备工艺保证能力、含杂预防、异味霉变、油烟预防、环境温湿度预防、工艺行为管理、烟虫防治、错牌混牌八个方面的管理力度、深度与广度，把控制措施落实到工序点、落实到末端，通过控制关键的过程点来保证质量管理的有效，确保质量受控。重点完善标准化作业体系，实现模板化操作，编写制丝、卷包的《工序操作指南》《岗位执行规范》《品牌标准化作业指导书》等标准作业手册，以指导生产，提高质量控制水平。

（2）以管理评审、工序评估为主要手段，提高工序保障能力。组建专项小组，每季度对内部过程质量体系进行评审，及时纠偏管理漏洞，理顺管理流程，保证质量管理体系的完善。每周实施工序评估，即每周选择一个制丝工序、一台套卷包设备和一台套成型设备进行工序评估，具体涉及工序参数的设置、文件的执行、工艺的保障、技能的保障、设备的保障等方面。通过评估，及时发现过程控制中的问题，提高工序保障能力。

（3）以工艺课题管理为平台，大力推进工艺研究与改进。应用 PDCA（Plan，Do，Check，Act）手段，对重点性、季节性、趋向性、重复性问题进行系统解决与改进。以过程工艺为平台加强质量、成本、效率三者匹配研究，重点加强生产因素变化情况下的工艺质量保障工作，及时消除新工艺、新设备、新材料、新人员、新模式带来的质量风险。

（4）推广运用 SPC，提高在线产品的工艺加工精度和控制水平。以工序过程能力（CPK）为基础，以预防控制为核心，加强过程质量保障能力，结合现有的信息资源、工艺技术、统计技术及相关工具，以推进精细化管理为重点，逐步实现基于 SPC 的生产过程质量管理模式与制度。开展过程指标与参数相关性研究，从质量、成本两个维度深入研究工序点重要因素最佳设置与各因素匹配关系，对工序能力进行分析，实现过程控制。推进缺陷管理与经验集成管理，解决深层次、趋势性问题，提升解决问题的效率。

4.3.3.4 设备管理的改善

实行全员生产维修管理（TPM），全力提升设备综合运行效率，推行以生产为中心的设备零故障预防维修模式，实现设备维护由结果管理向预防管理的转变。加大维修、技术团队的职业化建设力度，全面提升维修、技术水平。将绿色维修理念运用到设备管理中，实现企业绿色烟草可持续发展。

设备管理主要包括设备预防维修、设备操作保养、计量器具管理和设备基础管理。具体措施包括：

（1）建立完善的设备数据库。以技术经验库为支撑，实现维修的模块化，减少维修失误。卷烟厂设备类型多，分为重点设备和辅联设备，每一种设备的作用都各不相同，但唯一相同的是每一种设备都有其生命周期，从安装、调试、使用、维修、改造、更新直至报废，都是一个完整的过程。对于设备整个生命周期，要建立统一的数据库，将设备发生故障的概率、故障点、故障原因、部件更换情况、维修次数、维修方法、保养方法等录入到设备的数据库中，形成完整的设备档案，将设备保养、维修、更换等作业标准化，同时也能提高设备管理人员及维修人员对设备故障的预警防范能力（见图4－5）。

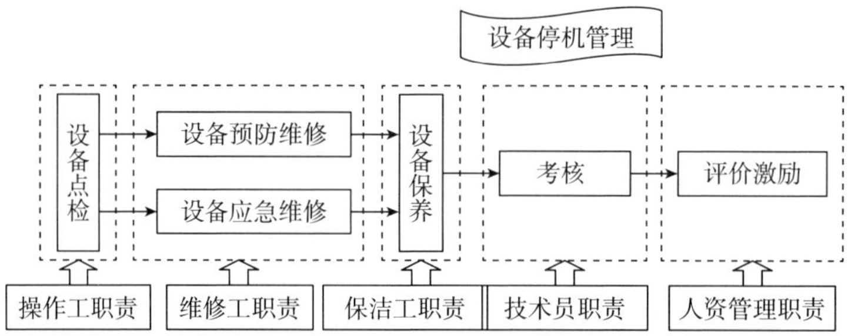

图4－5 设备管理流程图

（2）完善设备保养模式。按设备分类保养原则，科学设置保养周期，提高设备保养专业化水平。对重点设备、辅联设备定期进行点检、润滑，在线检测仪器、仪表，定期进行校准，保证设备在过程控制中稳定、有效、准确。制丝可采用分段式保养，即成立轮保组，按设备类型划分职责，确定包保责任人，将设备集中保养改为分区域每日早班进行。卷包可采用“进站式保养模式”，即到规定的保养时间设备立即停机，专业的保养人员进“站”（机台），使用吸尘器和专业的保养工具，按规范、按分工、按流程进行吸灰、清抹、换件、润滑、清扫，保养合格后即恢复正常的生产。对具体设备，将原来的“压缩空气正压喷吹清扫模式”转变为“吸抹式维保模式”，以有效改善设备和人员作业环境。

（3）建立设备点检流程、设备状态检测技术管理流程、现场故障管理流程、轮保管理流程、早班预防维修管理流程、设备预防维修流程、项修管理流程七个预防维修体系的子流程，使预防维修全流程系统受控。建立设备满足工艺质量保证体系，从点检、隐患整改、质量改进、技术升级等方面改进设备。

（4）从操作、保养、维护三个层面搭建 TPM 设备管理体系，实现设备精细化操作、保养、维护。轮保点检专业化，实现定专人、定点、定时对设备关键点检项目进行检查，并根据点检结果决定维修对策，提高预防维修的准确度。

（5）树立全员设备维护的观念。树立全体员工的设备维护、保养意识，提高操作工关注设备运行情况的意识。操作工在操作设备的过程中及时发现问题，能自行解决的及时处理，不能自行解决的通知维修工进行处理，维修工维修有困难的，向设备技术人员进行报告，共同解决设备故障问题。同时，将设备进行划分，由专人进行管理，并纳入考核体系当中。每个维修工都有具体负责的设备，负责对设备进行维护、点检、润滑、维修等，降低设备故障率，提高设备运行效率。

4.3.3.5 库存管理的改善

适量的库存是保持生产企业正常、连续生产的保证。库存过少，生产无法满足市场需求，不能增加企业的经营效益；库存过量，占据库容，增加仓库保管成本，产品存放过久容易产生质量问题，同时也占据了企业一定量的流动资金，不利于企业的健康、快速发展。大批量生产时代，处于卖方市场，更多的库存就能提供更多的产品供应，占据市场；而现今，市场发生转换，由卖方市场转变为买方市场，顾客的需求变化多端，企业的一切生产都要以顾客的需求为导向，“小批量，多品种”的时代开始盛行，精益生产就是满足这种需求的一种方式。

精益生产要求“零库存”并不是指没有库存，而是很少数量的库存，既能保证生产的连续，又能以最少的库存成本来减少不必要的成本浪费。在卷烟工业行业，库存主要有四类：一是原料的库存，二是辅料的库存，三是半成品的库存，四是成品的库存。

对于这四种库存，主要从以下几点进行改进：

（1）库存信息准确是前提。卷烟厂要建立准确的库存信息管理系统，当原辅料超过经济库存量时，系统会自动进行预警，管理人员暂停对超经济库存量的原辅料的采购；当原辅料的库存达不到经济库存量时，系统也同样会产生预警，管理人员根据系统数据进行经济批量采购。

（2）按需生产，确保平准化、均衡地生产。虽然卷烟工厂每个月的生产总量是根据国家局给的码段来安排生产并进行打码的，但是工厂生产时应根据现在的库存情况、市场需求情况以及市场可能出现的变化安排生产计划，由成品的需求量拉动半成品的生产直至原辅料的供应。

（3）建立安全库存。将卷烟规格分为 A 类、B 类、C 类、D 类、E 类和 F 类。A 类卷烟指产品稳定、全年产销量 1 万箱以上的自有品牌卷烟；B 类指产品稳定、全年产销量不足 1 万箱的自有品牌卷烟；C 类指上市未满一年的自有品牌卷烟；D 类指产销存在较大不确定性的自有品牌卷烟；E 类指全年产销量较大的合作品牌卷烟；F 类指全年产销量较小、生产较集中的合作品牌卷烟。根据卷烟规格、全年产量的多少、生产的集中程度、原辅料采购的难易程度以及正常月份和特殊月份对卷烟原辅料的不同需求等制定安全库存，根据安全库存对原辅料进行采购。

4.3.4 精益管理的实施

4.3.4.1 实施方法

精益生产有两种实施方法：一种方法是整体引进，即将精益生产方式从产品设计到生产、销售等全盘引进，使企业的生产管理从一个高的起点开始，全面展开。这种方法适合具有法人资格和市场主体的企业。另一种方法是局部实施、以点带面，即先在企业的某个车间或某一部门实施精益的管理方法，通过总结经验、不断完善，再将其全面扩展到全厂。

4.3.4.2 实施程序

下面就以局部实施、以点带面的方法为例，介绍企业实施精益生产的具体程序。根据精益生产方式“整体引进、分步实施、重点突破、追求实效”的指导思想，企业实施精益生产方式的程序可以分为三个阶段进行：实施准备阶段、组织实施阶段和总结推广阶段。

（1）实施准备阶段。在实施精益生产方式之前，必须首先要对企业目前生产系统中存在的问题进行调查，主要是调查卷烟生产中存在的无效劳动和浪费。精益生产方式认为存在三种生产劳动：明确的能够创造价值的劳动；虽然不创造价值，但在现有技术与生产条件下不可避免的劳动（精益生产方式称之为 I 型浪费）；以及很多不创造价值且可以立即去掉的劳动（精益生产方式称之为 Ⅱ 型浪费）。按照这三种分法，首先要找出在日常卷烟生产中不能增加卷烟附加价值且可以立即去掉的劳动，它可能存在于卷烟生产的各个环节，可以从以下几个方面判断是否存在浪费：物流组织是否合理，是否造成无效的搬运劳动；工位布置是否合理，是否造成操作人员动作的无效；工艺是否存在问题或加工工时是否适宜，是否造成加工本身的无效；等等。还要调查各个制造单元完成单位加工批量所用的时间等基础数据。此项工作的质量直接影响精益生产的实施效果，因此调查研究要细致、全面。

在调查的基础上，选择试点部门，建立精益生产项目领导小组，利用板报、橱窗、厂内宣传刊物、广播等宣传方式，向广大员工广泛宣传这一新的管理方法，对工人进行业务素质培训，并根据实际情况调整组织机构。

（2）组织实施阶段。首先，制定卷烟生产的各种技术标准。根据卷烟生产的实际情况，编制诸如《标准化作业指示图表》《标准化服务指示图表》以及生产工人的“标准化操作卡”等。在对操作工人的现场操作进行充分了解的基础上，重新制定工时定额（不包括机动时间）后，再确定图表中所需要的生产节拍、制品定额、工艺规程、质量标准、设备维修标准和物料供应标准等。其次，健全各种管理制度，特别是绩效评价制度和薪酬分配制度。根据精益生产方式的要求，对操作人员、生产线、车间、部室分别制定相应的评价标准，制定前后方利益一致、用前方的精益成果来衡量后方的服务质量的评价办法。最后，进行流水线与现场布置。在现场布置、各种标准和管理制度制定完成之后，就可以开始试运行。在试运行的过程中，对出现的问题及时解决，总结经验，使精益生产方式试点车间逐渐从低级到高级，真正成为全面推行精益生产方式的样板。

（3）总结推广阶段。在试点取得成功之后，就可以结合试点经验向其他生产线、车间以及非生产部门进行全面推广。在推广的过程中，一定要从各个部门的实际情况出发，遵循精益生产方式彻底消除无效劳动和浪费的思想，因地制宜地推行精益管理。

4.3.4.3 精益管理标准的构建

结合卷烟工业企业特点，通过对精益思想的研究，深入企业具体业务工作，系统构建卷烟工业企业全面贯彻精益思想的方法标准。

4.3.4.3.1 明确原则，为体系构建奠定思想指引

建立体系需要明确几个原则：一是整合原则，要求建立精益管理体系应与原有的管理基础和管理体系相融合，形成统一的管理运行机制，创造管理合力。二是整体最优原则，要求以全价值链高度审视问题，确保整体最优，而非局部最优。三是追求实效原则，要求各项工作切实以消除浪费、创造价值为理念，从增值角度进行考虑。

4.3.4.3.2 搭建框架，为体系的建立梳理思路

根据体系化运行的需要，参考国内外成熟管理体系模式，构建精益管理体系，包括驱动要素、精益思维、过程运行、持续改进、绩效提升五大模块。其中，驱动要素是基础，充分识别精益管理在企业推行的各项基础要求，这是企业成功推行精益管理的前提；精益思维是引领，需要将精益的思维方式，结合企业管理模式实际进行梳理，形成精益化的思维模式，为精益管理的顺利推行提供思

想保证；过程运行是体，结合各企业工作流程和过程，明确精益改进的方向和目标；持续改进是力，充分贯彻精益思维模式，不断实施改善和创新；绩效提升是目标，企业推行精益管理的最终目的是绩效水平的提升。

4.3.4.3.3 明确要求，为体系的构建填充内容

一是确定驱动要素。根据精益管理推行的需要，驱动要素可包括领导作用、战略支持、融合管理、文化氛围四个方面，明确企业推行精益管理的前提条件。通过领导作用的发挥，为企业长期推行精益管理提供保障；将精益管理作为企业的一项长期战略予以坚持和传承；通过融合的管理为精益管理落地提供平台；通过文化氛围的营造保持精益思想落地的土壤。

二是塑造精益思维。明确了精益思想是企业的通用思维，包括顾客与价值、过程策划、精益过程方法。各项工作都应充分识别顾客（相关方），通过对顾客需求的识别确定相应的价值；在价值流分析的基础上，实施过程的评审、策划与优化，形成精益化的过程体系；将 PDCA 的逻辑融入到以价值提升为主线的精益改善中，构建“识别价值—价值流分析—价值流改善—标准化—持续改进”精益过程方法，并运用精益工具方法和理念，实施过程的运行与优化，实现价值的增值。

三是实施持续改进。在精益思维的引领下，建立精益管理工作水平评价标准；通过对精益管理工作水平的评价，系统查找精益管理的短板和薄弱环节，有针对性地实施改善。构筑企业改善创新机制，建立分层级的改善和创新活动载体，并辅以相应的评审、激励和推广机制，为各层次人员参与改善创新搭建平台。

四是将要求融入过程。将精益的思维和原则要求，充分整合融入到企业各主要业务管理工作中，明确精益思维分别在研发、营销、生产、设备、品质、采购、物流、人力、安环等专项过程的指导性要求，促进这些主体业务过程的价值提升，并为其他领域预留拓展接口。

五是实现绩效提升。推行精益管理的最终目标，在于通过该标准的实施，贯彻精益理念，不断促进企业价值的实现，最终保障企业战略目标的实现。需要结合行业要求及自身的战略，根据过程保障和追求结果的需要，科学合理地设定指标体系，明确监控方法，用以科学地监控和管理精益管理的绩效，为绩效的持续提升提供依据。

理论篇

5　卷烟工业企业的精益能源管理

5.1　精益能源管理概述

5.1.1　精益能源管理的概念

能源管理具有全员性和全流动性的专业特征。能源消耗是为产品制造服务，能源利用效率和生产组织安排、用能设备状态、用能管理水平等因素相关，将能源管理转变到全方位的系统化、精益化管理模式是企业能源管理的工作重点。

精益能源管理是将精益思想贯穿到能源管理过程中，以“消灭一切能源浪费，满足生产需求”为着眼点，以能源计量、统计管理为基础，以管理、技术节能项目为支撑，以能效对标为手段，完善能源考核评价机制，应用 PDCA 实现能源管理的持续改进。精益能源管理是在全面质量管理（TQM）、全员设备维护、精益六西格玛等国际先进管理方法基础上发展起来的，将能源作为一种重要生产要素，综合运用提案改善、5S、设备可用性分析、停机损失分析、产线平衡分析、价值流分析等精益六西格玛工具，以及工艺参数分析、能源平衡分析、消耗/产量分析（EP）、能效极限分析等能源流分析工具，将精益管理方法与能源管理实际相结合，并以能源价值（单位能源产出/利润）为度量的管理方法。这一方法的提出弥补了传统工业工程（IE）专注于对人、物料、设备和信息等要素的系统集成，而对能源要素未能有效覆盖的管理短板与方法盲区，是精益思想工具在能源领域的扩展应用，有助于对能源系统进行更为精准的管理与控制，实现能源价值。精益能源管理不仅能够规范能源管理、深挖节能潜力，更可指导能源管控系统（EMS）等自动化系统构架，挖掘能源数据的本源价值，为管理决策提供逆物料流向的数据支持，提高管理的透明度与精细度（颗粒度）。

5.1.2 精益能源管理的特点

精益能源管理的特点包括：

（1）以简化为手段，消除能源中一切不增值的活动。精益能源管理把能源中一切不能增加价值的活动都视为浪费，追求能源零浪费、系统最小波动（精准控制）、工序/介质间灵活响应（柔性生产）的管理目标，有效协同能源、生产、设备、财务、信息等要素，实现能源生产力最优化（能源价值实现）。为杜绝这些浪费，它要求毫不留情地撤掉不直接为产品增值的环节和工作岗位。在物料的能源供应中严格实行准时能源制。

（2）强调人的作用，充分发挥人的潜力。精益能源管理强调自上而下的系统策划，同时注重自下而上的现场改善，有效结合节能专家、专业机构的智力资源，以及现场人员能效改善小组（ESGA）的主动性优势。精益能源管理把工作任务和责任最大限度地转移到直接为产品增值的工人身上，而且任务分到小组，由小组内的工人协作承担。为此，要求工人精通多种工作，减少不直接增值的工人，并加大工人对能源的自主权。当能源线发生故障，工人有权自主决定停机，查找原因，做出决策。小组协同工作使工人工作的范围扩大，激发了工人对工作的兴趣和创新精神，更有利于精益能源的推行。

（3）采用适度自动化，提高能源系统的柔性。精益能源管理并不追求制造设备的高度自动化和现代化，而强调对现有设备的改造和根据实际需要采用先进技术，按此原则来提高设备的效率和柔性。在提高能源柔性的同时，并不拘泥于柔性，以避免不必要的资金和技术浪费。

（4）持续改进，以追求“完美”为最终目标。精益能源管理把“完美”作为不懈追求的目标，即持续不断地改进能源、消除废品、降低库存、降低成本和使产品品种多样化。富有凝聚力和善于发挥主观能动性的团队、高度灵活的能源柔性、六西格玛的质量管理原则等措施，都是追求完美的有力保证。完美就是精益求精，这就要求企业永远致力于改进和不断进步。

5.1.3 精益能源管理的损失分析

精益能源管理中，能源相关损失可分为三类，即浪费（对应精益改善）、波动性（对应六西格玛改善）和不灵活性（对应约束理论），应根据各类特点开发相应的改进方法（见图5-1）。

5.1.3.1 七大能源浪费

与精益改善现场七大浪费相对应，也可将现场的各种能源浪费分为过量生产、等待、输送、过度加工、库存、返工、移动七大类，以便于区分、识别并导

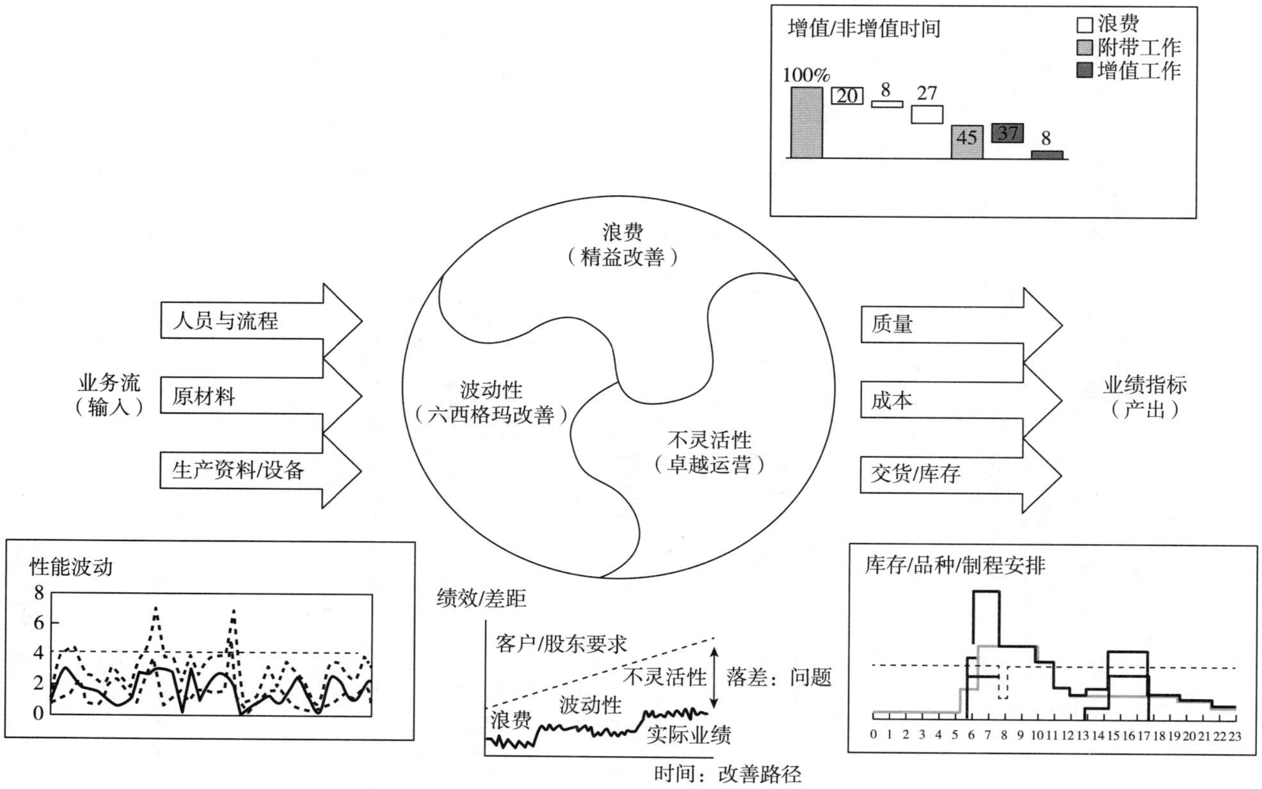

图 5－1　损失来源：浪费、波动性和不灵活性

资料来源：张迪．精益能效管理（TEM）——能源数据价值的深度挖掘［J］．电气时代，2019，449（2）：18－22.

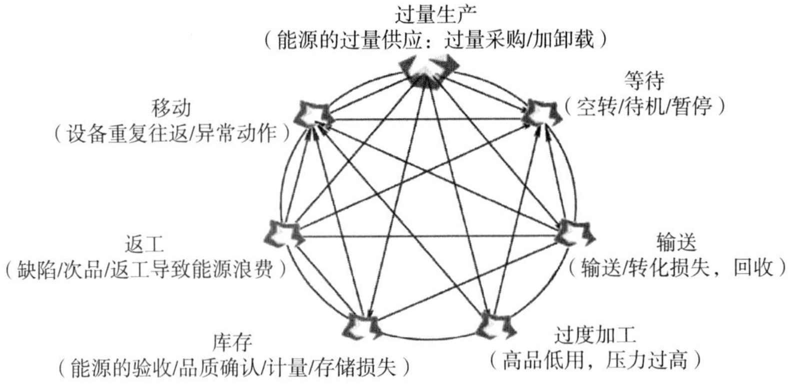

图5－2　七大能源浪费

资料来源：张迪．精益能效管理（TEM）——能源数据价值的深度挖掘［J］．电气时代，2019，449（2）：18－22.

入相应改善工具（见图5－2），具体介绍如下：

（1）能源的过量供应，如过量采购、设备加卸载/低负荷时的全负荷供应等。

（2）等待中的能源浪费，如设备空转、待机、暂停时的保障性供应等。

（3）输送过程的浪费，如线损/铜铁损、蒸汽/空压等管道浪费、能量转化中的效率损失、回收不充分、跑冒滴漏等。

（4）能源的过度加工，如蒸汽/空压等的高品低用、压力设定过高等。

（5）能源库存中的浪费，如煤炭等燃料存储中的风化/热值降低、能源验收/检验中的损失、采购规范不健全、计量误差等。

（6）返工，如不良品、返工矫正带来能源的额外使用等。

（7）移动，如设备移动、物品搬运等消耗的能源等。

说明：上述分类实际上只涵盖了几种最常见的能源浪费现象，远未能涵盖能源浪费的全部情景，重要的是由此建立分析基础和方法导入，换个角度来看能源。

5.1.3.2　能效带宽

能源消费的波动特性可以用“能效带宽”指标衡量。2000年前后，美国先后进行了两次全国通用设备能效普查，并将数据汇总分析，提出了“能效带宽”这一概念，指用能设备在各种工况下其能源效率呈现连续移动的“带”状移动。

用“能效带宽”衡量用能指标参数的波动特性，以此凸显设备能效的控制精度与移动轨迹范围，便可应用精益六西格玛等方法，识别各影响因素并逐一解决、收敛，从“增效”和“降耗”双向进行改善。

5.1.3.3 系统协同

对由能源供应与使用（生产）系统间的不灵活所带来的损失，一方面应通过提高生产组织计划精准度来稳定生产，尽可能连续生产、均衡生产；另一方面可通过架构基于精益管理的企业能源管控系统来协同改进，提高能源调度管理水平。运用约束理论的瓶颈分析，协同精益六西格玛与卓越运营等管理方法，可将能源价值管理三重路径进行归一化整合，从指标判据和改善模型等维度共同架构精益能效的方法论框架。

在精益制造的各种“流”分析过程中，能源流与物质流、价值流、信息流密切协同，交互运用单位价值时间与能源价值理念，有助于拓展能源价值管理的领域纵深。

5.2 精益能源管理的内容

5.2.1 企业能源统计概述

5.2.1.1 企业能源统计的定义

企业能源统计是采用科学统计分析方法，研究能源的勘探、开发、生产、加工、转换、输送、储存、流转、使用各个环节运动过程、内部规律性和能源系统流程的平衡状况等数量关系的一门专门统计。

5.2.1.2 企业能源统计的内容

企业能源统计的内容包括两部分：一部分是对企业能源购进、消费和库存，能源加工转换，能源经济效益，能源单耗等与能源有关的基本数据和信息的调查整理，包括能源统计的原始记录、基本台账和统计报表；另一部分是以统计数据为基础进行的能源统计分析，包括企业能源需求、能源消费、产品能耗、能源节约量、能源利用率的统计分析。

5.2.2 企业能源审计概述

5.2.2.1 企业能源审计的概念

企业能源审计就是审计单位根据国家有关的节能法规法律、技术标准、消耗定额等，对企业能源利用的物理过程和财务过程进行的监督检查和综合分析评价。企业能源审计属于资源节约和综合利用的专业审计，属于管理审计的范围。

通过能源审计这个手段，对企业的能源消费状况、管理水平、利用效率、消耗指标、财务过程、综合利用及环境效果进行检查、测试、诊断、咨询和评价，排查节能障碍和浪费原因，查找节能潜力，提出整改措施，制定节能目标和规划，最终目的是促进企业节能降耗、降低生产成本、提高经济效益。

5.2.2.2 企业能源审计的主要内容

一般来说，对一个企业进行能源审计需要对该企业的能源管理状况（即管理机构、管理人员素质、管理制度以及制度落实情况等）、生产投入产出过程和设备运行状况等进行全面的审查，对各种能源的购入和使用情况进行详细的审计。这就要求对企业的能源计量、监（检）测系统和统计状况进行必要的审查；要对主要耗能设备的效率和系统的能源利用状况进行必要的测试分析，同时要对企业的照明、采暖通风、工艺流程、厂房建筑结构，以及设备的使用和操作人员的素质予以专门的审查；要利用历年统计数据、现场调查了解结果及测试所得的数据，按照相应的标准和方法计算出一些评价企业能源利用水平的技术经济指标（如产品能源单耗、综合能耗、主要设备的能源利用效率或耗能指标等）。最后对各种调查、统计、测试和计算结果进行综合分析、评价，查找出节能潜力，提出切实可行的改进措施和节能技术改造项目，并做出财务和经济评价。利用能源审计的方法，对企业固定资产投资工程项目（包括节能技术改造项目）进行节能篇的论证，保证基建和技改投资项目节能效益。对企业的主要经济技术指标进行审计核查，可以确保国家资源综合利用税收优惠政策真正落到实处。

从上述内容可见，企业能源审计与企业能量平衡在目的和内容上有相似的地方，但能源审计包括的内容更为广泛，更加着重于对企业的能源管理、设备管理和企业技术水平的分析评价；审计过程中除对主要耗能设备进行必要的测试外，也对历年的生产和物资进、销、存统计资料进行分析核对；除计算出企业能源利用的技术经济指标，更要通过对这些指标的技术经济分析，提出具体的节能近期措施和远景节能技改方案。因此，能源审计对于强化企业能源管理、提高耗能设备的转换效率、挖掘节能潜力、建立能源管理目标和评价能源利用水平都具有重要的指导作用。

5.2.3 企业能效对标管理

5.2.3.1 企业能效对标内涵

企业能效对标是一种科学、系统、规范的企业能源管理方法，是企业对标工作的一个重要方面。它是指企业为提高能效水平，与国际国内同行业先进企业能效指标进行对比分析，确定能效标杆指标，通过节能管理与技术措施，达到能效标杆指标或更高能效指标水平的能源管理活动。

企业能效对标活动涉及两个基本要素：最佳节能实践和能效度量标准。最佳节能实践是指国际国内同行业节能先进企业在能源管理中所推行的最有效的节能管理和技术措施；能效度量标准则指能真实客观地反映企业能源管理绩效的一套能效指标体系，以及与之相应的作为标杆用的一套基准数据，如单位产品综合能耗指标、重点工序能耗指标等。

企业能效对标活动是对产生最佳节能效果的行业最优能源管理实践的一种探索，要求企业在能源管理实践方面“优中选优”，达到最优能源管理模式和最优标准，也就是盯住最佳能效水平，把企业节能的压力和动力传递到企业中各层次的员工和管理人员身上，从而形成企业节能工作的合力。

企业能效对标的目标主要有：帮助企业把握能耗的重要指标；帮助企业确定企业优势；帮助企业明确能耗管理的问题点；针对企业的问题，为企业初步能耗的下降提供初步建议。

5.2.3.2 能效对标的类型

一般来说，根据企业所选择的能效标杆单位的不同，可以将企业能效对标分为内部能效对标、竞争性能效对标和行业能效对标三种类型。

5.2.3.3 企业能效对标工作的实施

企业能效对标工作实施的主要内容可概括为：确定一个目标、建立两个数据库、建设三个体系。“确定一个目标”即基于企业实际情况，合理选择对标主题，并确定适当的能效对标指标改进目标值。“建立两个数据库”即在建立企业能效对标指标体系的基础上，建立企业能效对标指标数据库，同时建立企业最佳节能实践库。“建设三个体系”即建设能效对标指标体系、能效对标综合评价体系、能效对标工作组织体系（见图5-3）。

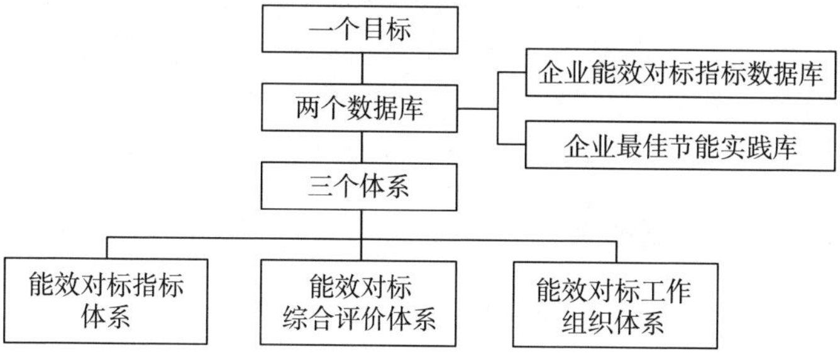

图5-3 企业能效对标工作实施的主要内容

5.2.4 企业能源采购存储管理

5.2.4.1 企业能源采购的定义

企业能源采购是指企业为实现经营目标，在市场环境下，根据企业的经营状况，运用恰当的方法和策略，通过付出相应费用而向外界获得能源动力的行为，是企业产品增值过程的起点。能源采购是根据企业生产需要而开展的作业层活动，即依据企业生产计划所要求的供应计划制订采购计划，并进行能源外购的作业层活动。

5.2.4.2 企业能源采购管理的目标

企业能源采购管理的目标是通过制定规范的采购流程及储存监控手段，控制所采购能源的品种、数量、质量、周期等因素，保障企业日常生产活动所需能源的供给。

有效的采购管理途径是简化采购流程，保持供应质量，提高供应商的协作性，建立综合的采购解决方案，优化供应商的选择，根据生产周期对能源的需求量合理地安排能源供应周期，以降低能源采购的运输与储存成本。

5.2.4.3 企业能源采购储存的范围

企业能源采购储存的范围是指企业根据生产需求及市场供给等方面因素确定需采购的能源品种，并对可予以储存的能源品种进行一定数量的储备，以满足生产周期内企业对能源的需求的行为。根据目前企业对能源的需求状况，企业应根据以下原则确定能源采购储存的范围：

（1）需储存的能源品种应具有稳定的物理特性和可加工转换性，可分批次采购。对企业而言，目前情况下除了电力、管道天然气、管道蒸汽外，其他的能源品种均可列入可储存能源品种的范围。

（2）在确定可储存能源品种时，还应考虑企业可储存能源的场所的实际情况、所在地自然条件等，合理地选择与配置可储存能源品种的范围。

（3）能源采购储存范围包括可储存的能源品种、储存手段、储存数量、储存周期等。

5.2.5 企业能源计量管理

5.2.5.1 企业能源计量管理的概念

企业的能源计量工作是企业节能、降耗、减排、增效的基础工作，也是企业对能源耗用实施有效监测、量化管理的依据。能源计量工作的目标是满足企业生产及经营管理的需要，对能源进行充分监测，提供及时、准确、可靠的数据，并对数据进行有效的采集、分析和利用。

企业能源计量管理是指通过采用科学的计量方法、合理设置能源计量装置、配备合格的能源计量器具、加强能源计量器具的维护和检定、落实能源计量管理责任等措施，保证能源计量数据真实、准确、完整。

5.2.5.2 企业能源计量管理体系

企业能源计量体系是企业为实现能源计量的单位统一和量值准确、可靠的目标，对能源计量进行确认并持续控制测量过程所必需的一个系统整体，该系统的各要素相互关联或相互作用。

企业建立能源计量体系是企业加强能源管理、提高能源管理水平的重要基础，是企业贯彻执行国家节能法律法规、政策、标准，科学合理用能，优化能源结构，提高能源利用效率，降低成本，提高经济效益和市场竞争力的重要保证。

形成能源计量体系要具备计量体系必须具备的四个条件：①必须有计量组织结构，包括为行使计量职能，按计量系统管理的方式建立的职责、权限及其相互之间或与其他部门之间相互关系的机构。②为计量技术和计量管理活动所规定的相关制度和程序文件等。③有为使计量工作能够开展所必需的人员、资金、设施、设备、技术和方法等“资源”。④必须有使用上述资源的各项计量活动和工作。

企业的能源计量体系主要涉及三个方面：一是合理配备必要的能源计量器具；二是加强对能源计量器具的管理，按时检定和校准以保证其准确性；三是将能源计量器具的数据作为企业能源消耗管理的基础数据，以保证企业能源消耗数据的准确性，做到“心中有数”。

企业可以选择《测量管理体系　测量过程和测量设备的要求》（GB/T 19022－2003）、行业或地区计量标准规范为参照建立能源计量管理体系。

5.2.5.3 企业能源计量器具的配备购置和验收

选择好计量点和建立能源流向网络图后，就要根据需要配备能源计量器具。能源计量器具的配备计划须按《用能单位能源计量器具配备和管理通则》（GB 17167－2006）的要求，并满足生产经营管理的需要。

5.2.5.4 企业能源计量器具管理

能源计量器具配备之后，要加强能源计量器具的管理、使用和维护，主要包括能源计量器具贮存、申领和发放，确定检定（校准）周期，量值溯源，编制能源计量器具一览表，建立能源计量器具档案，能源计量器具标志，不合格能源计量器具的处置等。

5.2.6 企业能源监测管理

企业能源监测的内容是本单位生产过程中实际消耗的各种能源，包括主要生产系统、辅助生产系统和附属生产系统用能以及用作原料的能源。能源及耗能工质在企业内部储存、转换及分配供应（包括外销）中的损耗，也应计入监测范围。具体包括：

（1）检测、评价、合理使用热、电、油及主要载能工质状况。

（2）对采购和供应的能源质量等情况进行监督、检测。

（3）对节能产品的能耗指标监测、验证。

（4）对用能产品、工序的能耗检测、评价。

（5）对用能工艺、设备、网络的技术性能检测、评价。

（6）监察企业及其内部各供用能单位的节能管理现状。

（7）参加新建、改建、扩建、节能技术改造工程（项目）的能源合理利用评价（论证）。

（8）对新建、改建、扩建、节能技术改造工程（项目）的节能效果检测、评价（竣工节能验收）。

（9）对节能特等炉能耗指标在线检测、评价。

（10）对节能特等工序审核、评价。

5.2.7 企业能源消耗定额管理

5.2.7.1 企业能源消耗定额管理的内容

能源消耗定额简称能耗定额，是指企业在一定的生产技术和生产条件下，为生产一定数量的产品或完成一定量的作业，所规定的能源消耗的数量标准。

能源消耗定额管理是指在准确计量生产过程中各项能耗基础上，由企业节能管理部门针对具体情况制定合理的能耗定额指标；通过计量一定时间段内企业实际的单位产品能耗，与能耗定额指标进行对比，对于超过能耗定额部分实施一定的经济或行政惩罚，并修正能耗定额指标，从而实现对能源消费的科学管理。

企业能源消耗定额管理的主要内容有：

（1）建立能源消耗定额体系和定额管理组织体系。

（2）制定和修改能源消耗定额。

（3）采取有效的技术组织措施，保证定额的实现。

（4）考核和分析定额完成情况，总结经验，提出改进措施。

能耗定额的制定、贯彻执行和考核分析是能耗定额管理的三个基本环节。

5.2.7.2 企业能耗定额管理的作用

单位产品（或产值）能耗是反映一家企业能源利用效率和企业生产效率水平的综合性指标，也是最终反映企业能源利用经济效果大小的总结性指标。制定先进合理的能耗定额指标，是企业单位产品能耗不断降低的有力保证。因此，通过制定能耗定额指标，推动能源技术和能源管理等方面节能工作的开展，达到节能增产的目的，是一个十分有效的手段。实行能耗定额管理具有以下重要作用：

（1）能耗定额是编制能源供应计划的重要依据。企业实行了先进合理的能耗定额管理，才能正确计算能源需要量、储备量和采购量，编制出准确的、科学的能源供需计划。

（2）能耗定额是科学地组织能源供应管理的重要基础。企业实行了先进合理的能耗定额管理，才能严格地根据生产要求，按质、按量、按时组织能源供应，并对消耗情况实行控制，从而保证生产的正常进行。

（3）能耗定额是监督和促进企业内部开展节能的有力工具。先进合理的能耗定额是建立在企业用能技术水平和能源管理水平不断提高的基础之上。企业为了使其定额经常保持在先进合理的水平上，会不断提高用能技术水平和能源管理水平。

5.2.7.3 企业能源消耗定额的种类和统计范围

能源在使用过程中的消耗构成包括三个部分：一是能源的有效消耗，这是指工艺过程中所必须消耗的能量，如加热炉中金属加热所吸收的热量；二是能源的工艺性损耗，这是指工艺过程中所损失的能量，如加热炉炉体散热、烟气带走的热量等；三是能源的非工艺性损耗，如能源在运输、储存过程中所造成的损耗，生产废品所带来的能源损耗，以及能源质量不合格所引起的损耗等。

5.2.7.4 企业能源消耗定额的考核管理

能耗定额考核的内容和深度大体上分为三级：第一，考核到单项产品的单项能耗，如单位产品煤耗、单位产品电耗；第二，考核到单项产品的综合能耗；第三，考核到单项工艺的单项能耗和综合能耗。

实行折合标准产品的能源单耗行业，对企业进行考核检查的同时，可评定其能源消耗所属类别，并且经常结合能耗排队进行分析对标和交流经验，开展行业的相互学习，以促进节能工作的深入开展。

5.2.7.5 企业能源消耗定额的考核形式

节能奖惩形式有多种，有些企业结合落实节能任务，实施多种形式的节能承包经济责任制，收到了较好的效果。下面介绍以能耗定额考核为基础的节能承包经济责任制的几种主要形式。

5.2.7.5.1 按生产任务、耗能量和节能量考核

其指在一定时期内，在企业内部实行逐级承包，节能有奖，超耗有罚。这个办法的具体内容概括为“三定”“三包”。“三定”即定生产任务、定节能量、定奖罚比例；“三包”即包生产任务、包能耗量、包奖罚责任到人。厂部根据“三定”“三包”要求，分别同各市车间、部门签订承包合同，定期检查合同执行情

况，按合同规定实行奖惩。节能奖励应在与节能有关的人员中合理分配，节能主管人员和有重大贡献者应予重奖。

5.2.7.5.2　按能耗定额承包实行分等计奖

在制定产品能耗定额时，不顾生产条件变化和产品产量增减情况，常常生搬硬套，缺乏科学依据，结果执行能耗定额时不是轻而易举，就是高不可攀；在完成产品能耗定额，实行节能奖励时，也不分实际达到的定额先进与否，一律采用与上年周期实绩相比，评比计奖。这些做法，都容易挫伤广大职工的节能积极性，影响企业节能工作的深入开展。为克服定额考核中的各种弊端，可实行按能耗定额承包、分等计奖办法。采用这种办法，首先要确定能耗定额承包的基数，在此基数上再制定产品能耗奖励定额。

5.2.7.5.3　按节能技术改造项目工期、资金和工程质量承包计奖

为促进节能技术改造项目投资省、工期短、工程质量好，企业可实行项目承包经济责任制。承包单位在要求的工期、资额、质量范围内，完成或提前完成承包任务，验收质量合格，企业按工程项目承包合同规定发放奖金。

5.2.7.5.4　按用能总量承包计奖

为了控制全厂耗能总量，努力实现以节能求增产，企业内部对生产车间和辅助生产车间用能实行耗能总量包干计奖办法。企业能源主管部门可参照上年耗能量、生产增长因素和节能潜力，与承包车间商定年度（或月、季度）耗能总量，包干使用。

5.2.7.5.5　按节能目标承包计奖

这是一种按年分季达到节能目标的承包办法。年度节能目标由厂部提出，由用能的关键部门、关键人员承包，实行完成节能目标有奖、完不成受罚的承包经济责任制。

5.2.8　企业能源管理信息化

企业能源管理信息系统是企业信息化系统的一个重要组成部分。它可以实现能源系统分散的数据采集和控制、集中的管理调度和能源供需平衡，以及实现所需能源预测，为在生产全过程中实现节能、降耗和环保的目标创造条件。能源管理中心主要包括现场控制系统、数据采集系统和信息管理系统三个系统。

5.2.8.1　企业能源管理信息系统的概念

企业能源管理信息系统是指采用自动化、信息化技术，对企业能源的生产、存储、输配和消耗等环节实施集中扁平化的动态监控和数字化管理，从而实现能源预测、平衡、优化和系统节能降耗的管控一体化系统。一个完整的企业能源管理系统应包括三个层次的内容：

一是为统计、管理服务的用于处理日常事务的辅助系统，如全厂和各车间的能耗统计及分析比较、全厂能源平衡、主要耗能设备和耗能工序的能耗分析与比较、报表生成、设备和仪表的管理、情报资料的管理等。

二是为计划、调度服务的用于指挥能量运动的辅助系统，如企业能源系统的优化调度、最优库存决策等。

三是为厂级服务的处理重大能源决策问题的辅助系统，如企业能源系统优化改造问题等。

5.2.8.2 企业能源管理信息系统的开发方法

能源管理信息系统的开发是一项复杂的系统工程工作。它涉及的知识面广、部门多，不仅涉及技术，而且涉及管理业务、组织和行为。开发方法的选择对企业能源管理信息系统开发的效率、质量、成本及用户的满意度具有很大的影响。通常的开发方法有以下几种：

5.2.8.2.1 结构化系统开发方法

其基本思想是用系统工程的思想和工程化的方法，按用户至上的原则，结构化、模块化、自顶向下地对系统进行分析与设计。整个开发过程可以划分为系统规划阶段、系统分析阶段、系统设计阶段、系统实施阶段和系统运行阶段五个首尾相连的阶段，一般称之为系统开发的生命周期。

5.2.8.2.2 原型方法

原型方法的工作流程是：首先用户提出开发要求，开发人员识别和归纳用户需求，根据识别、归纳的结果，构造出一个原型（即程序模块），然后同用户一起评价这个原型。如果行不通，则到第三步重新构造模型；如果不满意，则修改原型，直到用户满意为止。

5.2.8.2.3 面向对象的开发方法

其基本思想是将客观世界抽象地看成是若干相互联系的对象，然后根据对象和方法的特性研制出一套软件工具，使之能够映射为计算机软件系统结构模型和进程，从而实现系统的开发。面向对象的开发方法的工作过程分为四个阶段：系统调查和需求分析、分析问题的性质和求解问题、整理问题、程序实现。

5.2.8.2.4 计算机辅助开发方法

它是一种除系统调查外全面支持系统开发过程的方法，同时也是一种自动化（准确地说应该是半自动化）的系统开发方法。计算机辅助开发方法的基本思路是：在前面所介绍的任何一种系统开发方法中，如果自对象系统调查后，系统开发过程中的每一步都可以在一定程度上形成对应关系的话，那么就完全可以借助于专门研制的软件工具来实现上述一个个的系统开发过程。

能源管理信息系统的总体架构如图 5 – 4 所示。

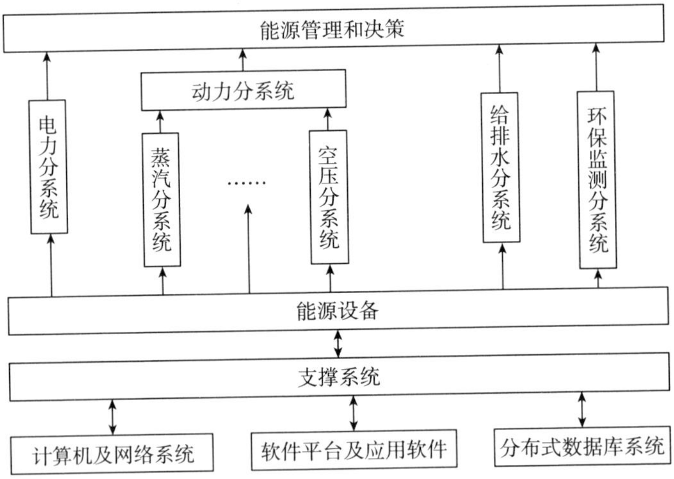

图 5－4　能源管理信息系统的总体架构

5.3　卷烟工业企业的精益能源管理概述

5.3.1　卷烟工业企业精益能源管理的总体设想

精益生产的本质是以客户需求为所有改善活动的出发点，即任何改善活动都要围绕客户需求来进行。卷烟工业能源供应是为卷烟生产服务的，卷烟生产对能源品种、质量、时间等方面的需求构成卷烟生产精益能源管理的出发点。

卷烟行业在制造过程中自动化、信息化程度较高。一是生产过程自动化，即用自动化生产、测量、显示、控制等工具控制信息，达到生产自动化；二是利用办公自动化系统、决策支持系统以及管理信息系统达到管理信息化。先进自动化技术有助于推动我国烟草工业精益能源管理。

卷烟工业企业精益能源管理主要体现在两个方面，即“精细”和“精益”。其中，“精细”是指能源的精细化管理，包括能源管理职责精细化、能源管理目标精细化、能源管理过程精细化、能源使用消耗精细化。“精益”则主要包括两个步骤：一是能源使用过程的浪费识别；二是分析继续改进的策略。

5.3.2 卷烟工业企业精益能源管理的关键点识别

5.3.2.1 关键设备的能源管理

统计表明，卷烟工业企业 70% 的能耗来自企业的主要用能设备，将这些设备作为“关键设备”进行重点节能管理，是抓好企业节能降耗工作的关键环节之一。按照《用能单位能源计量器具配备和管理通则》（GB17167）对“主要用能设备”的界定方法，结合卷烟厂对动力、制丝、卷接、包装设备能耗数据的统计分析，企业精益能源管理关键设备如表 5－1 所示。

表 5－1 卷烟工业企业精益能源管理关键设备

序号	设备类型	标准	举例	
（1）	主要用汽（蒸汽）设备	指蒸汽消耗量≥2 吨/小时、蒸汽压力≥0.7MPa 的用汽设备	真空回潮机、烘丝机、SP31 叶丝膨胀机、换热站、中央空调系统（限冬季采暖季节）等	
（2）	主要用气设备	即以天然气或煤气为燃料的，且燃气消耗≥100 立方米/小时的设备	燃气锅炉、HXD 叶丝在线膨胀机等	
（3）	主要耗电设备	指装机容量≥100kW 的单机台设备	①制丝设备主机	HXD 叶丝在线膨胀机
			②通用动力设备	如离心式电制冷机、螺杆式空压机、除尘器等
			③物理联结紧凑的工段/工序	如真空回潮系统、叶丝工段、梗丝工段、卷接包设备联合机组、供水泵站等
（4）	主要耗水设备	指水消耗≥1 吨/小时的单机台设备	①制丝设备	如水洗梗机等
			②通用动力设备	如离心式电制冷机、中央空调加湿系统、燃气（油/煤）锅炉、软化水系统等

卷烟工业企业通过制定相关管理制度，鼓励广大基层技术人员集思广益，开展设备技术革新、小改革活动，以技术手段促进关键设备节能。

同时，卷烟工业企业采取多种管理手段，深化精细化生产措施，确定了主要耗能工序、关键耗能环节，明确了相关职能部门、生产车间在精益化生产管理工作中的职责，制订生产计划、流程控制表，细化生产组织安排，以目标管理和动态管理的形式，实现生产组织整个工序流程之间的无缝衔接，缩短卷烟生产制造周期，有效消除能源浪费，通过管理手段实现关键设备节能。

5.3.2.2 关键时间段的能源管理

针对卷烟生产的季节特点，研究制定特殊时间段节能措施，加强对能源消耗的控制。比如，制丝、卷接包等主要生产车间的温湿度采取“夏季走上限、冬季走下限”的控制方式。在春秋季节，各卷烟厂制丝车间在外界温度适宜的情况下，不开启车间空调，夏季早晨采取自然通风的办法，达到节约能源的目的。如果卷接包车间面积较大、车间区域功能不同，可实行分区温湿度控制，对有温湿度要求的半成品、原辅材料，集中摆放在温湿度控制区域内。本着节能原则，对温湿度要求不严格的工段（如嘴棒工段），采用提高上下限幅度标准，降低控制精度的办法实现节能。

5.3.2.3 关键工段的能源管理

通过优化工序流程，加强制丝线能耗控制。各卷烟厂通过在线质量评价和工艺质量改进研究，细化流程管理，提高关键工段运行效率，实现提高质量与节能降耗之目的。如合理调配制丝车间生产，将生产时间由早 8 点调整到 10 点，既保证了设备保养、检修时间，又提高了各生产工序连续运行的可行性，压缩生产线运行时间，提高节能效果。

通过提高设备效率，加强卷包车间能耗控制。比如，通过开展卷接包设备效能竞赛、卷接包设备无故障连续运行、降低卷接设备小停车竞赛、同机型设备有效作业率对标等一系列活动，减少设备的无功消耗，促进设备有效作业率的持续提升。在产量不变的情况下缩短生产时间，减少能源消耗。

5.3.3 卷烟工业企业精益能源管理的实施

5.3.3.1 精细管理

5.3.3.1.1 精细管理流程

根据能源体系要求，结合卷烟工业企业自身实际情况，运用精益思想对能源管理流程进行全面梳理，建立《能源监视与测量控制程序能源》《管理方案控制程序》《能源评审管理规定》《能源运行控制程序》《能源基准绩效参数目标指标控制程序》等程序文件，对采购、服务、运行控制以及节能目标实现、能源使用监测、节能量测算等做了精细化的设计和落实，为精益管理打下基础。

5.3.3.1.2 精细管理颗粒度

能源管理精细化是支持企业能源精益管理的一个重要方面，通过细化能源管理数据颗粒度和细化能源管理统计分析颗粒度的方式建立精细化的能源管理，为目标管理打下基础，实现各部门、各机台、各区域、各班组、各岗位的自我激励（寻找改进机会），即管理颗粒度细化到班组、机台甚至岗位。

5.3.3.1.3 精细生产管理

其主要包括三个方面：计划精细，即将企业生产管理与能源使用紧密关联，根据企业生产排产计划确定企业用水、用电计划；排产精细，即通过生产安排和能源使用的结合，实现削峰填谷、峰谷平衡；过程精细，即通过测量换单时间，开展相应攻关活动，降低停机时间，提高设备能源效率。

5.3.3.2 浪费识别

5.3.3.2.1 识别内容

精益管理最重要的是认识和了解能源管理的各种浪费，如因等待、协调不力、资源闲置、流程不清、效率低、失职、管理成本高等造成的，以及能源管理过程中存在的“不精益”“不精细”的浪费。能源从采购进厂到使用可能产生的不必要浪费主要包括以下几方面：生产流程是否合理安排；办公用能是否存在如电脑待机等浪费；员工生活用能是否存在用水浪费；工艺参数设定，如凹印机烘箱温度设定是否存在误差波动大，从而造成浪费；企业两次能源转化气的压力设置是否合理，是否存在“大马拉小车”现象，即消耗大量能源带动工作量很小的设备等。

5.3.3.2.2 识别方法

运用能流图、设备清单等工具，采用合理化建议、头脑风暴、座谈会、听取意见等形式，通过全员参与，识别企业各环节的能源浪费现象，包括识别与企业能源使用和能源消耗相关的唯一且可辨识能源使用名称的设备、设施、系统、过程以及人员，并加以改进。对于系统问题和疑难问题，可以提交至能源管理部门，开展能源管理方案，用管理方案和技术方案来实现改进。

5.3.3.3 持续改进

能源浪费识别需依靠全员，但对能源使用和能源消耗持续改进的系统分析还需能源管理专业人员或相关专业人员来实现，同时需要大量的数据来支撑，通过有效的数据分析，寻找持续改进的空间。

5.3.3.3.1 通过用能预测降低能源成本

通过制定设备能耗定额、引入能源网格的概念（即按区域对全厂各能源消耗使用进行全网式划分），实现从生产安排到实际能源统计的全面能源预算管理，最大限度地降低能源消耗及成本，从而降低用能成本。

5.3.3.3.2 通过能源动态监测实现系统分析

将能源管理与底层的数据采集系统进行联通，一方面能解决能源管理员抄表的巨量工作，提升工作效率；另一方面能建立统一的能源实时监视系统，对能源生产、转换、供应的过程，以及重点用能设备的开动计划、用能情况、用能效率等进行实时监控，跟踪每一个产品的能源消耗，同时对降低能源浪费、寻找产品最低能源成本、持续改进进行系统分析，切实降低能源消耗。

能源信息化建设为精益管理打下了基础，为能源管理提供了有效的系统平台，确保及时获取能源消耗信息，实现能源使用趋势预测、管理决策信息化辅助等多层面知识共享。同时，将能源管理系统与企业 ERP 系统完美对接，真正实现能源管理与企业生产经营活动的融合。相信在不久的将来，事先预测、事中监控和事后分析的全过程管理必将实现精益能源管理的持续改进。

5.4 卷烟工业企业的精益能源管理体系构建原则与框架

5.4.1 卷烟工业企业的精益能源管理体系构建原则

5.4.1.1 系统性

卷烟工业企业精益能源管理体系应该是由若干个相互联系、相互影响的管理规范构成的完整系统。各项制度不仅应体现出其职能管理功能特性，其相互之间还应具有一定的逻辑层次关系。其运行实施过程应当相互配合、相互联系和相互制约。

5.4.1.2 可行性

卷烟工业企业精益能源管理体系能够反映出卷烟生产企业能源管理的共性职能，因此，既要反映行业的普遍性特点，又要考虑不同企业生产工艺和技术条件的差异性；既要充分反映企业能源管理的客观要求，又要根据实际情况覆盖企业能源管理的各个环节；既要边界清晰、对象明确，又要让使用者能够清晰识别和遵循。

5.4.1.3 融合性

卷烟工业企业精益能源管理体系是结合行业特点对国家和地方相关政策及要求的具体深化，因此，体系建设既要符合卷烟生产企业的实际情况，又要符合国家和地方能源管理的有关法律法规和其他相关要求；同时，还应与企业现有的质量管理体系、环境管理体系、职业健康管理体系等其他管理体系相融合。

5.4.2 卷烟工业企业精益能源管理体系的框架

根据卷烟工业企业精益能源管理体系构建的原则，从国内烟草行业和卷烟生产企业的实际情况出发，我国卷烟工业企业精益能源管理的体系结构是以精益生产的准时化和自动化两大支柱为依托，由一个基础、七个支撑和五个目标构成。一个基础是能源管理信息系统，为体系建设和运转提供数据和信息，七个支撑是指卷烟生产企业能源采购储存管理、能源监测统计管理、能源计量器具配备与管理、主要用能设备管理、企业余热管理、合理用能绩效考核与行业对标管理、节能改造项目管理，为体系运行提供制度支撑保障。五个目标是指能源品种、质量、纳期、成本和节能意识，即通过精益能源管理培养全员节能意识，以最有效的成本，按照规定的时间、质量提供符合生产需求的能源品种，进而实现能源定额管理目标。

卷烟工业企业精益能源管理的体系结构如图5－5所示，具体如表5－2所示。

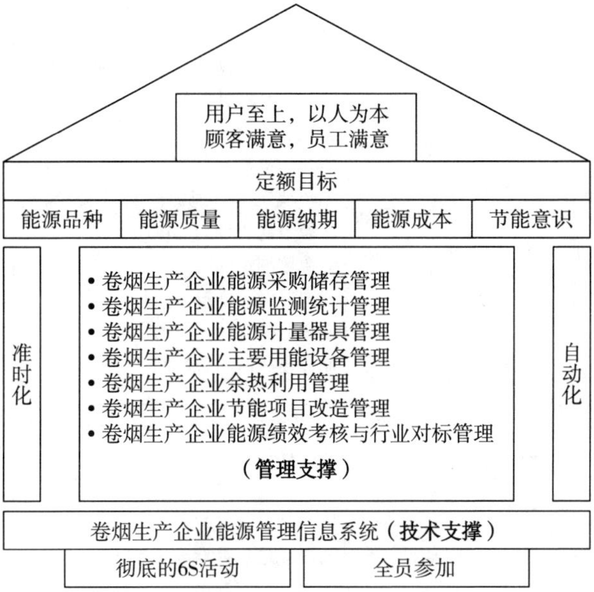

图5－5　卷烟工业企业精益能源管理体系框架

表5－2　卷烟工业企业的精益能源管理体系

项目		实施主体	管理边界	运作流程/内容	评价调整
目标	用能定额管理（能源品种、质量、纳期、成本和节能意识）	能源管理部门	卷烟生产企业三级用能定额体系	能源管理部门制定各部门定额指标 生产部门及设备管理部门讨论并汇总反馈意见 修改用能定额指标 各部门评审确认 企业管理部门审核 厂领导审批 各部门执行	符合企业现状 能源系统变动 生产或操作变动 能源结构变动

续表

项目		实施主体	管理边界	运作流程/内容	评价调整
管理支撑	能源采购储存管理	能源采购部门为主	企业需求的各类能源	能源需求计划 供应商选择 确定能源质量 能源输入控制 能源储存控制	能源品种 能源需求计划 能源采购计划 能源供应商 能源输入控制 能源储存输配使用控制 能源采购管理制度
	能源监测统计管理	动力或设备管理部门	卷烟生产过程的能源采购、加工转换、输配和利用	能流监测、物流监测、设备状态监测、计量器具监测、环境监测与人员状态监测的具体内容 能源购进消费及库存统计、能源加工转换统计、能源经济效益统计、能源节约统计的具体内容 能源监测点的选取 能源监测的手段 能源监测统计指标的选取 能源监测的动态控制	能源监测统计组织建设 能源监测统计制度建设 能源监测统计数据质量 监测计量器具配备与运行 用能设备运行情况 能源监测统计效果
	能源计量器具配备与管理	设备管理部门	计量器具以及能源的三级计量	能源计量种类 能源计量范围 能源计量器具配备率 能源计量器具准确度 能源计量的管理	管理制度 组织管理 计量器具 计量数据 计量档案 计量监督
	主要用能设备管理	动力或设备管理部门	卷烟生产企业主要用能设备	主要用能设备界定： 煤、燃气、燃油作为能源的用能设备；蒸汽作为能源的用能设备；电作为能源的用能设备 设备属性管理： 设备的资产管理；固定资产投资项目管理；设备使用管理；设备维保管理；特种设备管理；设备事故管理；设备技术档案管理 能源属性管理： 能源计量器具配备和管理；能源使用管理；能源消耗状况；节能技术进步；节能能源档案管理	管理制度 组织管理 计量器具 计量数据 计量档案 计量监督

续表

项目		实施主体	管理边界	运作流程/内容	评价调整
管理支撑	余热管理	动力或设备管理部门	卷烟生产企业余热资源	余热资源的确定 余热资源评价 余热回收利用原则 余热利用方式 余热回收利用的技术要求 余热资源回收效果评价	余热利用效率指标 相关工序能耗和产品能耗评价 经济效益评价 社会效益评价 环境效益评价
	节能改造项目管理	企业技改部、设备或动力部	节能改造项目	项目管理的组织：项目审批、项目考核等 项目管理的实施：立项评价、后评价 可行性研究报告的编制：要求、指标	项目立项前评价 项目改造完成后评价
	合理用能绩效考核与行业对标管理	企业绩效考核部门、能源管理部门	企业能源目标及指标	合理用能绩效考核的组织 能效对标管理的组织 合理用能绩效考核方法 能效对标管理方法 能效对标的关键 能效对标指标体系推荐	在对标过程中根据标杆的变化，动态调整
技术支撑	能源管理信息系统建设	能源管理部门、信息系统归口部门	能源管理信息系统	系统结构框架 系统应用功能 系统软件要素 系统硬件要素 系统的报表、数据接口要求及规划 系统意外处理	现场仪表的工作情况 系统控制能力 能源预测、能源管理效果 用能设备、技改项目等的管理 报表数据核对 与其他系统平台接口的性能

5.4.3 卷烟工业企业精益能源管理体系的目标管理

卷烟工业企业的精益能源管理体系的五个目标是指能源品种、质量、纳期、成本和节能意识，可归结为卷烟生产企业定额目标管理。

卷烟工业企业的精益能源管理体系的目标管理就是围绕产能、供能、用能流程，物料流（仓储、制丝、卷接、包装等）及主要用能工序和设备，提出卷烟生产企业用能定额制定原则、依据和流程、定额指标内容、计算方法，以及定额执行、评估与修订方法，为各卷烟生产企业合理制定用能定额、开展用能定额管理提供依据。

卷烟生产企业用能定额由能源管理部门及生产部门、设备管理部门等共同研究制定。用能定额管理组织结构的层次应与三级能源管理体系相吻合，分为决策层、管理层和执行层。

卷烟生产企业内部用能定额可分为三个层次：一级用能定额为企业级的用能定额；二级用能定额为车间、部门级的用能定额；三级用能定额为车间内部各工段或主要用能设备的用能定额。

每年年底或次年年初由能源管理部门会同生产部门、设备管理部门等共同研究制定次年用能定额。能源管理部门分解各部门用能定额，制定用能定额指标讨论稿，组织生产部门及设备管理部门讨论并汇总反馈意见，组织各部门参加评审确认，经企业管理部门审核，再报厂领导审批后下达到各部门执行。为了保持用能定额的严谨和统一，原则上定额一经下达，本年度内不做变动，特殊情况根据具体情况做相应调整和更新。

企业应在用能定额脱离实际或计算错误、能源系统有重大改变、工艺有重大改进或能源系统发生变动时对定额评价，并进行必要的修改和调整。用能定额调整通常由能源管理部门组织相关部门进行分析讨论，确定调整幅度，修改后经定额管理部门领导审核，再报企业领导审批后下达执行。

5.4.4 卷烟工业企业精益能源管理体系的七个支撑

5.4.4.1 卷烟生产企业能源采购储存管理

（1）功能定位。通过制定规范的能源采购流程及储存监控手段，从品种、数量、品质、安全库存等方面对企业能源采购进行控制，保障卷烟生产企业安全、可靠、高效、清洁的能源供给。

（2）实施主体。卷烟生产企业能源采购储存管理的主体为能源采购部门，采购行为涉及能源需求计划形成部门、能源输入检测控制部门、能源储存与使用管理部门、能源最终使用部门等。

（3）管理边界。卷烟生产企业能源采购储存管理的对象为不同品种的能源。通过制定规范的采购流程及储存监控手段，控制所采购能源的品种、数量、质量、周期等因素，保障卷烟生产企业日常生产活动所需能源的安全、可靠、高效、清洁。

（4）运行流程。卷烟生产企业的能源采购储存应根据企业年度生产计划以及设备能耗，得出相应的能源消耗数量，并结合相应的能源管控目标制订能源需求计划，然后选择供应商，根据企业能源质量标准确定采购能源的质量和数量，能源输入控制应确保能源在进入企业后与企业所要求的数量与质量相符，并对储存至本企业内的各种能源，就其储存期内数量、质量、安全、输配使用等进行管理与控制。

（5）评价调整。能源采购储存管理评价以国家发布的各类能源品种确定、采购、计量、输配损耗控制、储存控制等相关的法律法规为依据，以判定所确定的能源品种、需求计划、采购标准、采购计划、输入控制和储存控制的相关程序是否符合标准与法规的要求，以及各类法律法规、标准及其他要求的执行情况。

5.4.4.2 卷烟生产企业能源监测统计管理

（1）功能定位。按照强化监测基础能力的要求，构建能源监测体系，按照完善能源统计分析功能的要求，设计多层次的能源统计指标体系，实现卷烟生产企业能源监测统计的科学化、制度化、规范化，满足国家、行业用能监测要求和企业自身能源管理需要。

（2）实施主体。能源监测统计管理的主体为能源管理部门，动力或设备管理部门为牵头负责单位，生产、维修和采购等部门配合。

（3）管理边界。能源监测管理对象涉及卷烟生产过程的能源采购、加工转换、输配利用。卷烟生产企业统计管理对象除了对日常监测过程中所产生的各类信息以原始记录、台账、统计表格等形式进行汇总分析外，还包括能源经济效益统计、能源统计分析等。

（4）运行流程。统计工作要先进行能源统计组织，然后进行原始记录的填报，建立企业能源统计台账，进行能源统计资料的管理和使用。卷烟生产企业能源监测点的选取应反映企业能源消费利用全过程的真实状态，覆盖卷烟生产系统中能流节点、工序节点、重点设备节点。监测统计指标的选取要能保证工艺参数稳定和设备安全运行。

（5）评价调整。卷烟生产企业能源监测统计的评价包括能源监测统计组织建设、能源监测统计制度建设、能源监测统计数据质量、监测计量器具配备与运行、用能设备运行情况、能源监测统计效果等方面。

5.4.4.3 卷烟生产企业能源计量器具配备与管理

（1）功能定位。参照相关法规和规范要求，对能源计量器具的购入、使用、检测、淘汰等流程和相关人员进行制度约束，明确管理流程和人员职责，保障获取能源计量数据的可靠性、稳定性。

（2）实施主体。能源计量器具管理归口部门根据企业的实际情况可略有不同，一般可由设备管理部门负责企业的三级能源计量。企业各种能源的购入属于一级计量；各加工转换车间、生产车间以及附属生产部门等次级用能单位的计量属于二级计量；各车间或部门所使用的用能设备或工段的能源计量属于三级计量。

（3）管理边界。计量对象包括外购能源如电能、煤、油、天然气或蒸汽等，中间环节所涉及能源或载能工质种类如蒸汽、水、压缩空气等所涉及的所有器具。

（4）运行流程。能源计量器具管理包括配备计划制订，能源计量器具的采购与淘汰，能源计量器具的安装、维护、检定，能源计量器具技术档案、原始记录及资料整理等环节。

（5）评价调整。企业应根据国家法律和标准要求，以及企业实际情况从管理制度、组织管理、计量器具、计量数据、计量档案、计量监督等方面对能源计量器具配备与管理进行评价，并制订相应改进计划。

5.4.4.4 卷烟生产企业主要用能设备管理

（1）功能定位。围绕“标准指导，职责明确，计量齐全，管控有力”要求，结合卷烟企业用能设备情况，确定主要用能设备分类细目，建立适合卷烟生产企业主要用能设备的管理模式，实现用能设备的规范化管理。

（2）实施主体。卷烟生产企业主要用能设备管理的归口部门一般为动力部门或设备部门，管理对象为企业主要用能设备。

（3）管理边界。按照使用能源品种的不同，可分以燃煤、燃气、燃油作为能源的用能设备，以蒸汽作为能源的用能设备，以电作为能源的用能设备三类。

（4）管理内容。卷烟生产企业主要用能设备管理包括设备管理和能源管理两个属性。从设备管理方面来看，主要用能设备管理包括七项内容：设备的资产管理、固定资产投资项目管理、设备使用管理、设备维保管理、特种设备管理、设备事故管理、设备技术档案管理。从能源管理方面来看，主要包括五项内容：能源计量器具配备和管理、能源使用管理、能源消耗状况、节能技术进步、节能能源档案管理。

（5）评价调整。主要用能设备的评价主要分为能源评价指标和设备状态评价指标。

5.4.4.5 卷烟生产企业余热利用管理

（1）功能定位。通过对卷烟生产过程中的余热分析，确定企业余热管理主体、管理对象、余热利用原则和要求，制定企业余热利用规范化管理内容和程序，并提供余热利用的技术支持，达到提高企业能源利用率、减少企业能源消耗的目的。

（2）实施主体。卷烟生产企业余热利用管理的主体为动力或设备管理部门。

（3）管理边界。卷烟生产企业余热利用管理边界主要包括烟气余热、凝结水余热、冷却介质余热、排潮余热、机械散热，以及其他动力、空调等系统产生的余热。

（4）运行流程。卷烟生产企业应根据不同的生产工艺和能源利用情况，分析生产中的能源转换和能源消耗设备，确定卷烟生产过程中的余热排放点和余热类型；进行余热资源评价时，企业应对生产中的余热进行实时检测，包括每种余热资源的排放温度、排放量、余热资源的热焓值，并根据检测到的数据对余热资源量进行计算。

（5）评价调整。卷烟生产企业余热资源回收效果评价包括企业内部评价、地方政府或第三方机构评价、国家主管部门评价三种评价方式，评价指标包括余热利用效率、相关工序能耗和产品能耗、经济效益、社会效益以及环境效益等。

5.4.4.6　卷烟生产企业节能项目改造管理

（1）功能定位。规范节能改造项目中，从申报、评审筛选、立项审批、实施管理、验收流程，到资料归档等的管理，控制节能改造质量和提高节能资金的利用率。保障节能改造项目投资方向、工程质量和投资进度，提高投资效益。

（2）实施主体。卷烟生产企业节能改造项目的管理归口于企业技改部或能源管理部门。

（3）管理边界。其包含新能源节能项目、设备更新改造项目、已有生产节能技术改造项目（旨在提升已有生产线能源利用效率、运行效率以及质量等的项目）。

（4）运行流程。卷烟生产企业节能改造项目管理的程序包括项目申报、项目评审筛选、项目立项审批、项目实施管理、项目验收和项目资料归档等。项目管理的内容涉及组织机构、项目经理任命、项目标准、项目管理制度、项目管理程序等内容。

（5）评价调整。节能改造项目评价包括项目立项前评价以及项目改造完成后评价。

5.4.4.7　卷烟生产企业合理用能绩效考核与行业对标管理

（1）功能定位。通过将企业或单元的能源消耗与员工的工作表现相挂钩，提高企业的用能管理水平，建立目标明确、责任落实的节能目标责任制，全面促进企业节能工作目标落实。

（2）实施主体。用能绩效考核由企业绩效考核部门或企业能源管理部门对企业能源目标的实现情况进行评定及考核，对标管理需要能源管理部门牵头技术部门、设备部门、动力部门、计量部门、统计部门等组成对标工作小组，对一系列能源利用指标进行行业比较与分析。

（3）管理边界。其应涵盖主要生产系统、辅助生产系统以及附属生产系统各个环节。

（4）运行流程。卷烟生产企业行业对标基本程序为企业管理现状分析、确定标杆单位、制定对标实施方案、对指标进行跟踪检查、持续改进五个阶段。卷烟企业能效对标管理包括内部能效对标、竞争性能效对标和行业能效对标三种类型。

（5）评价调整。在对标过程中根据标杆的变化，动态调整。

5.4.5 卷烟工业企业精益能源管理体系的信息基础

卷烟工业企业的精益能源管理体系的信息基础是卷烟生产企业能源管理信息系统。通过建设集能源数据采集、信号传输、数据汇总、信息分析、管理考核为一体的能源管理信息系统，为卷烟生产企业能源消费的全面、全流程管控提供一个信息化的平台，实现对能源信息的综合加工、分析、预测，并为辅助决策提供支持。

能源管理信息系统可以分为现场测控系统、信息管理系统、决策支持系统和故障报警系统，功能上一般由信息总览、集中监视、运行管理、能耗分析、计量统计、能源预测六个功能模块构成。能源管理信息系统软件要素包括模块划分与模块通信、人性化操作设计原则、输入输出接口设计、网络通信协议选择与设计、数据库平台选择与设计；能源管理信息系统硬件要素包括硬件条件要求、信息采集点的设置、信息采集要求以及设备信息采集抗干扰能力要求；能源管理信息系统意外处理包括意外的界定与获取、对意外信息的处理与报警模式、自动控制与手动控制的切换模式。

由动力车间、用能单位、管理部门等共同提出能源管理需求，与系统设计建设单位充分沟通，写出规划实施计划书，实施软硬件设计与建设、硬件系统安装调试软件系统测试，对系统进行整体评价优化。

6　以生产驱动的卷烟生产 PPED 能源管理模式

6.1　概述

2019 年，国家烟草专卖局贯彻落实新发展理念，持续深化供给侧结构性改革，制定了行业高质量发展“1 +6 +2”政策体系，提出了“总量控制、稍紧平衡，增速合理、贵在持续”方针。围绕以上方针，行业发展方向从“数量追赶”转向“质量追赶”，发展动力从“要素驱动”转向“创新驱动”，发展速度从“高速”转向“合理增速”，发展重点从“规模扩张”转向“结构优化”，发展方式从“外延粗放”转向“内涵集约”。持续推进精益管理，提升企业管理水平是完成六个转向的基础，也成为行业各单位需要重点思考攻关的新课题。围绕高质量全行业启动了体系转版和管理优化提升行动。截至 2019 年 11 月，共有 333 家市级局（公司）和全部 19 家省级工业企业完成体系转版并发布新版文件，企业标准制修订率达到 96.39%，流程优化改进率达到 63.68%。

为进一步促进卷烟工厂高质量发展，根据国家烟草专卖局以课题研究为载体深入推进精益管理工作安排，围绕企业能源管理领域，宁波卷烟厂作为牵头单位联合涪陵卷烟厂、天水卷烟厂、延安卷烟厂、石家庄卷烟厂、四平卷烟厂、绵阳卷烟厂、襄阳卷烟厂、吴忠卷烟厂、海南红塔卷烟有限责任公司九家卷烟工厂，开展了“以生产驱动的能源供应体系”课题研究工作。

课题聚焦“提质、降本、增效”等核心职能，以精益管理理念为指导，以先进技术方法为手段，将能源管理与生产管理紧密结合，以提高动能与制丝、卷包的生产协同作业能力，实现动能供应精准化、动力管控一体化和决策分析科学化，进而以推动企业能源管控模式升级为目标，通过深入调研分析，总结课题参与单位能源管理的经验，针对企业能源管理中存在的问题，按照精益管理的思想，总结提炼了以生产驱动的卷烟生产 PPED 能源管理模式，以期对同行业企业能源管理水平的提升提供可操性的理论指导和方法借鉴。

以生产驱动的卷烟生产 PPED 能源管理模式是指以卷烟生产过程中的能源需求为驱动，以能源规划（Plan）为导向，以流程（Process）管理为核心，以设备（Equipment）为保障，以数据（Data）为支撑，形成标准化的供能作业流程和管理方法，提升能源质量把控能力，降低对卷烟质量的负面影响。在此基础上，形成从能源供应到需求获取、状态感知、数据分析、决策执行等系统性的解决方案，实现能源供应事前预测、事中管控、事后诊断的一体化管控，全面提升能源供应智慧化水平，为精准按需供能乃至卷烟智慧工厂建设提供有力保障。

以生产驱动的卷烟生产 PPED 能源管理模式如图 6－1 所示。

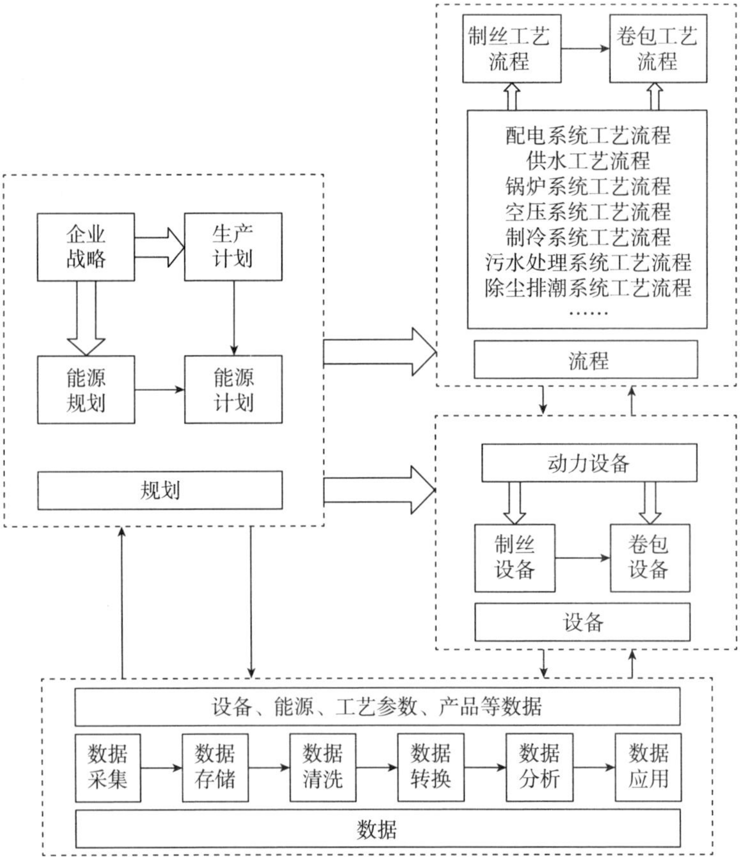

图 6－1　以生产驱动的卷烟生产 PPED 能源管理模式

6.2　规划

6.2.1　规划概述

卷烟企业根据省级公司的战略发展要求，编制适合于本厂的能源规划。在此基础上，根据企业年度生产计划以及设备能耗，得出相应的能源消耗数量，并结合相应的企业经营目标和能源管控目标，最终制定出企业完成生产任务所需的能源数量的最小值，由此形成企业能源计划，其流程如图6-2所示。

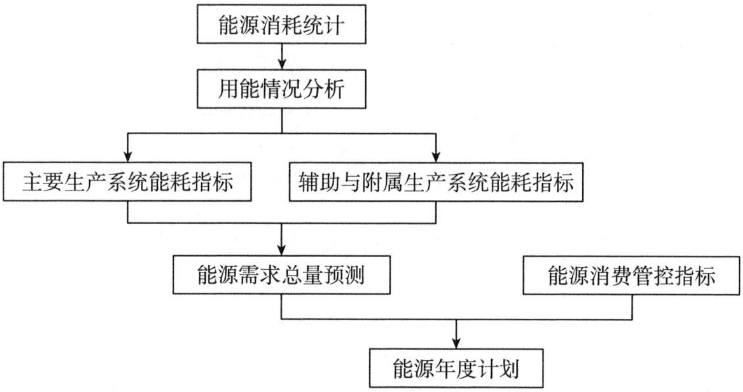

图6-2　企业能源年度计划制订流程

能源年度计划制订过程中，应注意：一是以上年度产品产量和主要生产系统能源消耗统计数据为基础，分析不同产品的单位能耗，得出单位产品的能耗指标；二是以上年度企业能源消费总量统计和产品总产量为基础，分析上年度企业各主要生产系统、辅助生产系统和附属生产系统的能源消费量，得出不同生产系统在总能耗中所占的比例；三是根据上述分析结果，结合能耗控制目标，得出企业在新的生产周期中所需能源的总量；四是根据生产设备对不同能源品种使用质量的要求，提出具体的能源质量需求指标。

在日常生产中，设备管理部门根据能源年度计划和生产计划编制当月或当天的能源计划，并下达给动力车间。动力车间作为全厂的公用能源供给、生产保障服务部门，负责全厂各用能单位的水、电、汽、气等动力能源的供给，确立以保障生产为第一要务，高效稳定及时地为生产部门提供满足工艺需求的能源产品供给、区域温湿度控制、除尘排潮工艺控制、环境污水处理以及动力相关辅助设备和系统的维修保养工作，保障全厂生产生活的正常进行。

6.2.2 顾客需求识别

6.2.2.1 能源产品与顾客识别

动力车间重点产品及服务主要有水、电、蒸汽、压缩空气、真空、环境空调以及除尘。各项产品和服务分别针对不同的顾客需求来开展现场管理活动。首先，明确顾客关系，将顾客分为内部顾客和外部顾客。内部顾客主要由车间运行操作人员、维修人员、管理人员等组成。外部顾客主要是由制丝车间、卷包车间、物流高架库、公司以及其他相关部门等组成，顾客关系如表 6－1 所示。

表 6－1 顾客识别

顾客类型	外部	内部
主要的	制丝车间、卷包车间、物流高架库、公司	运行操作岗位
次级的	安管科、生技科、行政科、其他综合管理部门	车间维修岗位
间接的	社会、供应商、卷烟消费者等	车间管理岗位

能源产品和服务对应的主要顾客需求关系如表 6－2 所示。

表 6－2 重点产品顾客需求对应情况

动力车间		卷包工艺				制丝工艺					物流高架库						
对应设备	能源需求	卷接	包装	滤棒	封箱	备料段	片叶段	叶丝段	梗丝段	膨胀段	片烟库	叶丝库	烟丝库	成品库	辅料库	滤棒库	备件库
供水系统	水						√	√	√	√							
配电系统	电	√	√	√	√	√	√	√	√	√	√	√	√	√	√	√	√
锅炉	蒸汽						√	√	√	√							
空压机	压缩空气	√	√	√	√	√	√	√	√	√	√	√	√	√	√	√	√
真空泵	真空		√		√												
制冷机 空调箱	环境空调	√	√	√	√	√	√	√	√	√	√	√	√	√	√	√	√
除尘器	除尘	√				√	√	√	√	√							

6.2.2.2 顾客需求

根据车间生产的重点产品和顾客对应关系，运用思维导图识别出动力车间生产服务工作中的各类顾客需求，如图 6－3 所示。

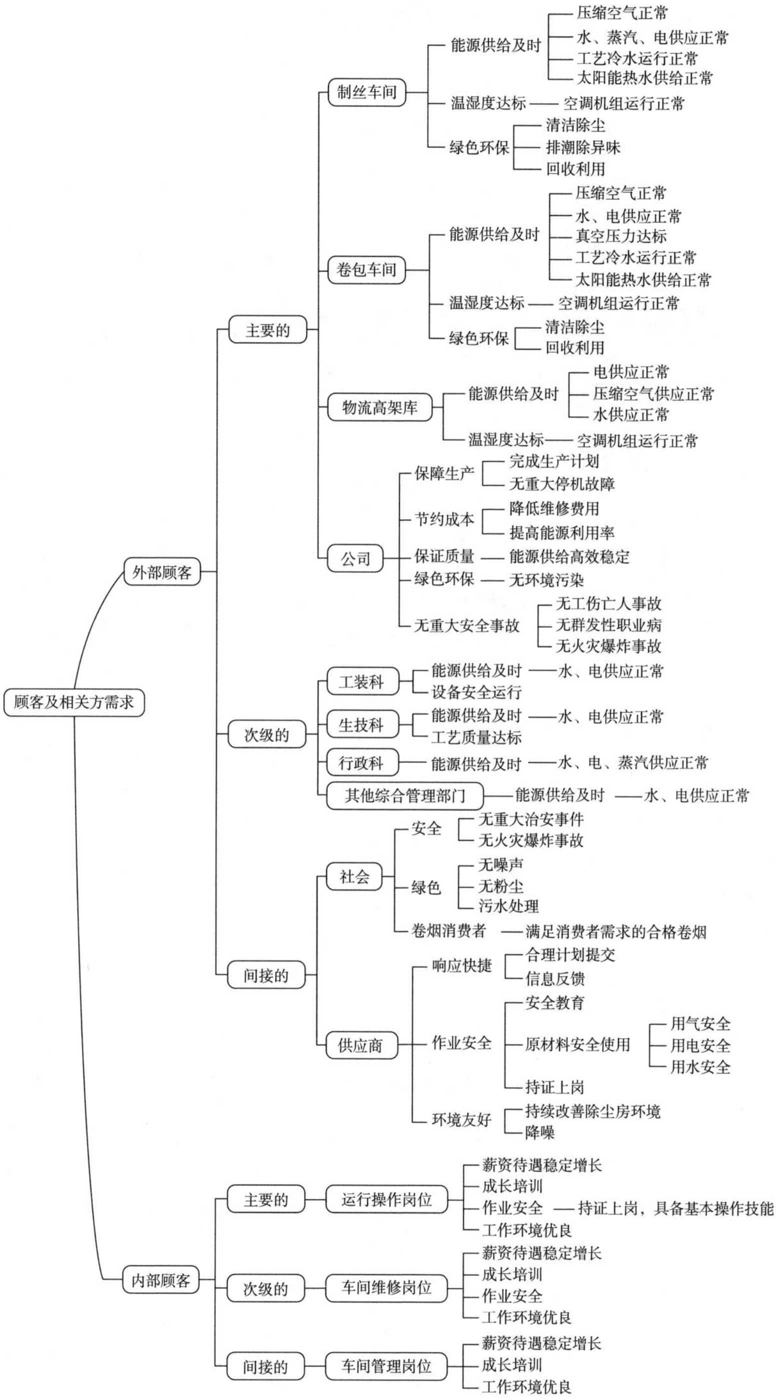

图 6－3　顾客及相关方需求思维导图

不同顾客对能源需求的标准也不尽相同，如表 6-3 所示。

表 6-3　顾客需求标准

顾客＼需求		工艺质量达标	服务高效稳定	环境健康安全	人员素养提升
主要顾客	制丝车间	环境温湿度、压缩空气压力、除尘排潮风速风量、蒸汽压力达标	水、电供能快速响应，故障维修及时	环境温湿度适宜，除尘、除异味效果好，噪声小	人员业务作业水平高、对外服务支持到位
	卷包车间	环境温湿度、压缩空气压力、真空负压、除尘负压值达标	水、电供能快速响应，故障维修及时	环境温湿度适宜，除尘效果好，噪声小	人员业务作业水平高、对外服务支持到位
	物流高架库	环境温湿度、压缩空气压力达标	水、电供能快速响应，故障维修及时	环境温湿度适宜	人员业务作业水平高、对外服务支持到位
	公司	产品质量合格	按时完成生产计划、综合能耗低	环保无污染、无投诉	人员业务能力强、服务水平高
	车间操作人员	设备智能化、易操作	水、电供应及时，后勤服务响应快	设备安全无隐患、现场环境优良	一岗多能、操作知识培训，心理健康，薪酬待遇提升
次要顾客	安管科	—	水、电供能快速响应，故障维修及时	环境温湿度适宜、无污染、安全管理提示全覆盖	人员业务能力强、服务水平高
	生技科	—	水、电供能快速响应，故障维修及时	环境温湿度适宜、无污染	人员业务能力强、服务水平高
	行政科	水质达标、食堂按时按需供应	水、电供能快速响应，故障维修及时	环境温湿度适宜、无污染	人员业务能力强、服务水平高
	其他综合管理部门	—	水、电供能快速响应，故障维修及时	环境温湿度适宜、无污染	人员业务能力强、服务水平高
	车间维修人员	设备工艺质量合格，易于更换	水、电供应及时，后勤服务响应快	设备安全无隐患、现场环境优良	多专多能、课题创新培训，心理健康，薪酬待遇提升

续表

顾客＼需求		工艺质量达标	服务高效稳定	环境健康安全	人员素养提升
间接顾客	社会	产品质量合格	服务响应速度快	环境无噪声、无污染	人员服务水平高
	供应商	—	后勤服务响应快、供能计划提交及时	环境无污染、相应设备对供能系统无副作用	人员业务能力强、服务水平高
	卷烟消费者	卷烟质量合格	服务响应速度快	环境无噪声、无污染、焦油含量低	人员业务能力强、服务水平高
	车间管理人员	供能保障到位，工艺符合要求	水、电供应及时，后勤服务响应快	设备安全无隐患、现场环境优良	管理技能、专业知识培训，全员现场管理

借助狩野纪昭提出的KANO模型对顾客有关能源产品需求进行调查分析，将需求分为三个质量等级，即基本需求A、期望需求B和兴奋需求C（见图6－4）。

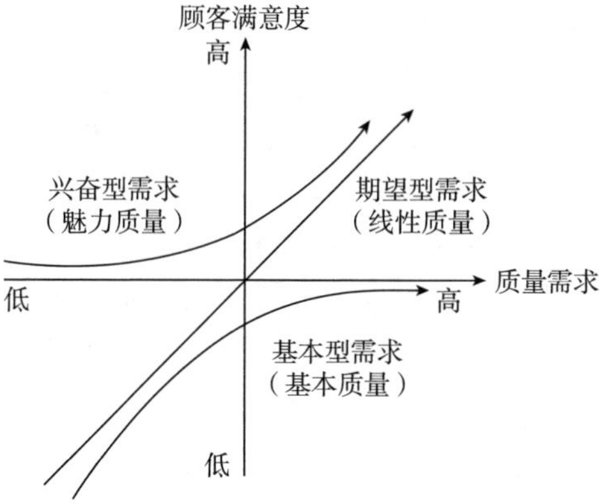

图6－4　顾客的需求KANO模型

如工艺质量达标一类中的“确保生产区域温湿度达标”这一需求，现场随机对52名顾客进行问卷调查，经过数据筛选后收回50份问卷，并将结果统计整理（见表6－4）。

表 6-4 KANO 二维属性统计

具备＼不具备	满足	必须这样	保持中立	可以忍受	不满足
满足	0	0	0	0	15
必须这样	0	1	2	0	13
保持中立	0	2	1	2	9
可以忍受	0	0	0	0	5
不满足	0	0	0	0	0

从表 6-4 中不难看出，每一项需求在 6 个维度上均可能有得分，将相同维度的比例相加后，可得到各个属性维度的占比总和，总和最大的一个属性维度，便是该需求重要性的属性归属。在对“确保生产区域温湿度达标”这一需求重要性进行统计整理时，发现必备属性的占比为总数最高[(13+9+5)/52≈52%]，所以这项服务为基本需求（A），即生产重点保障的需求。

经过调查和访谈，将统计结果归类到各类需求属性，环境健康安全和工艺质量达标需求为基本需求，服务高效稳定需求为期望需求，人员素养提升需求属于魅力需求。

6.2.3 能源供应计划制订与执行

6.2.3.1 能源供应计划制订

动力部门遵循能源利用效率和生产效益最大化的原则，充分考虑生产计划工单结构、工厂日历、设备能力及运行状况、设备连接关系等要素，以当前在用的设备集控系统为基础，滚动模拟动力供应，将生产计划工单进行分解，结合设备维护计划，制订出详细的设备执行任务计划，即动力任务。根据现场生产计划实施，动力部门不仅制定能源供应流程，利用智能集成控制系统对生产计划完成情况进行实时监控，还根据自身生产能力制订预生产调度计划，与能源供方、备件供方积极沟通，结合供方的供给能力合理制订详细生产计划，进行生产调度。

同时，根据季节变化制订相应的设备启停计划，如在冬季时，停用制冷机，仅开启冬季空调制冷板换，利用大气进行制冷，降低能耗。

6.2.3.2 能源供应计划的保障

动力车间作为全厂的能源保障部门，既要满足企业内部能源需求，又要制订合理计划匹配供方需求，车间以“快速响应需求”为核心，合理安排车间生产计划，采用 7×24 小时制四班三运转的排班方式，不间断供应水、电、气、汽等能源产品，保证全厂生产高效、顺畅、有序进行。

结合车间特种设备作业的特点以及员工的能力，从运行、监控、维修、分析及处理等环节进行流程管理，明确责任、规范操作，在作业流程安全可控的基础上，不断提升顾客服务响应的及时性和灵活性。每班次员工构成如图 6－5 所示。

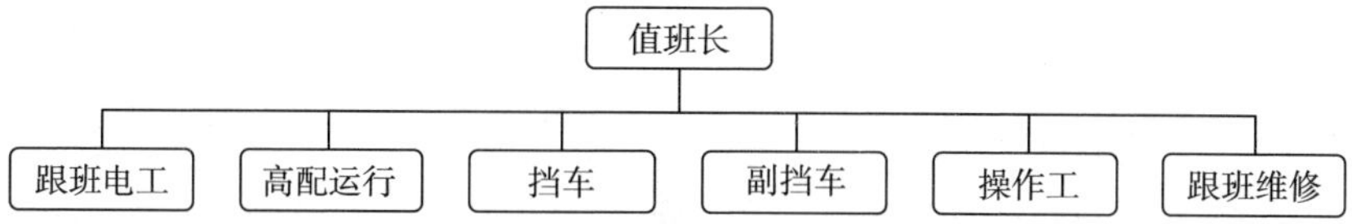

图 6－5　四班三运转模式组织结构

6.2.3.3　能源供应计划的执行

（1）动力能源调度任务生成。根据生产计划工单，自动生成动力能源调度任务，动力调度任务包含动力供应、环境调控的时间和工艺要求，动力能源调度任务可下发至生产车间，车间可查询到下一日生产的能源供应要求，如有特殊情况，修改动力能源调度任务订单反馈至动力中心。动力能源调度任务根据当前设备情况形成动力供应计划，动力能源供应计划包括某一设备的开启关闭时间、运行关键参数等，对动力能源供应计划进行确认后，可直接生成设备执行指令，并通过集控系统发送到各设备子系统。

（2）动力能源排产。根据当前可用设备集合、可用设备能力，估计完成每一动力订单需要的时间，考虑合适的时间约束（如工厂日历等），以节能增效为优化目标，寻找最优解，生成动力能源供应计划，如动力能源调度发生变化，可再次快速生成动力能源供应计划。

（3）动力能源供应计划可视化。在动力能源排产的基础上，建立动力能源供应计划（设备、时间、任务）可视化界面，支持动力能源供应计划的建立、修改、删除、交换等操作，允许用户自主根据优化目标，手工优化动力能源供应计划。

（4）动力能源供应计划发布。动力能源供应计划确认后，可下发至各车间，车间可查询动力能源供应计划和各时间点所能达到的工况（如环境参数是否达标、供水供汽等是否满足要求等）（见图 6－6）。

（5）设备执行指令生成。动力能源供应计划待用户确认后，可自动导入能源管理系统的开关机策略数据，通过集控系统发送到已有各设备子系统（见表 6－5）。

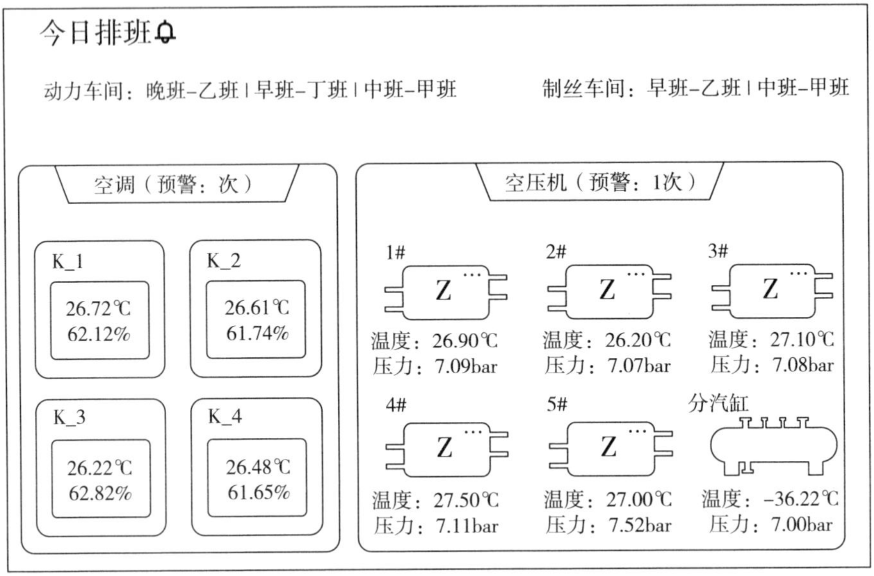

图 6-6　动力能源供应计划示意图

表 6-5　每日生产能源供应的开机策略

动能系统	建议开机台数	建议参数
空压机	2 小	6.9～7.5bar
锅炉	1 大	设定压力 11.5bar（生产期间 11.5bar，非生产期间 3.5bar）
制冷机	设定温度 7.76℃	

此外，针对停产期间生产车间临时供能现象，车间制定了专门的临时供能需求的相应流程，在合理优化资源配置的基础上，充分满足生产车间的用能需求，做好车间的保障工作。

6.2.3.4　能源供应计划的智能化

设备管控优化模块接收公司实时数据库中历史环境监测数据、能源管理系统中当前设备的状态工况信息、MES 系统中的生产计划工单和环境控制标准，结合外部气象预报数据，通过机器学习算法，实现对设备管控的智能优化控制。

（1）空调启动时间预测。根据实时库中空调运行历史数据，结合当前环境参数、生产计划工单、下一天气象预报、当前设备工况、空调负荷等信息，预测空调从启动至达到生产工艺标准所需要的时间。

（2）蒸汽量预测。根据生产计划工单、生产工艺要求和气象条件，预测下一日各工艺段各时间点的蒸汽需求量及蒸汽量峰值和出现时点。

（3）空压流量预测。根据生产计划工单，预测下一日所需空压流量，并开启对应的空压机台数。

（4）除尘设备管控预测。根据生产计划工单，预测下一日是否需要开启除尘设备。

6.3 流程

6.3.1 流程概述

清晰完整的流程是企业规划实施的保证。完善卷烟企业能源供应的流程管理有助于提高能源计划管理的效率，推进能源供应的标准化。

卷烟企业能源管理的流程主要涉及设备运作作业流程和人员岗位作业流程，主要的生产作业涉及水、电、汽、气的动力能源供给以及相关设备设施的维修服务。

按照规划要求，卷烟企业能源供应要提供安全的供电网络、优质的蒸汽品质、稳定的空压气供应、合格的生产环境、高效快捷的服务保障。每个系统都有清晰合理的工艺流程以及核心过程指标来保障生产。

能源供应主要生产作业流程如图 6－7 所示。

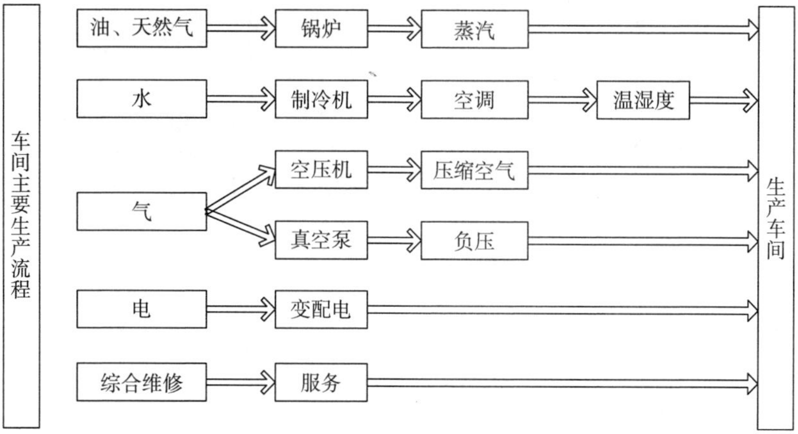

图 6－7 能源供应作业流程

6.3.2 能源管理流程

顺畅的能源管理流程依赖于扎实的管理基础，必须依靠有效的管理措施作为保障。

车间生产过程设计采用 ERP 系统、MES 系统、能源管理系统以及动力集控操作系统四级管理模式，实现动能管控业务的一体化运作，为制丝车间、卷包车间以及相关用能部门稳定提供生产能源保障，通过持续提升供能质量、提高管控过程管理水平，满足生产过程的需求。

综合考虑车间自身人员结构配置少以及设备种类多的特点，车间采用单元化生产模式，工作现场通过精致布局设计、精密流程设计、精实质量管理、精准计划实施、精严作业标准、精确信息决策、精细服务优化，并引入“智慧化管理与控制的理念”，通过强化管控一体化的信息系统等综合手段和方法对动能系统的全过程进行管理和持续改进，确保系统的稳定性和可靠性，同时加强“软实力”建设，全面提升预知性动能系统（防差错）管控能力，采用 6S 管理、目视化管理、TnPM 设备管理、安全与环境管理、资源利用管理等管理工具对系统各介质能源转换、传输过程进行全面监控，并根据反馈不断优化各项生产服务，如图 6 –8 所示。

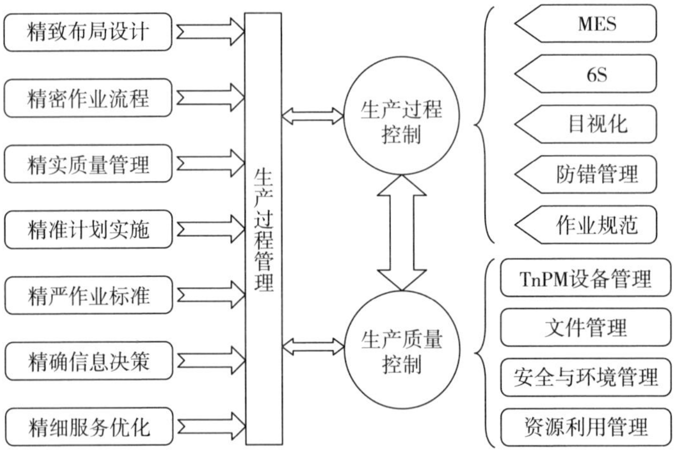

图 6 –8 生产过程管理

车间的布局对流程效率的提高至关重要。在对动力车间的生产布局现场进行设计过程中，车间根据整体综合原则，结合连续型生产服务的特点，采用了中心辐射、重点突出、单元分控的供能设计思想，将车间内的设备区域、操作区域、办公区域、附属配套区域进行统一的规划，使各区域之间功能更明确，区域内的物流更顺畅，区域划分更安全合理（见图6－9）。通过合理的布局有效地节约了供能时间，缩短了管线距离，提升了设备的能效。

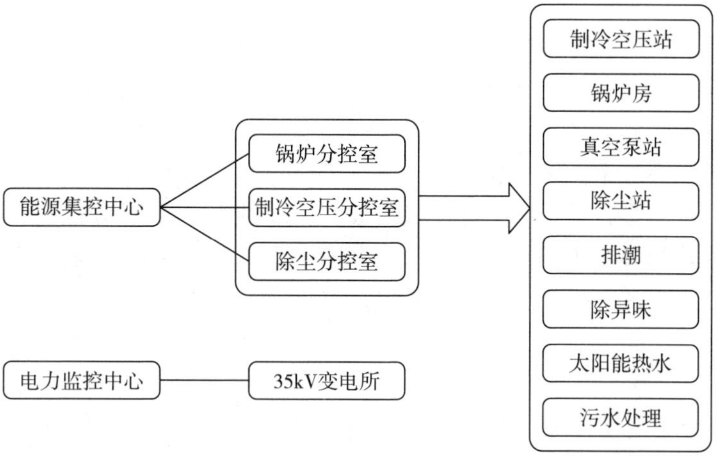

图6－9　单元化分控布局

6.3.2.1　中心辐射

为了满足“智能化”管理需要，以车间本部为现场核心管理区域，自西往东分别为制冷空压站、35kV 变电所、锅炉房以及南面的维修和办公区域，构成了一个结构清晰、区域明确的“山”字状主体，其中内设两大中心——能源集控中心和电力监控中心用以统筹车间总体的管理控制。

6.3.2.2　重点突出

在三大主机重点区域就近设立三个分控操作室（锅炉分控室、制冷空压分控室、除尘分控室），对设备进行全过程状态监控与过程控制，提高响应速度，保障重点设备稳定运行，确保输出产品一致性，为顾客提供快捷、稳定、可靠的能源供应。

6.3.2.3　单元分控

在主要顾客重点区域的设备资源布局上，如真空泵、工艺冷水、空调主机、低压配电、除尘等动力设备，均灵活布局在联合工房 U 形生产区的各个就近区域，提高固定区域供能效率，方便控制，减少沿程损耗。针对这一类重点区域，车间采用单元化分控方法，借助目视化管理确保生产信息的直观显示与及时传递，并配备相应的人力资源，同时提出了作业区域全岗位打通的概念，优化多能工的比例，保证人员分配灵活性。

单元分控布局不仅充分利用了可用空间，利于人流和物流有序进行流动，缩短沿程路径，降低生产成本，也利于信息传递与交流，提高了车间生产效率，还避免了安全问题引发的系统性威胁，提高了车间对全厂的能源保障能力。同时，车间结合柔性制造原则，预留出了扩展和调整空间，及时响应生产服务的需求。

例如，一套能降低除氧间温度，同时高效利用热能的除氧间分层布置方案。行业中动力车间除氧间由于除氧器的高温散热，普遍存在温度高的问题，一般会达到50℃左右，给巡检、维修人员带来不便，影响元器件的使用寿命，同时除氧器的高温散热也造成了一定的能源浪费。在动力车间技术人员建议下，重新设计了除氧器布置方案。该方案将两台除氧器布置在上层，锅炉鼓风机布置在下层，同时在除氧器的侧上方设置补风气楼，通过锅炉鼓风机形成的负压将除氧器所在区域的热风从上层引入下层的风机中并送入锅炉助燃，将环境温度降至35℃左右，同时将这部分热量送入锅炉，提高能源利用率。

6.3.3 能源工艺流程

每个系统都有清晰合理的工艺流程以及核心过程指标保障生产。以下为各个系统工艺流程图及关键指标控制点。

6.3.3.1 配电系统工艺流程

以某厂为例，35kV 一主一备双进线，通过 35kV/10kV 变压器变压至两段 10kV 开关柜，分别通向全厂 6 个配电室的 18 个 10kV/400V 变压器，输出电压为 380VAC ±10%，频率 50 ±1Hz，供给全厂配电调度（见图 6 – 10）。

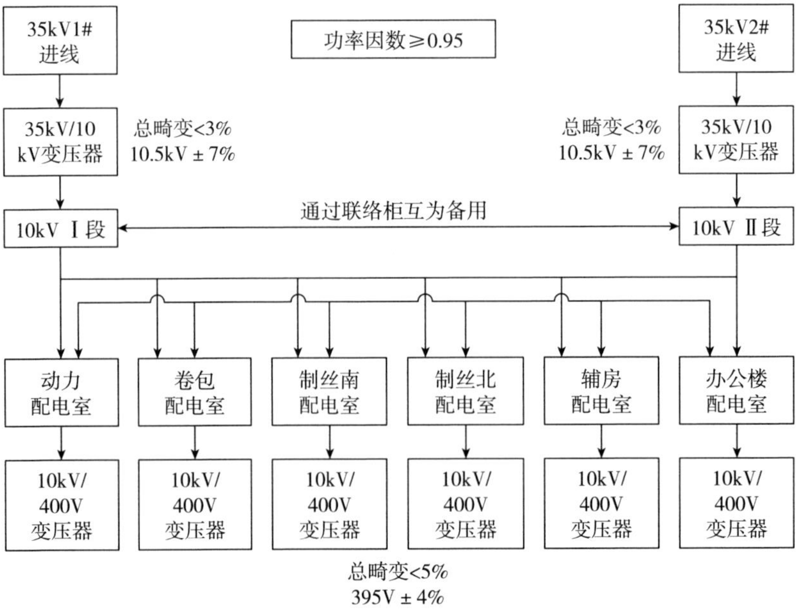

图 6 – 10 配电系统工艺流程

关键控制点：配电质量主要参考指标为电压、频率及功率因素，配电采用三相五线制（TN－S），电控柜的主开关有欠压、过流、漏电保护、防浪涌等功能，系统配电主要分为控制供电和动力供电，其中动力供电主要提供现场电机等设备所用的380VAC电源，而控制电源主要为PLC、现场操作终端等提供220VAC及24VDC电源。

6.3.3.2 供水工艺流程

市政供水接入一用一备的生产生活水池。生活用水由水泵直接供给到相关用水单元；生产用水由水泵供应到动力车间，先经过盘式过滤器过滤后，再通过离子交换器对钙、镁离子进行吸附后进入到两个软水箱，分别供给车间工艺生产以及锅炉系统供水（见图6－11）。

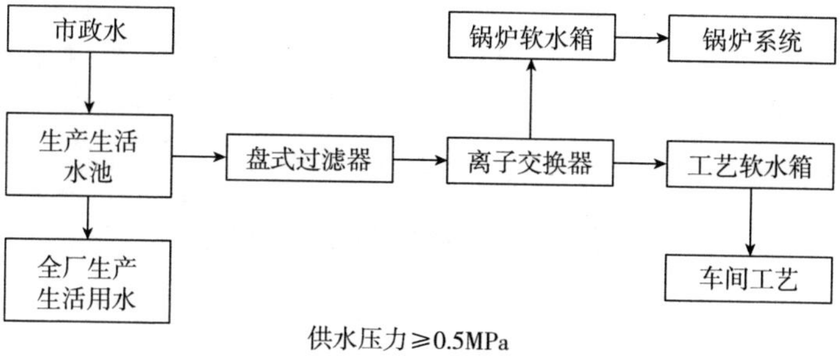

图6－11 供水工艺流程

关键控制点：供水质量主要控制点是供水的压力，目前设定压力为≥0.5MPa，根据压力变化来调整水泵开启台数和电机频率。

6.3.3.3 锅炉系统工艺流程

生活水池的自来水通过生活水泵被送至盘式过滤器过滤，再经软水器软化成为软化水，再经过软水箱及保温水箱进入除氧器除氧，最后通过给水泵泵送进锅炉，在锅炉中被加热成蒸汽压力为1.15MPa的蒸汽进入分汽缸，分配至各用汽单元（见图6－12）。

关键控制点：锅炉系统主要是生产供空调温湿度调节和满足制丝生产工艺需求的蒸汽。对于用汽单元，保证蒸汽品质压力是关键，现场操作人员主要根据总的用汽流量和分汽缸压力来调节锅炉开启台数，锅炉出汽压力设定为1.15MPa，在±0.5MPa内自动进行调节。

6.3.3.4 空压系统工艺流程

外部空气经过过滤器处理进入空压机将空气进行压缩，然后将压缩气体经过内部的过滤冷却，最终送入分汽缸。分汽缸将合格品质的压缩空气送往车间各个所需的工段（见图6－13）。

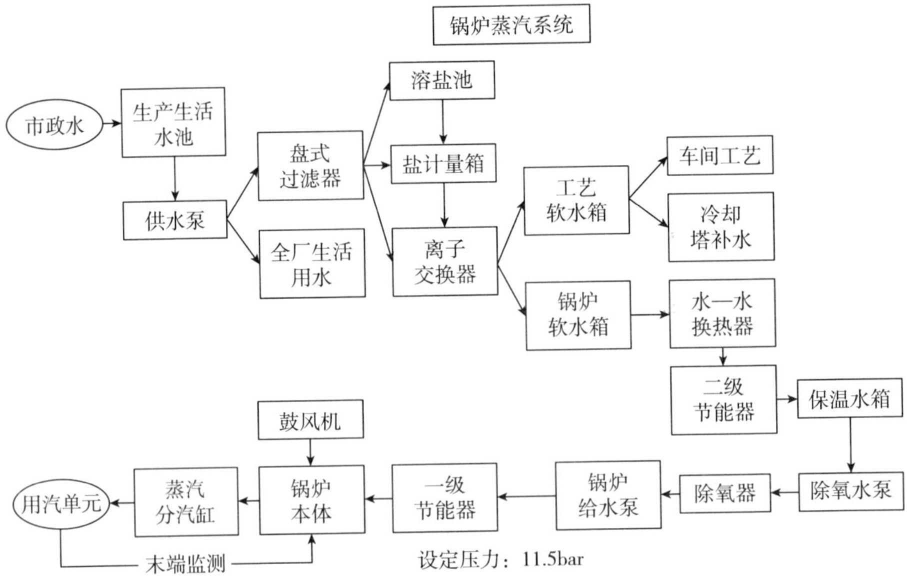

图 6－12　锅炉系统工艺流程

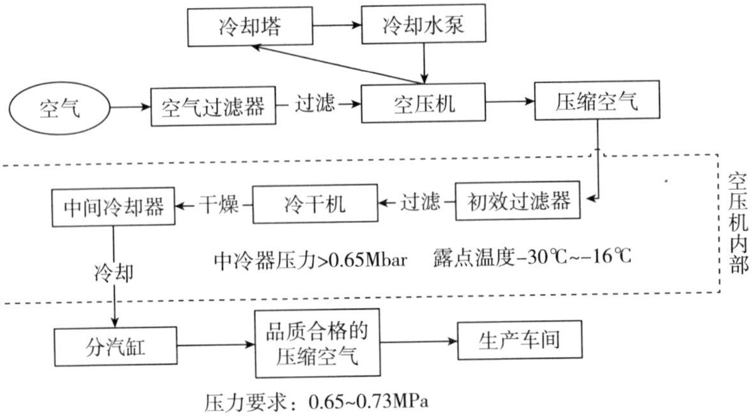

图 6－13　空压系统工艺流程

关键控制点：空压系统根据用气单元的总用气流量由操作人员来调节开启台数，两台离心式空压机设定出气压力 0.75MPa，三台螺杆式空压机分梯度设定出气压力（0.69MPa、0.66MPa、0.65MPa），保证分汽缸出气压力≥0.65MPa。

6.3.3.5　空调制冷系统工艺流程

冷却水经过室外冷却塔水温降低，与冷冻水在制冷机中进行换热。通过制冷机三级压缩技术，保证冷冻水出水目标达到设定值，冷水供水温度分别为 7℃和 12℃（冬季冷源来自冷却塔免费制冷），供回水温度 7℃/12℃，再经空调机组调节，控制生产区域温湿度（见图 6－14）。

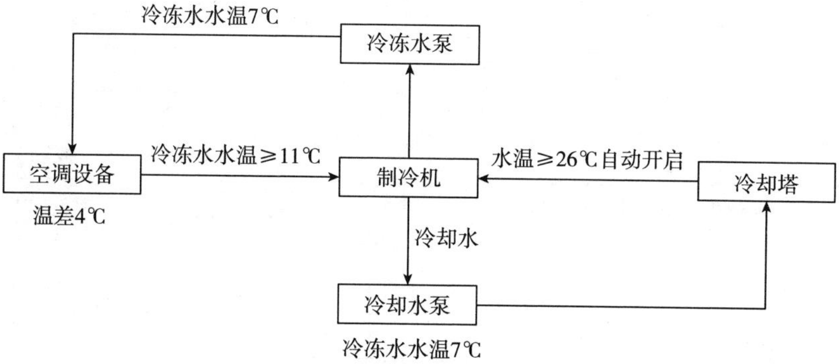

图 6－14　制冷系统工艺流程

关键控制点：空调制冷系统的关键作用是为生产车间、生产辅房和办公楼提供区域温湿度调节控制。空调系统根据生产区域现场温湿度实际值，参考设定值进行 PID 调节，当偏离幅度较大的时候，由操作人员进行蒸汽阀、冷冻水阀、新风阀等阀门开度调节，达到区域温湿度合格。表 6－6 所示为关键生产区域空调温湿度。

表 6－6　关键生产区域空调温湿度

控制区域	温度（℃）	湿度（%）
制丝烘丝生产区 K5	25 ±2	65 ±5
预配贮叶房 K8	28 ±2	70 ±4
贮叶房 K9	28 ±2	70 ±4
叶丝高架库 K19－20	26 ±2	58 ±5
掺兑区 K16－18	26 ±2	58 ±4
补香及叶丝装箱区 K10、15	26 ±2	58 ±4
膨丝、梗丝贮存装箱间	26 ±2	58 ±4
烟丝高架库及出入库 K21－22	26 ±2	58 ±4
喂丝间 K24－25	26 ±2	58 ±4
卷接包生产区 K26－35	24 ±2	58 ±5
滤棒成型及发射区 K36－37	24 ±2	55 ±5

续表

控制区域	温度（℃）	湿度（%）
膨胀贮叶房 K14	28 ±2	72 ±5
膨前贮丝房 K38	28 ±2	70 ±4
片烟高架库入库区 K45	25 ±4	60 ±10
片烟高架库 K46	25 ±4	60 ±5
制叶制丝其他生产区 K1 –4	25 ±3	65 ±5
真空回潮间 K6	25 ±3	60 ±10
香料厨房（空气处理机组）	25 ±3	65 ±10
残烟处理间 K23	24 ±4	60 ±5
辅料搭配区 K39	24 ±4	55 ±10
辅料高架库 K41 –42	24 ±3	55 ±10
成品高架库 K43 –44	24 ±3	55 ±10
成品出库区 K47	24 ±3	55 ±10
分拣码垛区 K40	24 ±3	55 ±10
制梗丝线生产区 K11 –12	25 ±3	65 ±5
膨胀烟丝线生产区 K13	25 ±3	65 ±5

6.3.3.6　除尘排潮系统工艺流程

除尘风机每台套可实现按需求单独开启，制丝除尘机房采用“一环一机”的配对方式；卷包除尘按照现场机台布局，也进行了多点的分区对应。

关键控制点：通过风量控制，减少风量对出口烟叶的温度、水分造成的影响，降低环境中 PM2.5 碳氧化合物、挥发性有机物等气体含尘浓度。在除尘机组生产运行时重点关注负压和频率，保证其值在正负偏差值区域内。

参与制丝 ABC 三线一次加料工段排潮风量的精准调节和协同控制，通过加料段 PLC 采集流量计的排潮风机实际风量数据并给出要求的设定值 285 米/秒，再由管理 PLC 与除尘/排潮 PLC 进行通信，除尘/排潮 PLC 把通信过来的实际风量和要求风量加入到对应排潮风机频率的控制 PID 功能块内。

6.3.3.7　污水处理系统工艺流程

污水经过生化系统处理后出水能在达到一级标准后外排到市政管网，一部分外排的污水在经过中水处理系统后回用，系统采用生物接触氧化法，高效净化有机废水，沉淀池出水经过中间水池，然后通过气浮池进一步除去水中的悬浮固体，然后通过多介质过滤器、活性炭过滤器、盘式过滤器和超滤膜进一步净化水质，超滤膜出水经过消毒处理用来供给厂区景区观水池和绿化用水（见图 6 –15）。

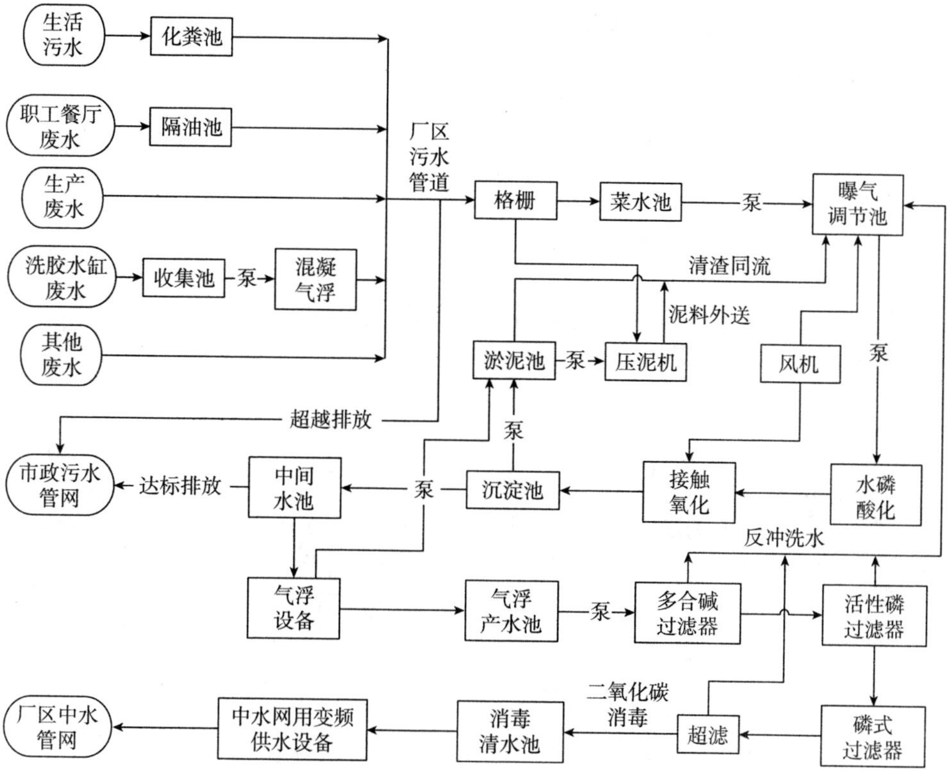

图 6－15　污水处理工艺流程

关键控制点：污水处理过程中关注 COD、BOD、TP、TN、NH_3-N、pH 等指标，保持在合格范围内，达到提高中水回用率、降低污水处理总排和氨氮排放量的目的。

6.3.4　人员岗位作业流程

动力车间特种设备众多，为实现动力车间各岗位作业流程规范化和流程化，完善了每个岗位、工种、作业工序及管理活动的工作标准，让每个员工、每项工作都细化到“有章可循、有据可依、有标可对、有责可考”。

根据车间主要设备的运行控制要求，制作 V－SOP 标准作业流程看板。随后进行意见征集，在运行过程中不断改进、完善。在全体员工范围内征集先进操作法，不断完善员工的操作方法，提高劳动效率，实现运行操作岗位全覆盖，指导员工操作。

随着复合化生产模式的持续高效推进，生产运作对于能源品质的要求越来越高，由生产驱动的供需关系越来越密切，动力车间只有建立起更高效的生产组织流程、设备状态管理流程和预防性设备维保流程才能更加稳定有序、高效有力地为两大生产车间提供稳定、优质的能源供给服务，才能真正以价值流作业为导向，全面强化车间基础管理，强化风险防控，避免能源产品的质量波动，确保安全可靠输送到位，为全厂精益制造保驾护航。

6.4 设备

6.4.1 设备的分类管理

车间根据自身现场设备的特点，科学地对设备进行分类，如图 6－16 所示。

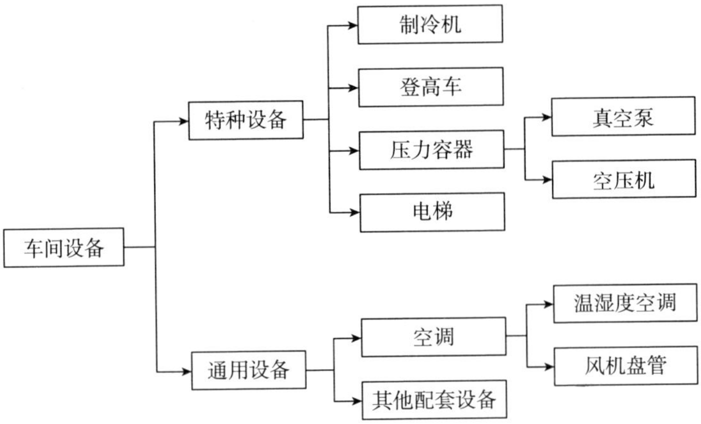

图 6－16　设备分类

车间通过 MES 系统建立了设备技术档案数据库，将设备技术和管理信息进行整理汇总，对车间的设备资产和技术资料等进行分类统计，为设备精益管理提供数据基础。

车间针对特种设备，要贯彻落实国务院《特种设备安全监察条例》规范特种设备设计制造、订货选型、安装验收、登记建档、注册办证、使用维护、修理（改造）、定期检验和过户报废等全过程管理；严格按照公司制定的《特种作业及特种设备控制程序》对特种设备进行全过程有效管控。同时建立特种设备台账，将设备分类管理，由专人管理并制定特种设备定期校验、特种设备维修保养规程、特种设备应急预案等相关管理办法。

6.4.2 设备的日常维护

6.4.2.1 设备点检

车间点检包括车间跟班人员巡检、跟班人员点检，以及长日班维修点检。车间结合自身设备的特点，完善点检管理流程，区分点检类型，强化点检标准的修订，设置设备点检巡查图，建立点检信息库，及时发现和判断设备故障隐患或劣化现象，采取正确有效的措施，找出设备的异状，发现隐患，掌握设备故障质量隐患的初期信息，及时了解掌握设备运行习性，并借助信息化平台建立设备故障发生的预警机制，及时跟踪和评价点检效果，避免和减少设备故障的发生。

6.4.2.1.1 跟班人员巡检

跟班人员通过设备巡检，及时发现设备故障隐患及不安全因素，并采取有效措施，以达到降低突发故障概率、保障车间正常生产的目的（见图6－17）。

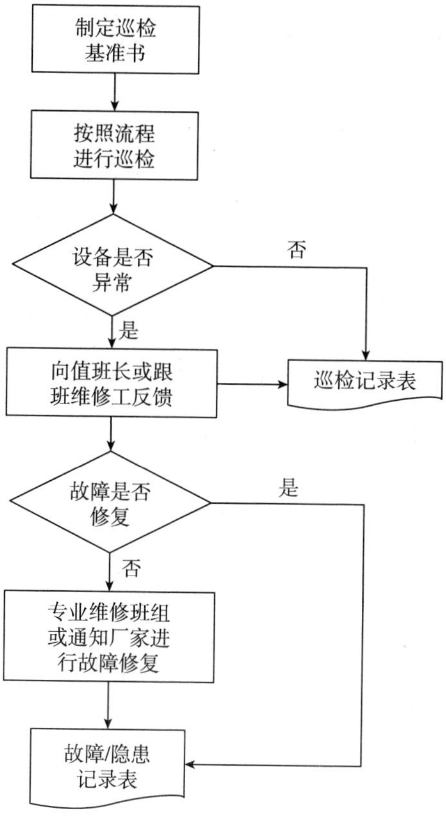

图6－17 跟班人员巡检流程

6.4.2.1.2　跟班人员点检

跟班人员点检时，靠五官或简单工具仪表对设备重点部位详细地进行静态或动态的外观检查和内部检查，及时发现设备故障隐患，并采取有效措施，以达到延长设备使用寿命、改善设备工况、保障车间正常生产的目的（见图6-18）。

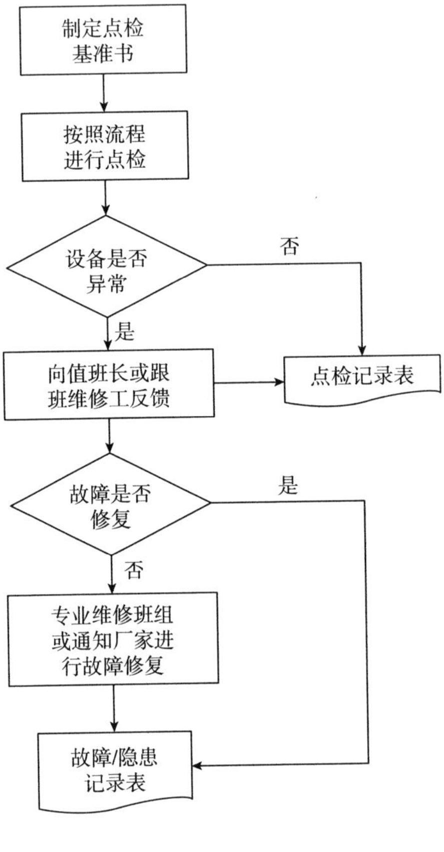

图6-18　跟班人员点检流程

6.4.2.1.3　长日班维修点检

长日班维修点检时，使用精密仪器、仪表对设备进行综合性测试检查，或在不解体的情况下用特殊仪器、工具应用诊断技术测定设备的振动、应力、温升、电流、电压等物理量，通过对测得的数据进行综合分析比较，定量地确定设备的技术状况和劣化倾向程度，以判断其修理和调整的必要性，点检周期根据有关规定和工作而定（见图6-19）。

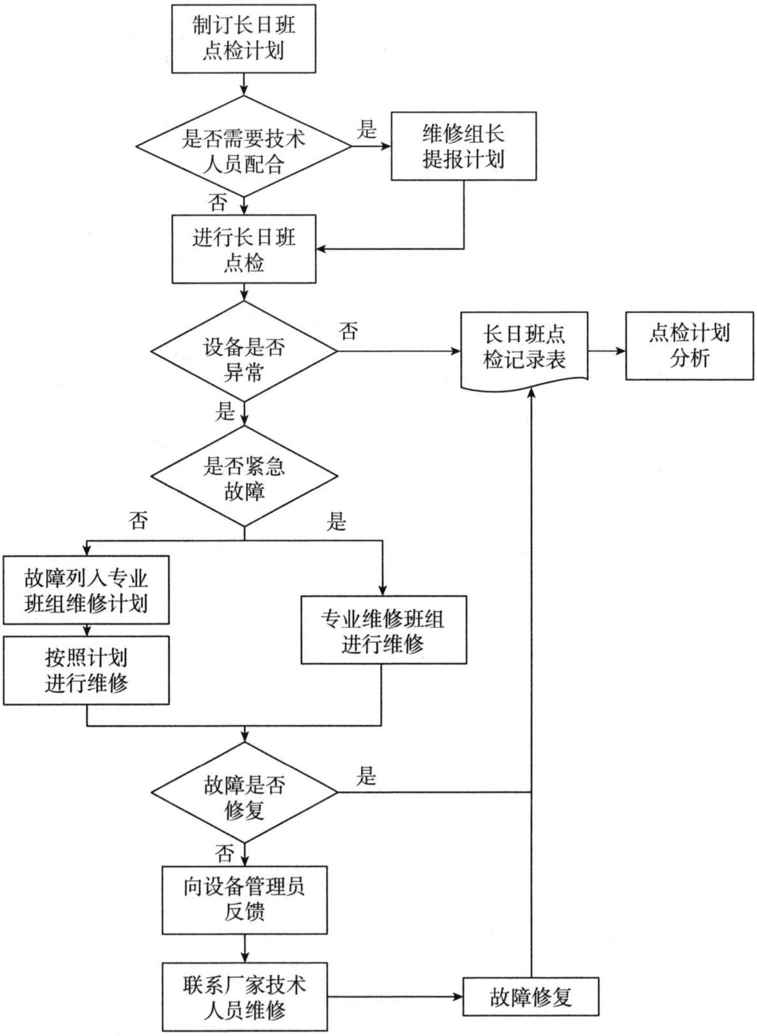

图 6 - 19　长日班维修点检流程

6.4.2.1.4　日常点检智能化

在所有设备数据点检处，同时安装了机械仪表与电子仪表，要求点检人员获取数据并比对，及时发现设备故障隐患。同时，采用热成像器、温度枪等智能辅助设备，帮助点检人员测得数据进行综合分析。MES 系统能够同步点检记录，为设备综合效率分析提供数据基础。

6.4.2.2　设备维保

车间为对机械设备维护保养做到规范化，制定了详细的设备维护保养制度，如图 6 – 20 所示。同时车间在设备维护保养管理上实行“五定”（定人、定设备、定时、定点、定标）制度，按时编制机械设备的大中修计划，严格按照修理技术标准控制修理质量。

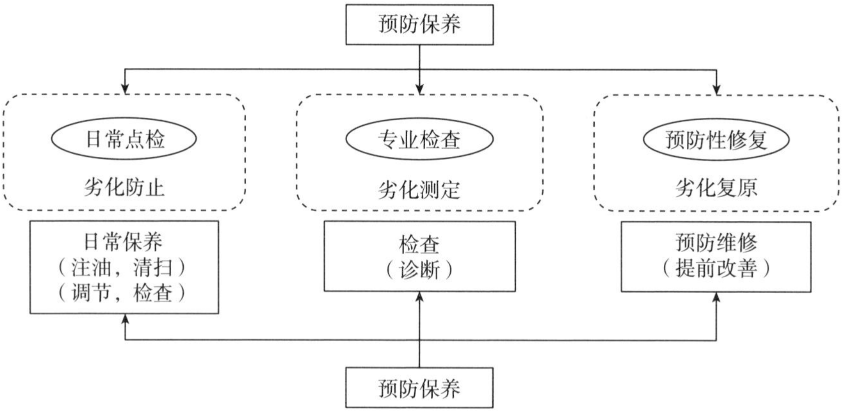

图 6 – 20　设备预防保养流程

为保证车间设备正常运行，针对车间实际情况制定了日常检查、定期检查、重大设备的年度检查体系，检查内容主要为性能检查、精度检查、完好状态检查的“三检”制度，确保设备处于完好状态（见表 6 – 7）。

表 6 – 7　维护保养检查体系

项目	内容
日常检查	每日例行检查和交接班检查，由操作工进行
定期检查	按照预防维修计划，对规定的部位检查，由专职设备维保人员进行
年度检查	年度普遍检查，目的为编制明年保养计划

设备维护保养由 MES 系统连续跟踪设备运行时间，当运行时间达到设定值时，自动生成维护保养计划，提供维护保养计划单，本次维护完成后自动进入下一轮跟踪。由维保人员执行完 MES 系统中的保养计划后，填写相关保养记录，系统自动予以记录，并记录到该设备的履历中去。

车间在整体设计安装阶段就开始考虑设备后续的保养维护事项。车间在布置制冷系统管路时，发现 6 台制冷机的冷却水管与冷冻水管位置接近，但管路直径、弯头尺寸、接管位置均不同，按原设计施工的话，会造成管路杂乱，影响整个制冷站的视觉效果，也不利于日后的维护与保洁。经过多次讨论，在不影响供水与制冷效率的情况下，车间采用了独特的管路布局，12 根 DN400 的冷却水立管与12 根 DN500 的冷媒水立管，共24 根立管的中心全部对齐，整体制冷站布局整齐美观，大大降低了后期管路维修保养的难度，也减轻了清洁的难度。

6.4.2.3 设备智能化管理

针对车间内设备自动化程度高、设备种类多、长时间连续运行等特点，车间采用 MES 管理系统与集中监控管理系统双结合，用于各类设备进行系统互联，实现车间设备信息化全覆盖（见图6－21）。

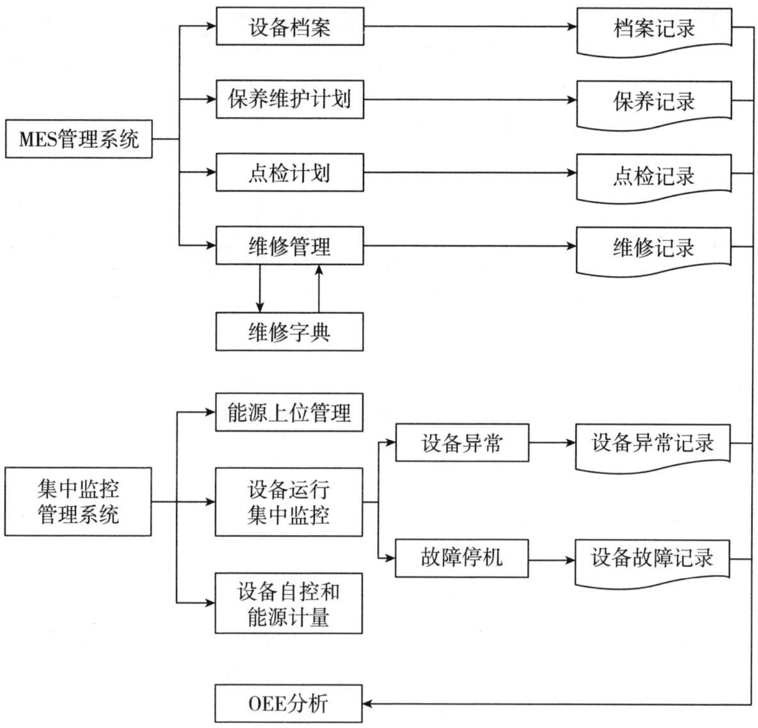

图6－21 设备智能化管理

车间 MES 系统与集中监控管理系统的导入，对于设备管理有着巨大的作用。基于 MES 与集中监控系统双管齐下的设备管理实现了实时设备监控及记录管理、实时提供现场设备状态信息、实时获知设备停运及预警信息、通过履历趋势分析设备运行率等状态、通过维保提示模块通知维保部门、严重缺陷预警时手动录入异常，从而通过收集到的设备状态信息快速响应提高设备运行效率，通过实时监控快速响应现场设备发生异常情况，通过对设备的履历趋势分析对设备进行改善（见表6－8）。

表 6-8 设备集中管理系统的三大模块

信息管理模块	集中监控模块	设备控制模块
通过数据管理系统对采集的信息进行归类、整理和综合分析，对各子系统现场设备及工艺点进行监视、控制和管理，实现生产管理、能源管理等目的；并且与MES系统能够传递数据，为企业及时了解生产过程、制定战略决策提供重要依据	作为操作人员监控动力系统运行、管理动力设备和能源管理的接口，同时也是控制系统的人机交互接口，完成动力自控系统集中控制操作、监视、报警显示、记录等功能	主要实现各子系统的设备按工艺控制程序运行，对电机启/停、电动阀的通/断/开度等数字模拟量和压力、温度、流量等工艺参数以及其他控制元器件的参数进行设定和控制，合理设置启/停操作程序，使各子系统既能群控开机，又能单机开机。具有故障报警的功能。满足生产的灵活性，达到节能降耗的目的

设备集中管理系统采用分散控制、集中管理、综合监控的模式，实现动力中心空压、真空、制冷、空调、锅炉、给水、污水处理等控制系统自动化。从主要功能上划分为能源上位管理、设备运行集中监控、底层设备自控和能源计量三大系统。

设备集中管理系统在系统架构上，采用 C/S 与 B/S 相结合的模式。C/S 模式用于中控室内所设操作工站，由操作人员负责监控整个动力系统的设备运转。B/S模式使用户可以通过浏览网页的方式了解动力系统的运行状态及运行参数，允许授权用户在全厂网络连接到的任何地方观察动力能源管理系统的过程、图形和数据。

6.4.2.4 设备的故障分析

所有因突发因素导致的设备意外停止或者设备技能的丧失，都视为设备故障（也称非计划停机）。设备故障管理是通过对发生的设备故障进行处理和分析，采取措施，防止设备故障重复发生的过程。消除设备故障停机，是实现设备预防性维修管理的第一步。其总体思路如图 6-22 所示。

认识设备故障现象是解决设备故障问题的先决条件，针对在动力设备运行过程中出现的非正常停机，车间使用故障树分析等方法，对设备故障进行深入分析，寻找故障原因。

结合故障树分析方法，车间从明确设备故障现象到对故障现象进行物理、原理等多角度分析，从人、机、料、法、环等方面寻找故障原因，得出造成设备故障的主要原因，总结控制方案，并对方案进行验证与循环分析。

车间针对典型故障处理案例来建立设备故障处理历史经验库（维修辞典），既保障故障处理的及时有效，又提高了设备运行工况信息的合理流转，从而保障

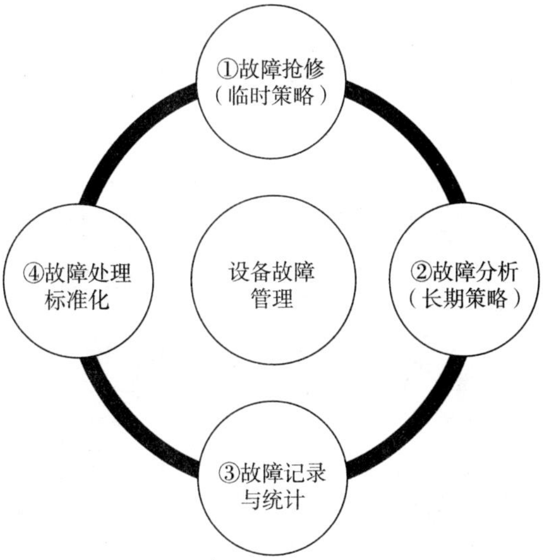

图 6－22　设备故障管理体系

动力设备运行的可靠性和高效性。在日常设备发生异常时，维修人员结合设备维保、故障记录，设备状态监控，以及设备趋势图及统计报表三者数据，以尽快找到解决方案，提高维护人员的工作效率，保障车间设备运行，提高车间设备的利用率。

6.4.2.5　设备的预防性维护

车间积极开展设备预防性维护，使用 FMEA 等科学方法，识别设备的潜在风险，并制定相应的控制方案。

以设备 RCM 维修体系与 FMEA 预防性维护为基础，车间建立以设备全寿命周期为核心的设备管理专业标准化信息系统——“设备状态监测系统”，对设备的异常工况进行早期诊断和早期治疗，以设备状态为基准安排各种方式的计划维修，可以达到最高的设备可利用率和最低的维修费用（见图 6－23）。

设备状态监测系统的功能模块主要有状态监测、状态报警、设备健康评价模型、设备健康综合评价、图谱分析、设备故障库、故障专家诊断、趋势预测、设备智能检修、异常数据追溯、报警信息智能推送、设备状态统计、移动应用等。

系统可以对设备状态报警阈值进行动态配置，并能与设备实时数据进行关联，系统可以对超过报警阈值的设备生成预防性维修工单，即时发现设备故障隐患，提前采取措施，减少设备非计划性停机次数，从而实现设备预知性预防维修。

车间通过检查整改，针对系统开发设计阶段未考虑的预报警机制进行补充完

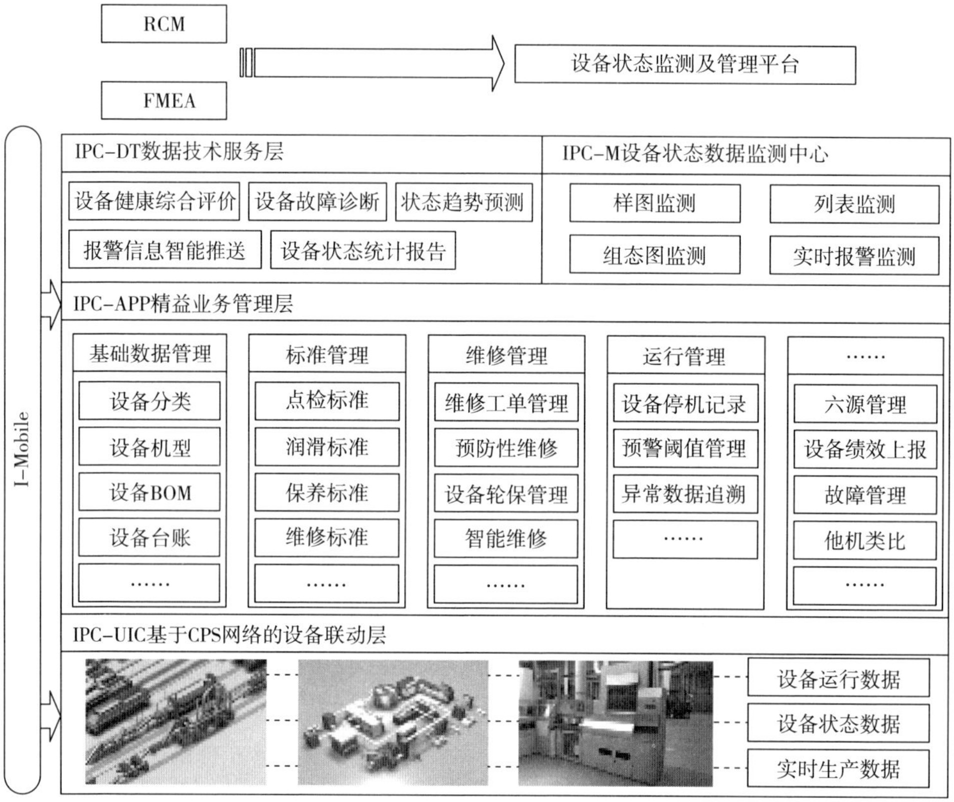

图6－23　设备状态监测系统架构

善，形成独特的车间预报警处理模式。如锅炉控制系统中，运行班组操作人员发现锅炉除氧器缺乏高低液位预报警，在锅炉负荷出现较大的波动或软水设备出现异常时，会导致除氧器液位异常波动，如果不能及时发现，可能发生锅炉缺水停机，影响全厂正常生产造成重大生产事故。

根据该问题，电气维修人员立即做出反应，连接线路，编写程序，调整界面，增加除氧器液位报警，并且在液位偏离较大时显示不同的颜色，起警示作用。对锅炉水系统控制做到预知性管控，在除氧器液位出现波动时及时查找问题，解决问题，将可能存在的隐患及时消除。

车间针对自身管线运维量大与设备多、涉及区域广的难点，早在技改布局开始就由点及面对车间的设备、管路及辅联设备进行梳理与精益优化。车间制定设备分类管理、点检管理、维保管理制度，在全力保障全厂生产的基础上制定设备的智能优化与节能降耗方案；通过故障分析系统与预防性维护等方法，促进设备利用效率的提升。

6.5 数据

6.5.1 数据管理概述

6.5.1.1 传统数据管理存在的问题

数据是事实或观察的结果，是对客观事物的逻辑归纳。设备运行、能源消费的原始状态均通过数据形式呈现出来。能源规划、流程监控、设备管理都离不开数据，依赖于这些数据，可以为生产管理决策提供有效的支撑。但是卷烟企业技改之前，限于技术手段，能源管理仍停留在人工管理、事后统计阶段，仍旧使用人工抄报、电话调度等传统方式进行管理。人工抄报存在效率低；数据填报烦琐；数据的实时性、准确度不能保证；数据传递速度慢，共享性差；缺少深度能源数据分析挖掘，缺乏能源优化与决策支持，无法实现能源的动态管理等问题。

6.5.1.2 数据管理的流程概述

针对以上问题，为了对卷烟企业动能供应全流程关键节点运行状态进行监测、分析与管控，企业技改过程中，从构建三级计量和数据采集系统入手，设计一套统一的数据汇聚融合架构，建立核心数据支撑平台，搭建企业能源信息管理系统，以实现企业用能的平衡供应、能源动态管理和经济运行，进而完成能源规划目标（见图 6－24）。

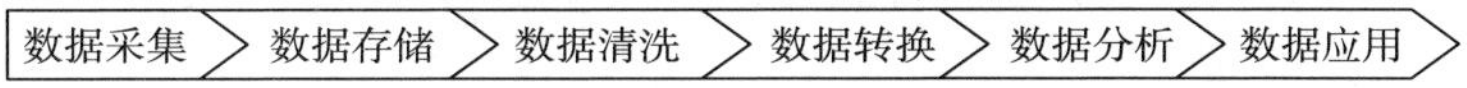

图 6－24　能源数据管理流程

（1）数据采集：运用动态采集技术，汇聚 MES、能管、动力集控、设备管理等系统的实时数据，集成历史数据。

（2）数据存储：利用专业的存储设备将采集的能源数据储存起来。

（3）数据清洗：对采集的数据进行清洗、转换、汇集、规整、标准化及质量监控，为数据分析提供符合要求的基础数据。

（4）数据转换：通过比对数据项的定义，对接入数据交换与共享平台的数据按条件进行筛选。

（5）数据分析：研究动能大数据背景下监测数据的预测、相关性分析、异常检测和设备控制策略，建立数据分析模型。

（6）数据应用：通过对 MES、能管、动力集控、设备管理等数据进行统一的管理、加工和应用，支持能源管理决策活动，从而提升数据在组织运营管理过程中的支撑辅助作用，同时实现数据价值的变现。

6.5.2 数据采集

6.5.2.1 卷烟企业能源数据计量对象

能源计量是指在能源流程中，对各环节的数量、质量、性能参数、相关的特征参数等进行检测、度量和计算。其作为能源管理技术的数据来源，是供能感知的关键环节。能源计量的深度和广度、数据采集的范围和颗粒度，是整个工厂能源管理体系和能源管控系统的底层数据支撑，决定了工厂能源管理工作能否充分实施开展。

在卷烟工厂内，能源计量数据采集内容主要包括：

（1）全厂消耗的总燃气、总蒸汽、总压缩空气、总真空、总进水、全厂进线电量；

（2）制丝车间消耗的燃气、电量、蒸汽、压缩空气、水；

（3）卷接包车间消耗的电量、蒸汽、压缩空气、真空、水、热水；

（4）动力中心消耗的燃气、蒸汽、压缩空气、水、电量；

（5）空调系统的蒸汽、冷冻水、热水、压缩空气、水、电的消耗量；

（6）其余各建筑物的燃气、水、冷冻水、热水、电的消耗量。

按照国家标准，卷烟企业能源消耗实施三级计量。一级计量为厂级计量，对全厂的水、电、气等能源消耗进行统计；二级计量为部门计量，包括各车间、办公等区域的能源消耗计量；三级计量主要是指计量到班组和机组，实现全场能源消耗的数字化控制和管理。

6.5.2.2 卷烟企业能源计量管理体系

能源计量是能源统计的技术基础。能源统计建立在能源计量记录的基础之上，没有能源计量就没有能源统计，只有做好能源计量，才能做好能源原始记录、统计台账，进行统计汇总和统计分析。

能源计量仪器仪表是提供能源量值信息的工具，主要包括流量、重量、电能、热量计量检测等仪表以及燃烧过程分析仪器和具有明显节能效益的自动控制系统。

《用能单位能源计量器具配备和管理通则》（GB 17167－2006）规定的能源计量种类包括煤炭、原油、天然气、焦炭、煤气、热力、成品油、液化石油气、生物质能和其他直接或者通过加工、转换而取得有用能的各种资源。

能源计量的范围包括：

（1）输入用能单位、次级用能单位和用能设备的能源及耗能工质；

（2）输出用能单位、次级用能单位和用能设备的能源及耗能工质；

（3）用能单位、次级用能单位和用能设备使用（消耗）的能源及耗能工质；

（4）用能单位、次级用能单位和用能设备自产的能源及耗能工质；

（5）用能单位、次级用能单位和用能设备可回收利用的余能资源。

卷烟企业能源计量仪表如表 6 –9 所示。

表 6 –9　卷烟企业能源计量仪表

计量对象	计量仪表
电力计量	智能电表
蒸汽计量和燃油计量	涡街流量计，蒸汽流量计自带温度补偿
水计量（软水、热水、中水、自来水）	电磁流量计
压缩空气、天然气计量	气体流量计
温度和压力检测	智能温度变送器

6.5.2.3　设备数采

卷烟工厂内的动能设备及系统主要包括锅炉系统、制冷系统、空调系统、空压系统、污水处理系统、全厂变配电监控系统、真空系统、除尘排潮系统、异味处理系统、工艺冷水系统、生活热水系统、供水系统。这些能源设备冗杂众多，机组运行工况多变，产生的数据除了结构化数据外，还存在一些非结构化数据，需要用多元化的监测手段，采用各种形式结构的末端监测元件，合理布局测点安装，对动能供应全流程关键节点运行状态进行监测、分析与管控。

除了能源计量数据以外，对各动能设备、动能子系统的运行过程状态、运行参数、控制信号等数据，对电机启/停、电动阀的通/断/开度等数字模拟量和压力、温度、流量等工艺参数以及其他控制元器件的参数，进行全覆盖的采集监控。

对于上述设备系统，卷烟工厂通过数采网络的规划与建设，运用动态采集技术，汇聚 MES、能管、动力集控、设备管理等系统的实时数据，集成历史数据，基本已经实现数据的采集和远程上位机监视和控制。表 6 –10 所示为卷烟企业能源计量指标。

6.5.3　数据存储

为了提高监测结果推送和数据处理访问的可靠性、可用性和存取效率，将通用硬件引入的不稳定因素降到最低，数据采用分布式存储。对于数据的分布式存

表 6-10 卷烟企业能源计量指标

车间	计量对象	计量指标	单位
动力车间	锅炉系统	用气量	立方米
		用电量	千瓦时
		用油量	吨
		总产汽量	吨
		除氧自用蒸汽	吨
		剔除除氧总汽量	吨
		锅炉系统总用软水	吨
	空压机	用电量	千瓦时
		总产压缩空气	标准立方米
		用电量（减去干燥机）	千瓦时
	制冷系统	总用电量	千瓦时
		总产制冷量	千瓦时
		COP	
卷包车间	电	用量	千瓦时
	空调蒸汽	用量	千克
	压缩空气	用量	立方米
	制冷	冷量	千瓦时
	自来水	用量	吨
制丝车间	电	用量	千瓦时
	天然气	用量	标准立方米
	工艺设备用蒸汽	蒸汽用量	千克
	空调用蒸汽	用量	千克
	压缩空气	用量	立方米
	制冷	冷量	千瓦时
	自来水	用量	吨

储则需要选用内存数据库来实现，比如，某厂使用分布式 Redis 集群将实时计算分析的数据特征或监测结果进行数据 key/value 存储，提高响应速度。Redis 数据库可以限定内存数据库的存储容量，操作异常快速，拥有较高的稳定性和实时处理能力。对于访问频率较低、数据量较大、用以进行定期离线分析的数据，则需要借助分布式文件数据库 HBase 对其进行存储，确保数据存储的可靠性、并发能力及扩展能力。HBase 是构建在 HDFS 基础上的，实现了分布式的、大型的、基于列的非结构化海量存储系统。

6.5.4 数据清洗

由于数据采集、传输、存储过程中的多样性、复杂性、各种不确定因素等，可能引入不满足质量要求的噪声数据。异常、错误、重复以及缺失数据等，都属于噪声数据。这些数据主要包含缺失值、异常值以及错误值，对这些数据进行分析，会得到精度不高甚至错误的结论。因此，通过对噪声数据进行清洗，能提高数据质量，进而提高预测分析结果的准确性。

数据清洗的原理为：利用数理统计、数据挖掘等方法将噪声数据转换为满足数据质量要求的数据。数据清洗方法包括以下几种：

6.5.4.1 对重复值的清洗

重复值是由于源数据中存在重复数据，或者采集程序对同一元组数据进行多次采集造成的，对于重复数据清洗，要在采集到数据导入数据库时，使用主键和联合主键的唯一性限制，完成对重复值的清洗。

6.5.4.2 对错误值的清洗

首先要检测出带有错误数据的元组，再对该元组进行处理。可以使用已有的关于数据性质的知识来发现错误值，通常在定义数据字典时，对数据有一个基本的规定，比如蒸汽温度、蒸汽湿度、空压等都会有阈值规定。另外，由于采集过程中加载缓慢或者采集设备故障，会造成属性值缺失。对于这些数据，一般直接删去；部分错误数据可借用相邻数据。

6.5.4.3 对异常值的清洗

异常值是指在所获得数据中相对误差较大的数据，也指在一批数据中，与其他数据相比明显不一致的数据，又称离群值。常用的异常值检测方法有基于距离的异常值检测、基于密度的异常值检测以及基于聚类的异常值检测。

6.5.4.4 对缺失值的清洗

（1）数据缺失原因及处理方法。数据缺失有很多种原因，以动能数据采集为例，可能是人工原因造成的数据漏测，还有可能是记录设备出现问题、网络连接故障等。

（2）缺失数据的分类。按照缺失变量与其他观测变量之间的相关关系，可分为完全随机缺失、随机缺失、非随机缺失等，

（3）缺失值处理方法。通常包含以下三个步骤：①识别缺失数据；②探索缺失值模式；③处理缺失数据，包括删除包含缺失值的实例以及用合理的数值插补缺失值。

6.5.5 数据转换

这一环节主要是通过比对数据项的定义，对接入数据交换与共享平台的数据

按条件实现筛选的功能。数据转换功能支持数据表名称和字段名称转换，包括一表对一表转换、一表对多表转换、多表对一表转换；支持数据表名称和字段名称转换。本功能还支持各种主流关系型数据库之间的数据交换，如 Oracle、SQL Server、DB2、Sybase、Access、MySQL 等类型；支持 HBase、Google Bigtable 等分布式存储数据库；支持非结构化数据库之间的数据转换，并支持 Excel、Word、PDF、TEXT 等文件类型转换。

整合处理用于实现统一数据视图、数据字典、数据质量的处理过程，实现数据转换、数据的合并、数据的拆分、数据的翻译、数据比对等处理，完成代码的统一、主外键一致、数据的比对操作等处理。整合处理记录数据加工过程中不合规范的数据，供数据质量分析使用，进而更好地优化数据。

6.5.6 数据分析

能源数据分析主要是利用转换后的能源数据构建数学模型，对未来能源消费的趋势进行预测，进而为能源供应决策提供决策支撑。

卷烟生产企业的能源管理信息系统的数据底层服务支撑需要实现生产用蒸汽、压空、水、电、非生产用能以及锅炉、空压机、制冷机的运行预测，因此从以下几方面建模，如表 6－11 所示。

表 6－11　卷烟生产企业的能源数据分析模型

模型	输入	输出
生产用（蒸汽）预测模型	生产时间、品牌、工艺段、数量	蒸汽用量及流量曲线
生产用（压空）预测模型	生产时间、品牌、工艺段、数量	压缩空气用量及流量曲线
生产用（水）预测模型	生产时间、品牌、工艺段、数量	水用量及流量曲线
生产用（电）预测模型	生产时间、品牌、工艺段、数量	电用量及流量曲线
非生产用能预测	食堂就餐人数、设备保养计划	水电气汽的用量
锅炉初始化运行策略	蒸汽用量及时间	锅炉开启时间、台数、初始参数
空压机初始化运行策略	压缩空气用量及时间	锅炉开启时间、台数、初始参数
制冷机初始化运行策略	冷量用量及时间	锅炉开启时间、台数、初始参数
锅炉动态运行策略	蒸汽流量、外部环境变化等因素	锅炉台数增减
空压机动态运行策略	压空流量、外部环境变化等因素	空压机台数增减
制冷机动态运行策略	冷量流量、外部环境变化等因素	制冷机台数增减

6.5.7 数据应用

根据决策要求，数据分析结果将传递给相关职能部门，用于企业总体能源规划、近短期能源计划编制、设备运行维护以及流程管控等工作。

7　卷烟生产 PPED 能源管理模式的技术基础

7.1　信息化技术

智慧动力管控一体化平台是行业 CPS 体系在动能管控领域的落地，平台采用微服务的框架体系，采用大数据、机器学习、流式计算实现海量数据的高效分析、深度挖掘与应用。

7.1.1　大数据技术

7.1.1.1　概述

随着信息技术的迅速发展和数据量的高速增长，大数据技术成为企业发展和竞争的有力资源。2010 年 9 月 30 日，Brian Hopkins 和 Boris Evelson 在其发布的报告 *Expand Your Digital Horizon with Big Data* 中指出，海量性（Volume）、多样性（Variety）、高速性（Velocity）、易变性（Variability）为信息时代大数据的典型特征。大数据的特点是数据量呈指数级增长、非结构化数据大量涌入、数据结构日趋复杂、数据层次关系越发复杂。大数据相对于传统数据，在数据量、产生速度、数据结构化和多样性及数据价值方面都有明显的优势。大数据将形成数据资产，进而提高数据获取效率，扩展数据应用，并发挥更大的数据价值。

卷烟企业能源设备冗杂众多、安装测点较多、卷烟生产过程复杂、机组运行工况多变，导致生产过程中产生大量、多种形式的动力相关数据。同时，随着检测技术的发展及检测设备性能的提高，监测手段多元化，卷烟生产过程产生的数据除了结构化数据外，还包含非结构化数据，使卷烟生产大数据形式多样。因此，卷烟生产大数据平台中管理的数据具有如下特点：

（1）运行数据实时性强，实时运行数据量大，存储的历史数据时间跨度长。全厂实时数据库与集控管理服务器中存储了大量的历史数据，并实时存储运行海量数据，这就要求采用大数据处理技术进行数据分析处理。

（2）所测物理量类型多，测点分布广。卷烟生产过程涉及的设备类型较多，系统复杂，测点广泛分布于卷烟生产的各个设备环节中。所测物理量类型多，测点布置空间分布跨度大。卷烟厂动力系统相当复杂，为全面检测机组运行状态，测点散布于系统的不同位置，并实时监控流量、温度、压力、湿度等物理量。另外，对于某些影响机组性能及效率的关键参数，为保证数据的可靠性，通常布置了多个测点同时测量该参数值。在使用多测点参数数据时，需要根据经验或数据处理方法决定选择哪一个测点参数比较合适。

（3）数据质量参差不齐。卷烟生产过程中机组的工作环境比较复杂恶劣，数据会受到各种影响因素的干扰，测量数据会出现失真。再者，由于测量仪表故障、测量仪表或测试设备昂贵、测试技术有限等因素，造成测量数据的不完整、部分缺失。此外，还有部分数据只能离线获得，由人工记录并录入相应系统，可能存在笔误或缺失。

（4）测量数据具有非线性、动态性和数据类型多样性的特点。制丝、卷包等机组运行参数实时变化，参数具有非线性动态变化特性；另外，过程参数的数据类型多样，有结构型数据、非结构型数据等。

（5）参数间复杂高维和强相关。卷烟厂中给水系统、蒸汽系统、回热系统、电气系统和控制系统等子系统连接方式及相互作用关系复杂，多个物理化学过程在各系统间相互关联、融合、交错，导致各测点的测量值相互关联，变量之间通常还存在着复杂的相关性关系。

7.1.1.2 应用模式

大数据技术在实际应用中的一般模式如图 7－1 所示。其包括大数据平台（数据采集及存储）建设、建模主题确定、数据准备及预处理、算法选择、生成模型、模型验证、封装部署模型。

（1）大数据平台建设。大数据技术的应用基础在于大数据平台的搭建，将动能管控中结构化数据、非结构化数据等按照统一标准化采集并存储到以分布式系统为主的大数据平台中，为数据的有效利用提供数据基础。

（2）建模主题确定。根据能源运行中遇到的实际问题和建模需求，并结合大数据平台中存储的可用数据，确定建模主题，是整个建模过程的起始和关键。明确的建模主题是对整个建模过程的定位，关系到所建模型的可用性和实用性。建模主题不同，所选择的模型算法不同，那么对模型精度和响应的要求也不同。

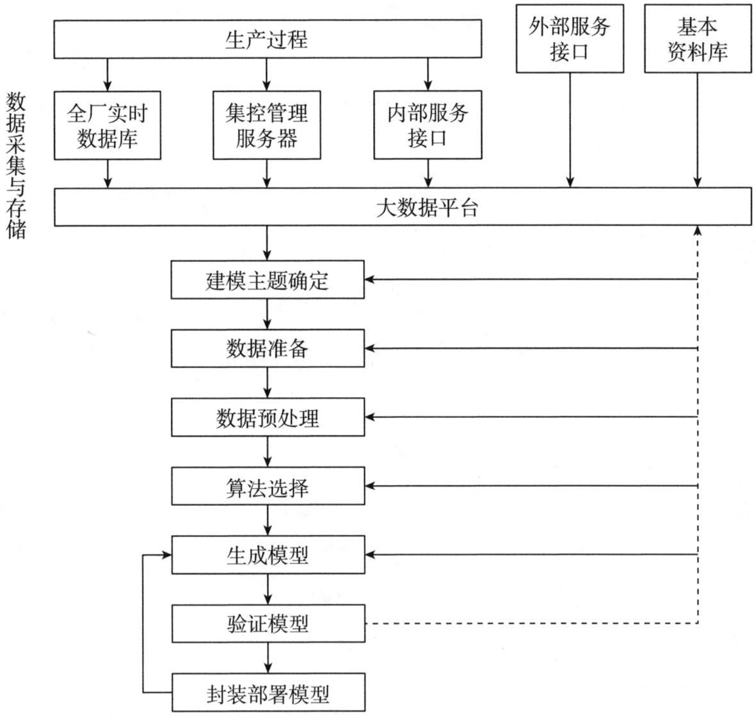

图 7-1 大数据应用的一般模式

（3）数据准备。随着卷烟厂信息化及数据采集系统的广泛应用，以及大数据平台的建设，数据变得易于获取。根据建模主题，从理论及机理分析、统计分析、数据分析、现场经验等方面确定与建模主题相关的参数，合理确定初始参数及选取样本集，为主题模型的建立准备较全面的数据。

（4）数据预处理。数据纷繁杂乱，数据预处理是建模成功的关键，剔除实时数据流中的异常数据才能保证建模数据的准确性，进一步通过特征参数选择来精简建模参数数量，进而保证建模精度和建模时间。

（5）算法选择。大数据建模依赖于数据之间的关系来反映特征参数与建模目标及建模主题之间的数学关系，而建模主题从一定程度上可以反映建模目的，为选择合理、合适的算法提供判断。依据建模目的是预测还是分类诊断、是优化运行还是状态评估，可以预先确定采用哪一类算法，然后再根据建模主题特征参数之间的数据关系，进一步确定算法。有时候需要通过建模效果对比多个算法来选择合适的算法。

（6）生成模型。选定建模数据及算法后，在计算机上运行程序，便可生成模型，即确定模型的关键结构参数和约束参数。

(7) 验证模型。在应用于实际之前，需要对模型进行验证，以确保所建模型具有一定的泛化能力和适应能力，即所建模型应该对建模对象的实际运行工况具有可移植性和适用性。验证方法有两种：一是以历史数据来检验模型，进行短期验证；二是将模型应用于实际运行中以未来数据来验证模型，进行长期验证。

(8) 封装部署模型。根据模型应用需求，将模型封装部署到监测系统模块中，并根据对模型的实时性需求和数据更新来更新模型以适应机组变化。建模就是一个反复修正、不断更新的过程。

大数据平台依据该应用模式，主要从建模主题、数据准备、数据预处理、算法选择、生成模型、验证模型开展研究和开发工作。

7.1.2 微服务框架

7.1.2.1 概述

近年来，随着云计算、容器虚拟化以及集开发、测试、部署和运营为一体的 DevOps 等技术的兴起和发展，微服务架构逐渐成为主流技术。

微服务架构是指由一系列职责单一的细粒度服务构成的分布式网状结构，其基本思想在于围绕着业务领域创建应用，这些应用可独立地进行开发和管理。简单来说，微服务架构的目的就是有效拆分应用，实现敏捷开发和部署。

微服务为分布式软件系统提供了良好的解决方案，与传统面向服务体系结构的实施方案相比，微服务体系结构除了提供服务注册与发现、服务组合等基本组件外，还加入了负载均衡、服务网关和容错机制等，同时对已有模块进行了扩展和优化；其基本思想是将传统的单体应用按业务功能拆分为一系列可被独立设计、开发、部署、运维的软件服务单元，服务间彼此配合、相互协作以实现最终价值。微服务可看作面向服务体系结构（Service - Oriented Architecture, SOA）的一种具体实现，但与 Web 服务相比，微服务更具优势，例如采用去中心化管理及轻量级容器部署，提供监控预警及多种高可用容错策略，服务数据独立且开发自由。

7.1.2.2 微服务架构模式的优势

7.1.2.2.1 组件化

微服务可以被认为是一种组件。它与传统组件方式最大的区别是：传统组件将应用模块化并为其构建相对独立的单元。隔离独立的部分或抽取公用的部分，构建共享库，达到解耦和复用的效果。而微服务架构将系统以组件化的方式分解为多个服务，服务之间相对独立且松耦合，单一功能的改变只需要重新构建部署相应的服务。

7.1.2.2.2 独立部署

由于微服务具备独立的运行进程，所以每个微服务也可以独立部署。当某个微服务发生变更时，无须编译、部署整个应用，大大缩短了应用交付周期。微服务架构模式使持续化部署成为可能。

7.1.2.2.3 降低复杂度

微服务架构通过分解单体式应用为多个服务方法，让复杂性可控，避免了不必要的数据孤岛。在功能不变的情况下，应用被分解为多个可管理的服务，通过微服务架构模式，让复杂的功能通过模块化的方式呈现，给采用单体应用编码方式难以实现的功能提供模块化的解决方案，让单个服务更容易开发和维护。

7.1.2.2.4 技术多元化

传统的开发模式一般是使用同类技术构建整个应用。微服务架构强调的是去中心化的软件组织架构，使每个服务根据自身服务的需求和行业发展状况，自主选择适合的技术类型，提供接口服务。

7.1.2.2.5 降低维护风险

维护庞大且复杂的单体架构系统，工作量很大，容易出现牵一发动全身的情况，风险很高。相较而言，微服务架构模式下，当某一组件发生故障时，不会出现单块架构系统的进程内扩散等弊端，故障会被隔离在单个服务中，从而降低维护和再开发的风险。

7.1.2.3 微服务框架关键技术及核心部件

微服务作为一种分布式系统的解决方案，为构建复杂的分布式微服务应用需提供服务注册与发现、服务间通信和服务部署等关键技术。同时，与传统面向服务体系结构的实施方案相比，微服务体系结构的伸缩性较好，更能满足大型应用的需求。因此，除需具备传统实施方案中基本的如服务注册与发现、服务组合等功能外，微服务体系结构还需某些扩充模块，并对已有模块进行扩展或优化。这些扩充模块主要包括负载均衡、API网关和容错机制等。

7.1.2.3.1 服务发现机制与注册中心

微服务提倡轻量级的服务架构理念，单个微服务一般部署在轻量级容器如Docker中。在运行时，服务实例可能随时被克隆、销毁或重定位，故需要一种动态的服务发现机制。通常，在实现服务发现时，服务提供者需先将服务实例的地址信息注册到注册中心，注册中心则负责管理服务实例地址并提供心跳检查等机制，而服务发现组件作为服务调用方，通过注册中心实现服务查询并获得可用的服务实例地址列表。实际上，服务发现组件部署位置并不是固定的，一般可分为客户端发现和服务端发现两种。客户端发现中服务发现逻辑由客户端实现，客户端作为服务发现组件基于上述方法确定服务实例的网络地址。服务端发现则是把服务发现逻辑委托给了专门的路由服务。当客户端有服务请求时需将请求发送给路由服务，再由路由服务与注册中心交互，以发现满足请求的服务。与客户端发现相反，此方式并不需客户端设计服务发现逻辑，但需要额外的路由服务作为中间件，存在一定的性能损耗。

在微服务体系结构中，要实现服务发现，服务注册中心尤为重要。注册中心主要负责管理服务提供者和消费者的 URL 地址及路由信息等，并实现服务注册、发布、健康检查和故障排除等功能。

7.1.2.3.2 负载均衡

在微服务体系结构中，为了提高伸缩性，单元微服务通常具有多个进程级服务实例，服务实例的个数随着服务请求的数量而动态变化。当服务请求数量增多时，相应的服务实例个数有可能随之增加。相反地，服务实例也可因服务请求数量的减少而被销毁。因此，需要通过某种负载均衡算法，将服务请求分发至特定的服务实例进行处理。

最简单的负载均衡算法来自著名的 Round Robin 算法，即轮询法。其思想是：将多个可用服务实例组织成一个循环队列，然后根据实例顺序轮流分派服务请求。该方法一般仅适用于服务实例处理能力相差不大的情形，然而要应对多个在性能、负载能力方面差异较大的服务实例时，可采用加权轮询法。该算法在简单轮询的基础上，根据服务实例的性能及负载能力为其设置不同的权重，随后将请求按顺序及权重分配到合适的服务实例上。实际上，上述轮询算法并未真正考虑服务实例的实际请求连接数（会话数）及当前负载，较好的方法是采用最小连接数算法（Least Connections Scheduling，LC）。该算法可根据服务实例当前的连接数，动态地选取连接数最小的服务实例处理服务请求，以提升服务实例的利用率及请求负载能力。此外，负载均衡算法还包括按请求随机分配的简单随机算法、按 key 值分配的哈希算法等。

在 MSA 中，负载均衡通常与服务发现组件部署在一起。在实现时，负载均衡作为服务消费方，维护服务发现获得的服务地址列表并基于负载均衡算法实现服务请求的具体调用。通常，根据负载均衡分布的位置，可将其分为服务端负载、客户端负载及独立进程负载三种。

7.1.2.3.3 服务网关

在 MSA 中，服务网关主要位于网络的边缘并作为外部服务请求的统一入口，主要提供身份认证与安全检查、请求路由管理、服务组合、请求分派与维护、压力检测、负载均衡等功能。通常，当有用户发来服务请求时，网关需先对服务请求进行权限验证、API 监控、流量控制等过滤操作，随后由智能路由实现服务请求的具体转发及调用等。实际上，服务网关可作为服务发现和负载均衡组件，服务发现模式中客户端和服务端发现也都可由它实现。其中，对于客户端发现，服务网关主要为客户端提供对服务注册中心的访问，此时网关只是充当一个访问代理；对于服务端发现，服务网关则简单地充当一个路由器。随着微服务相关技术的日趋成熟，服务网关作为微服务体系结构中比较重要的组件，目前已存在多种技术选型。

7.1.2.3.4 服务容错

在微服务体系结构中，通常存在多种服务间调用及依赖关系。微服务实例之间的动态调用链可能会因某个服务实例响应超时、发生错误或负载过高等导致多个相关联的微服务不可用，因此需要容错机制。

目前，常见的微服务框架均提供了服务容错方案。其中，最基本的是处理服务超时，如超时重试机制。它主要对服务请求设置超时响应时间，并根据设置的服务请求时间和记录的服务请求次数，决定是否进行重试操作。若服务因负载过高发生故障时，可采用限流和熔断器两种策略。其中，限流主要对服务进行限流处理，可分为控制服务请求并行数量和限制访问速率两种。熔断器则会记录、监测服务执行情况，当某个实例不可用时，可立即更换至新的服务实例，也可计算失败率，当其达到某个阈值时拒绝接收服务请求并将其直接返回。若服务发生错误不可用时，可采用回退机制，主要有快速失败、故障沉默和自定义处理三种策略。同时，为保证服务发生错误不会影响到其他服务资源，可采用故障隔离机制如壁仓隔离模式，它可为不同的服务分配不同的进程池，实现服务间的隔离。企业在实践微服务框架时，也可根据自身需求自定义容错方案。

7.1.2.3.5 服务部署与通信

微服务框架除具备上述核心部件，还应重点考虑服务部署及服务间通信的问题。与Web服务相比，单个微服务实例的部署更为灵活方便。在微服务框架中服务部署方式一般有三种：其一，多服务实例部署于单个虚拟机或物理机中。这种方式下实例间资源共享，资源利用率高，但彼此之间隔离性较差。其二，单服务实例运行于单独虚拟机中，服务实例间实现彻底隔离，系统伸缩性较好，但也容易导致资源浪费及实例维护效率降低等问题。其三，单个微服务实例运行于单个轻量级容器如Docker中，服务实例可被灵活部署并保持彼此间较好隔离，且可降低部署难度并提高效率。

7.1.3 机器学习

机器学习（Machine Learning，ML）是一门多领域交叉学科，涉及概率论、统计学、逼近论、凸分析、算法复杂度理论等学科，专门研究计算机怎样模拟或实现人类的学习行为，以获取新的知识或技能，重新组织已有的知识结构使之不断改善自身的性能。具体到本项目，预期将应用聚类算法、分类算法等进行动能设备运行管控优化与预测工作。

7.1.3.1　聚类算法

采用数据挖掘技术对数据集进行处理，必须要使用到聚类算法。聚类是采用无监督的形式，将大量数据或者数据集划分成不同的簇，簇是一组数据对象的集合。在同一个集合内，数据之间有着较好的相似性，而对不同的集合而言，数据之间的相似性可以被忽视。簇内和簇间的数据相似性是衡量一个聚类结果好坏的关键标准，数据对象之间的差异性通常通过相似度或距离来衡量。数据间的距离与其相似性呈负相关，即距离越小，数据越相近。

聚类分析是基础的交叉学科，普遍应用于各大领域。通过计算机技术，智能化地分类出我们期望的结果，大大提高了效率。传统数据挖掘的主要思想如图 7－2 所示。

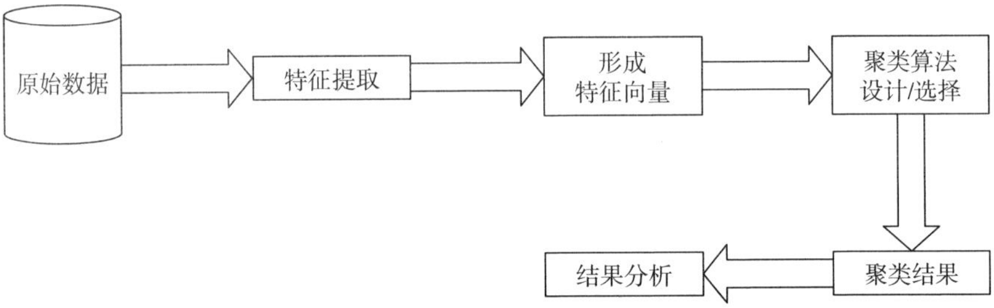

图 7－2　传统聚类分析的过程

聚类根据适用范围的不同被分为如下几大类别：

7.1.3.1.1　基于划分的聚类

基于划分的算法按某种目标将数据集划分为若干个组，划分的结果是使目标函数值最大化（最小化）。这样的优化目标通常是难实现的，因此，采用某种贪心策略迭代求解。具体的做法是：先将每个簇指定为一个或若干个代表点，根据目标函数用这些代表点对数据集进行划分，在划分结果中重新选择代表点，重复上述过程直到收敛，通常获得目标函数的局部最优解。基于划分的算法基本上都以点对间的聚类为标准，而距离和簇代表点的选择至关重要，这两个选择基本上定义了某种划分方法。

7.1.3.1.2　基于层次的聚类

层次方法将簇按不同的粒度分层表示，这些嵌套的簇构成树状结构。根据这种层面表示的生成过程是自底向上或自顶向下的。层次划分算法又分为聚合和分裂两大类：①聚合，即采用自底向上的方式，从将每个数据点作为一个簇开始，逐次将相似的集合合并为一个集合（或者满足某种结束条件）。不同的合并策略导致不同的聚合算法，这些策略通常是算法质量和效率的权衡。②分裂，即采用自顶向下的方式对数据集合进行持续的划分，得到一个树状结构。划分步骤可以采用某种划分算法进行。分裂方法在树状结构和簇平衡方面更加灵活。

7.1.3.1.3　基于密度的聚类

聚类的一种解释是将低密度区域分割开来的高密度区域识别出来，每个数据点的密度通常表示为其邻域内数据点的数目。一个基于密度的算法回答以下两个问题：①如何估计密度；②如何定义数据点之间的连接。基于密度的算法的最大优势是可以发现任意形状的簇，这对空间数据挖掘非常有价值。基于密度的算法的一大挑战是密度是连续空间的概念，它们在离散或非欧的数据空间中失去意义，因此，需要一种数据嵌入手段，这导致基于密度的算法通常难以处理高维数据。

7.1.3.1.4　基于图论的聚类

图聚类的首要问题是对簇的界定，鉴于簇并没有统一的定义，大部分的图聚类算法要么自行定义簇，要么根据簇的某些特征来对其进行识别。在数据中，簇的特点无非从两个角度去挖掘，即顶点和关系。在顶点可以视为空间数据时，可以通过距离或者相关系数来计算顶点之间的相似度。

7.1.3.1.5　基于网格的聚类

其可以看作基于密度算法的一种实现。这类方法将数据空间划分为网格，将每个网络内数据点的数量作为密度，并将相邻的稠密网格拼接起来从而形成簇。不同网格的划分（粒度和是否均匀）策略和密度阈值的选取导致不同算法的出现。基于网格的算法可以处理高维的数据，因为低维网格定义了维子集的簇。

7.1.3.1.6　基于模型的聚类

在概率模型中，核心思想是将数据描述成一个概率生成过程。首先，假设数据生成的概率模型，然后用期望最大化方法估计模型的参数。由于模型的参数和分配对象到簇的概率是循环依赖的，通常采用迭代的方法解决这个循环依赖。期望最大化方法从一个随机或启发式的初始化开始，然后迭代执行以下两个步骤：①E－步骤：用当前的模型参数确定数据点分配到簇的期望概率。②M－步骤：用分配概率作为权重确定模型参数。

对不同的数据，可以采用不同的概率模型。例如，对数值数据，通常使用混合高斯模型；对属性数据，使用伯努利模型；等等。

7.1.3.2　分类算法

分类算法是数据挖掘技术中的重要内容。分类是在已有数据的基础上，学习一个分类函数或构造一个分类器（Classifier）。构造分类器的过程通常分训练和测试两个阶段：训练阶段，分析训练数据集中数据记录的属性，为每类数据集形成规则描述；测试阶段，对待测数据记录按分类规则进行分类。

常用的分类方法主要包括 Fisher 分类算法（Fisher Linear Discriminant）、决策树（Decision Tree）、贝叶斯（Bayesian）、人工神经网络（Artificial Neural Network，ANN）算法等。这些分类算法的最终目的就是依据一个未知类别的样品的属性，按照特定的分类规则，提出该未知类别的样品属于某个类别的最大可能性。其中的 Fisher 分类算法在本系统设备能耗分类、故障分类等方面有较大应用价值。

7.1.3.3 预测算法

时间序列的基本特点就是每一个序列包含了产生该序列系统历史行为的全部信息。根据这些时间序列，去精确地找到相应系统的内在特性和发展规律，尽可能地提取出我们所需要的准确信息的方法就称为时间序列分析。

时间序列分析是一种根据动态数据揭示系统动态结构变化规律的科学统计方法。其基本思想是根据系统有限的数据，建立能够精确反映时间序列中所包含的动态依赖关系的数学模型，并对未来行为进行预测。它有以下三个特点：

（1）时间序列分析是根据对象历史发展的变化趋势，推测未来预期发展趋势的分析方法，它的成立基于影响对象发展的因素不会发生剧烈变动。事物都是历史发展的结果，而事物的未来发展又是基于现状继续的，两者的关系有必然因素也有偶然因素。时间序列分析法就是基于这种联系，发现其现象背后的本质，利用已有数据，对事物未来的发展做出预期。但是，事物未来的发展变数很多，长时间、跨度发展，由于偶然因素的变化和积累导致事物发展可能超出我们预期，所以基于时间序列分析的长期预测结果并不理想，而通常我们对时间序列的分析研究也仅限于短期预测。

（2）时间序列数据的变化存在着规律性与不规律性。时间序列中每一期数据的背后都是相关因素的综合结果，有偶然因素也有必然因素。这其中研究对象可能受到某个因素的影响而上下起伏，但很多因素对研究对象的影响是无法确切描述的，因此时间序列分析根据变量过去的变化规律建立模型，预测的是该对象未来变化的趋势和大致走向。

（3）时间序列是一种简化。时间序列预测方法基于对象的变化只受时间影响的前提，或者可以说，影响对象变化的各个因素的综合结果会随时间变化展现出一定的规律。那么就可以根据这种变化趋势，预测今后的发展情况。事实上，事物的发展变化与所处环境中的各种因素有着千丝万缕的联系，序列中每一期数据都是这些因素影响的最终呈现结果。因此，我们假设对象的变化仅与时间有关，是对外部影响因素的一种简化。

如何根据已有数据信息来对今后发展做出预测，是所有企业面临的重大问题。根据时间序列来预测未来趋势，为这些企业提供了很好的解决方案。

对于一个具体的时间序列，如果我们观察到该序列在预测时间内没有发生强烈突变或者不规则变动对整个序列的趋向影响不大的时候，我们有理由相信在现在和未来，该序列的变化规律会延续到未来，并且这个时间段越短，这种规律性就越明显也越准确。这时，我们就可以根据已有的数据资料，来确定使用哪种预测方法对该时间序列进行预测，具体的确定型时间序列预测方法有以下几种：移动平均法、指数平滑法、季节指数法、时间序列分解法等。

7.1.4 流式计算

7.1.4.1 流式计算概述

流式计算是相对于批量计算的一个概念，指将到达的数据流在内存中实时计算，而批量计算指对存储的静态数据进行集中计算，因此，流式计算具有低时延、高吞吐且持续运行的特点。近年来，流式计算技术因具有分布式计算的高效性与数据处理的实时性特点，被广泛应用于金融、互联网、物联网等领域，如实时视频分析、交通流量实时预警等。常见的流式计算框架有Storm、Spark Streaming等。在本书中，通过数据采集框架获取数据后，流式计算实时计算某一时间窗口各类需要监测指标的值（例如，5分钟内的蒸汽流量、耗能情况等），如监测的指标值与历史或预设的值偏差超过阈值，则自动预警。

流计算对来自Kafka消息队列的流数据做加工处理，包括数据清洗、数据转换、数据复制、逻辑判断、异常数据处理、数据比对、数据装载、数据路由、数据整合、数据审核等。流计算能减少每次计算的数据访问I/O，优化数据加工算法，把彼此关联计算的结果供下一个计算单元使用，在一个处理服务内能实现转换、异常数据处理、数据整合等功能，大大提高整体性能。

7.1.4.2 流计算组件的功能

7.1.4.2.1 多种转换加工方式

（1）可视化配置格式转换，包括字段拆分/合并、不同格式间转换。

（2）静/动态字段，包括系统时间、动态序列号、给定值。

（3）基于规则翻译，包括基于规则表的翻译、给定规则翻译、给定数据的比对处理等。

（4）数据运算，可以做字段内或字段之间的数学运算。

（5）聚类处理，根据一个或几个字段做聚类操作。

（6）数据字典的转换、支持身份证的转换等。

7.1.4.2.2 多种数据逻辑处理

可视化配置多种逻辑处理，包括格式匹配检查（如日期格式、数据格式、身份证格式、自定义格式等）、字符串逻辑检查（包含、以结束、以开始、在列表中、等于等）、内容为空检查、重复记录检查、范围内检查（如在列表内、字典或代码表内、包含、等于）、表外键关联检查、逻辑检查（=、>、>=、<、<=、为空、非空、< And <、<= And <、< And <=、<= And <=、为真、为假等）、复合逻辑检查（以上逻辑的 and、or 组合）、自定义逻辑检查等。

7.1.4.2.3　异常数据处理

对于出现异常情况的数据，可以根据逻辑处理设定不同的处理策略，既可以设置为差错数据记录到差错数据库上，供业务人员数据审核处理；也可以路由输入到指定的目标方供业务人员处理；还可以作为异常数据记录到相应日志文件上，并给予监控日志相应提示，供信息操作者根据提示做相应的处理。

7.1.4.2.4　方便的数据路由

可视化选择数据加载路由策略，可按照字段内容作为路由条件将数据加载到不同的目标上，路由条件丰富多样；数据加载目标可以是数据库表、文件、XML、消息队列、数据处理器方式等。

可视化选择数据路由条件，根据数据路由条件将处理后的结果数据放在不同目的的数据目标中。路由条件可以是逻辑判断（支持的方法参见数据转换的逻辑检查部分），也可以包括各种比较方法。数据路由也可以是条件的组合，可以是 and 或者 or。

7.1.4.2.5　方便的数据整合功能

整合处理用于实现统一数据视图、数据字典、数据质量的处理过程，实现数据转换、数据的合并、数据的拆分、数据的翻译、数据比对等处理，完成代码的统一、主外键一致、数据的比对操作等处理。整合处理记录数据加工过程中不合规范的数据，供数据质量分析使用，进而更好地优化数据。

7.1.5　系统安全技术

动能管控系统是生产保障的基础，因此必须确保系统的安全性、可靠性、稳定性。通过对动力管控一体化平台的安全体系建设，构建应用安全和数据安全保障体系，实现对设备、系统、网络、终端等安全状态的集中监控、分析与响应，实现风险可视化、可管理，支撑安全运行和安全管理、安全决策能力。

7.1.5.1　应用安全

要建立一个安全、可靠的系统，以保证企业正常生产的顺利进行，就必须建立有效的安全体系，以实现对硬件系统和软件系统的有效控制和管理，保证系统的数据和信息安全，及时发现、识别、分析、处理、预防和规避目标系统出现的安全风险。

系统安全设计考虑的要点包括：

（1）动能系统是卷烟企业生产、办公的基本保障，而动能系统设备本身的安全又是安全生产的重要部分，尤其是锅炉、空压、制冷等设备的安全运行。这就需要在项目实施过程中，对运行策略进行充分的论证、仿真及验证。

（2）构建基于物理层、系统层的安全保障体系和信息化管理体系，建立严格的安全审计机制。

（3）在实时信息网络与企业管理网络之间加装防火墙。通过对防火墙的合理配置，关闭系统闲置端口，采取过滤等安全措施，同时只允许正确的用户才能访问到实时数据库中的信息。

（4）防止非法用户对本系统及控制系统的访问，将卷烟厂网络分为控制网络层、生产管理网络层、企业管理网络层。

（5）为保证生产自动化系统的安全，非经特殊许可，生产管理层及企业管理层用户不能直接访问生产控制网络。

（6）结合系统集成技术，采用网段划分或VPN技术，实现多个控制系统之间网络隔离，保证控制系统的独立性。

（7）安全登录管理，统一认证与授权，有限次数登录尝试（自动锁定账号、次数自定义），密码加密保存及传输等。

7.1.5.2 数据安全

由于动能管控一体化系统涉及众多动能设备、监测点，相关系统信息交互多，信息数据量极大，因此在数据安全设计中须重点考虑动能数据的存储、恢复以及数据访问的安全可控，要点包括平台的备份及故障恢复和用户权限。

可采取的措施有：

（1）平台核心数据库采用国际广泛应用的ORACLE关系型数据库，具有完善的双机备份及故障恢复机制。

（2）实时数据库、核心业务数据库ORACLE均可建立容灾备份策略，实现尽可能的数据完整。

（3）建立不同权限的用户组，不同用户组能够访问与操作的数据与功能是不相同的，保证信息的保密性。

（4）具有完备的系统操作日志，支持对数据源和关键操作进行追踪和回溯。

（5）系统在设计过程中，将生产安全作为重要的条件来进行。在系统发生故障时，能够通过与自动化系统合理的接口划分而保证生产的连续性。当其他系统有故障时，数据采集部分均留有人工维护接口，确保系统正常运行。

7.2 节能技术

7.2.1 供配电系统节能

7.2.1.1 供配电系统节能诊断

从电网送到企业的电能（交流电），经降压后分配到各用电车间或用电设备，这就构成了企业内部的供电系统。企业内部一般都存在一个配电房，利用变压器降压后再利用电能。

供配电系统节能主要体现在提高供配电设备效率和输送效率，除了采用供电线路合理布局和变压器容量合理选择确保经济运行等有效措施外，选用高效变压器、采用无功补偿装置等节能产品和装置也是减少输配电损失的重要手段。

通过分析功率因数可以得知：

（1）用户功率因数提高到1是不经济和不适宜的。

（2）最佳功率因数的确定与负荷的供电方式有关，需根据技术经济比较确定。

（3）进行无功补偿后功率因数一般不宜超过0.96，因此能源部规定电费按功率因数的奖惩制度，由过去“不封顶”改在0.95封顶（即功率因数超过0.95时不再另行增加奖励）是合适的。

7.2.1.2 供配电系统节能技术

7.2.1.2.1 变压器选择

在电力系统中，变压器在其中起到重要作用，用于转换电压，保证系统稳定运行。对于电压等级为10kV和35kV的变压器，在电力系统中应用较为广泛。变压器长时间运行中，不可避免地出现电能损耗，在这个环节节能降耗显得十分关键。在变压器选择中，结合节能降耗要求，尽可能选择S型、S10型、S11型等节能型变压器，能耗较低。

7.2.1.2.2 选择节能型电动机

为了降低能耗，应该尽可能选择节能型电动机，在满足电力生产需要的同时，将能耗控制在合理范围内。异步电动机作为当前工业生产中应用广泛的一种，工作效率和功率因素是主要经济指标，相互影响、相互促进。异步电动机在运行中，处于轻载或是空载状态下功率因素较低，只有0.2~0.3，满载功率因素在0.85~0.89。因此，在供配电节能设计中应该选择节能型电动机，分析异步电动机实际容量，规避电动机满负荷运转加剧能耗和设备损坏，延长电动机使用寿命。

一般情况下，异步电动机的功率因素设计需要综合考量负荷系数75%～100%，额定输出功率在负荷功率的1.1～1.5倍即可。但是，工程实际运行中，电动机需要同其他配套专业设施联合使用，编制合理的节能降耗方案。在降低线损的同时，规避电动机空载和轻载状态，可以通过变频调速方式来控制电动机运行状态，负荷率变化下可以自动调节电动机转速，与负载变化相适应，在满足电能生产的同时，尽可能降低电能损耗。与此同时，选择合理的低压电器，基础元件覆盖面大，尽管单个低压电器电能耗量不多，但是将多个低压电器整合在一起，可以有效控制耗能问题，保证供配电系统设计合理性。

7.2.1.2.3 提升供配电系统功率因数

为了降低电能损耗，可以提升功率因数来降低线路无功功率损耗，提升经营效益。严格控制输电线路电能损耗，主要包括有功功率传输中的线损以及无功功率传输中的线损。供配电系统中部分设备具有电感性，包括电动机、变压器和灯具镇流器等设备，这些设备可能产生滞后无功电流，传输到用电器尾部会不可避免地增加线路功率损耗。为了改善这一问题，可以适当降低用电设备无功损耗，提升功率因素，尽可能选择功率因素高的用电器。电感性用电设备，选择补偿电容器的设备。与此同时，推行静电电容器无功补偿，对超前无功电流和设备滞后无功电流进行抵消。

7.2.1.2.4 优化照明节能设计

在照明节能设计中，应该将绿色节能理念贯穿于全过程，在保证照明质量的同时，最大程度上降低电能损耗。可以充分利用自然光，优化电气设计，充分结合建筑实际情况促使室内人工照明和自然光整合，降低电能损耗；严格控制单位面积灯具安装功率，如果是普通区域可以使用照明质量高和能耗低的紧凑型荧光灯，如果是规模大的车间可以使用气体放电光源，推广能耗低的光源用电附件，最为典型的当属电感镇流器，在满足照明需要的基础上降低电能损耗。

7.2.2 空压系统节能

7.2.2.1 压缩空气系统节能诊断

压缩空气系统包括供气侧和用气侧两部分。供气侧主要包括空气压缩机、储存压缩空气的储气罐、去除水蒸气的干燥机和去除油及固体粒子的过滤器等所有生产和处理压缩空气的设备。用气侧主要包括管道系统、空气存储系统、现场过滤装置和用气设备。

7.2.2.2　压缩空气系统节能技术

7.2.2.2.1　更换高效率电机

采用高效稀土永磁同步电机代替普通三相异步电机，将会大大提高功率因数与电机效率，同时高效永磁同步电机具有启动转矩大、噪声低、温升低、定子电流小、定子铜损小等优点。表7－1列出了两种电机的损耗对比。永磁同步电机相较于普通异步电机无功功率的节电率可达85%，有功功率节电率达到了23%～25%，有效避免了“大马拉小车”的浪费情况。

表7－1　普通异步电机与永磁同步电机的损耗对比　　单位：%

损耗	普通异步电机	永磁同步电机
定子铜耗	30	20
转子铜耗	25	0
铁耗	27	25
风摩耗	10	7
杂耗散	8	8

7.2.2.2.2　降低入口空气温湿度及加装后冷却器

空压机吸气温度及湿度的水平对整个空气压缩系统的生产成本有重要影响（见表7－2）。研究表明，随着吸气温度升高，机组的输入比功率降低，当空气湿度不变时，温度每增加1℃，单位能耗增长0.39%。同样，当吸气温度保持不变时，含湿量每增加1克/千克，单位能耗将增长0.59%。此外，湿热空气在压缩后很容易凝结成水滴，造成金属器件、阀门、管道生锈或腐蚀，甚至使气动元件动作失灵或漏气。为此，建议在压缩空气的进口管道上增设过滤除湿装置，一般方法为加装简易钢丝滤网和固体吸附，以减少进口空气的含湿量与杂质，同时为空压站房加装天窗和换气扇降低吸气温度。

表7－2　吸入空气温度对压缩机功率消耗的影响

进气温度（℃）	相对出气量（%）	节省功率（%）
10.0	102.0	+1.4
15.5	100.0	—
21.1	98.1	－1.3
6.6	96.3	－2.5
32.2	94.1	－4.0

续表

进气温度（℃）	相对出气量（%）	节省功率（%）
37.7	92.8	-5.0
43.3	91.2	-5.8

资料来源：印度工业联合会。

另外，后冷却器对用户的实际所得压力有一定影响，若加装后冷却器，压力水平会提高20%左右。后冷却器的冷却介质一般为水或者空气，它的作用是将被油分离器分离出的空气进行冷却，然后排到干燥塔内，达到改善空气品质、减少流动压损的目的。一般情况下，水冷式冷却系统造价高于空冷式冷却系统，但其每年可比空冷式系统节省很大一部分电费，并且后续维修费用较低、故障较少，所以越来越多的电厂开始采用水冷式冷却系统。

7.2.2.2.3　空压机的存储系统

在许多工业工厂中，有许多间歇性高负荷的空气应用，会导致整个系统压力的严重波动，一些对压力非常敏感的用气工艺因此不能正常运行，最终影响到产品的质量。很多工厂对于这样的问题的通常做法是增加空压机的排气压力或空压机的容量，其结果是使整个空压机的能耗增加。这是因为，空压机排气压力每增加0.1MPa，空压机功率会增加约7%。实际上，这样的问题可以通过在间歇性大负荷用气工艺的附近安装存储罐来解决。因为这种高负荷通常持续的时间比较短，在两次负荷之间会有一定的时间间隔，二次存储系统可以利用这段时间差来重新充满储气罐，而不必增加空压机的容量。

7.2.2.2.4　空压机合理选型

目前市场上主流空气压缩机有往复活塞式、螺杆式和离心式三种。就效率而言，往复活塞式空压机效率通常在50%左右，离心式空压机在60%左右，而螺杆式空压机则可以达到70%～80%。

其中双级压缩螺杆空压机通过两级串联工艺，与单级压缩空压机相比降低了压比，而且两对转子同时做功，打气速度快，出气量大，这是单级无法替代的优势。同等功率的电机做功产生的出气量，双级普遍比单级高13%～15%，相当于90kW的一台双级压缩空压机同等能耗下能产出一台110kW单级压缩空压机的气量。

7.2.2.2.5　变频控制

变频控制的原理就是以供气压力为控制对象，现场压力由传感器监测，通过空压机出口管道的压力变送器将压力转变成电信号后反馈到变频器，变频器通过内置算法计算得到输出功率并进行调节，达到恒压供气的目的。变频控制消除了电机频繁启停对系统的冲击并减少了无功电流，提高了电能使用效率。

需要注意的是，针对大的离心式空压机，变频器意义不大，因为本身离心式空压机就能通过进气阀调整输出功率，而且离心式空压机的电流有限制，电流过低，空压机会喘振。针对离心式空压机，可采用索林优化控制系统，达到深度节能的效果。

7.2.2.2.6　压缩空气系统的余热利用

工业空压机电耗的80%～93%被转化为热能。在许多情况下，如果应用设计合理的热回收系统则能够将这些热能的50%～90%进行回收，用于空气或水的加热。无论是空冷式空压机还是水冷式空压机都可以进行热回收，典型热回收应用包括空间辅助加热、工业工艺加热、水加热、循环空气加热以及锅炉补充水预热等。

7.2.3　中央空调系统节能

7.2.3.1　空调与通风系统节能诊断

空调的工作原理实际上就是将室内的热量，通过四次换热，“搬”到外部大气中。每一次换热，都是一个能耗环节。

中央空调能耗=压缩机能耗+冷冻水泵能耗+室内换热器风机能耗+冷却塔风机能耗+冷却水泵能耗。影响中央空调能效的因素有：压缩机效率+两个水泵的效率+两个风机的效率+换热器的效率。一个环节效率的降低，会增加另外一个环节的能耗，这是中央空调最大的特点，也是中央空调最大的难点（见图7－3）。

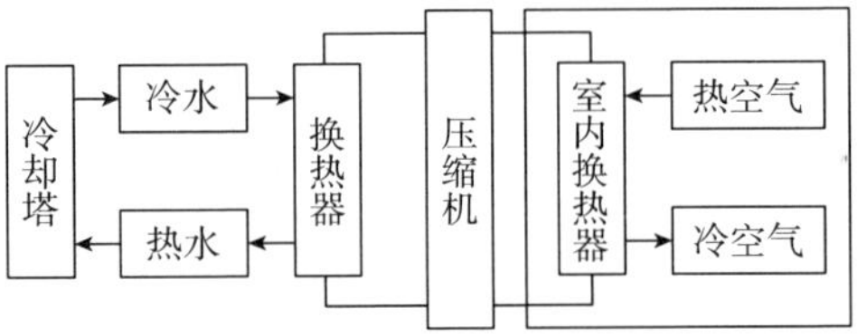

图7－3　中央空调工作原理

分体式空调能耗=压缩机能耗+室内换热器风机能耗+室外换热器风机能耗。压缩机能耗占总能耗的75%～80%，两个风机各占10%左右。

7.2.3.2　中央空调系统节能技术

7.2.3.2.1　中央空调系统设计中的节能

（1）合理设计室内温度、湿度值是节能的重要方面。对于大部分工业空调而言，室内温度设定值并不需要全年固定不变，大多数空调对象可以采用变设定值控制的方式。例如，冬天可加热加湿到舒适区的下限，夏天可降温去湿到舒适区的上限，在过渡季节采用设定区控制方式，可以节约大量能量。为了节约能耗，空调房间室内温、湿度基数，在满足生产要求和人体健康的情况下，夏季应尽可能提高，冬季应尽可能降低。设定区间越大，按设定区控制的节能效果也越好。

（2）合理设计室外新风，减少新风负荷。可以考虑降低原定最小新风量。为了适应室内人员变动，可采用手动调节新风阀门来达到一定的节能目的，方案有两个：一是把新风阀门固定在设计新风开度上；二是平时手动半开新风阀门，假日手动全开新风阀门。

（3）选择合理的空调系统和设备。中央空调系统能耗一般包括三部分：空调冷热源、空调机组及末端设备、水或空气输送系统。这三部分能耗中，冷热源能耗占总能耗的一半左右，是空调节能的主要内容。常见的措施：一是选用冰蓄能系统，将用电高峰时的空调负荷转移到电价较为便宜的夜间；二是采用变风量系统，以减少空气输送系统的能耗；三是采用变频调速水泵进行变流量运行。

7.2.3.2.2 中央空调机组操作中的节能

冷水机组的工作过程实际上是一个热交换过程。冷水机组的制冷量是一定的。此时，通过蒸发器的冷水流量与供、回水温差成反比，即冷水流量越大，温差越小；反之，流量越小，温差越大。冷媒水系统正确的操作方法：一是开机前关闭不运行机组的冷媒水进水阀，防止“窜水”现象的发生；二是打开需运行机组蒸发器上的进出水阀，开启相应冷媒水泵；三是若水泵启动后，发现进出水压力表指针摆动太大，说明冷媒水系统有空气，需排气后待压力表指示正常才能继续下一步的操作。

冷水机组的运行，只要规定冷却水的进出水温差就行了。冷却水系统正确的操作方法：一是开机前将不需运行机组冷凝器进水阀关闭，防止窜水；二是打开将要运行机组冷凝器上的进出水阀，开启相应的冷却水泵，调整冷凝器进、出水压力降至68.6kPa；三是若冷凝器进出水压力表指针摆动过大，说明冷却水系统有空气，需要排空气，待压力表指示正常后继续下一步操作。

冷却塔是空调制冷系统中的附属设备，却担负着散发整个系统所吸收的总热量的重要任务。冷却塔系统正确的操作方法：一是冷却塔的使用台数与机组的开启台数相匹配；二是关闭不开风机的冷却塔的进出水阀，防止冷却水在不使用的塔中流过；三是临时增开的冷却塔风机，在关掉该风机后，千万不要忘记关闭该塔的进出水阀；四是每班开机后均要检查冷却塔的运行情况，发现未开风机的冷却塔有冷却水经过，都要及时关闭该塔进出水阀，将托水盘水位调节好。

7.2.3.2.3 中央空调运行管理中的节能

在中央空调运行管理中，常采用露点控制调节方法，根据当地气象特点，将运行调节阶段分得更细，使空调系统全年都在运行费最少的所谓“最佳热湿处理工况”下运行。中央空调运行管理中的节能措施有：随时掌握各用冷场合的具体情况，适时开、停风柜、风机盘管等相关设备；根据气温的变化和用冷场合的变化，适时增开或关、停冷水机组；设定适当的温度；及时调整机组的运行；选择适宜的水温。

8 卷烟生产 PPED 能源管理模式的技术实现

技术保证了卷烟生产 PPED 能源管理模式的实现，但是由于各工厂实际情况不同，即使运用相同的技术，技术实现路径和方案也会有所差异。本章以卷烟工厂的具体技术应用为例，探讨一下卷烟生产 PPED 能源管理模式的技术实现。

8.1 基于三级计量的数采升级

8.1.1 目标内容

在卷烟工厂内，存在三级计量体系不完整、三级计量的覆盖面有待完善的问题。大多数工厂只是在部分能源种类实现了三级计量；在能源制造端的数采感知较全面，但是在能源长距离输送过程状态以及末端能源状态的数据采集较少。

作为动力能源管控的基础环节，底层数据支撑十分重要。需要逐步完善三级能源计量和全动能系统的数据采集。因此，需结合工厂实际，充分调研论证高耗能设备管控措施、关键重点用能环节，编制工厂能源计量器具优化完善规划方案，分批次、分区域、分类别逐步优化完善能源计量器具配备。同时，做好能源输送过程中的状态检测，实现能源供应全过程的状态感知，作为底层数据支撑，更好地服务保障生产。

8.1.2 实施具体内容

8.1.2.1 计量与数采点规划与识别

作为全面能源管理，实现所有能源相关的用量、状态、设备效率等基础数据的采集是必不可少的第一步。在新建计量系统和数采系统时，首先就是要根据企业管理的需求和能源审计的要求，对能源计量和设备、管路数采点进行规划和识别，明确能源计量的深度和广度，明确数采的范围和颗粒度。

基于生产驱动的能源管控理念，首先，要实现全厂所有能源种类的三级计量，并对所有动能子系统、第三方主机系统实现自动数采和远程监控。其次，在工厂投产后，针对与生产直接关联的蒸汽介质、输送管路，要不断完善和补充数采检测点。基于以上目标，卷烟厂对计量和数采点规划和识别包括以下三项内容。

一是能源用量计量规划，其各级计量内容如表 8－1 所示。

表 8－1　卷烟厂能源消费的各级计量内容

计量能源品种	计量级别	计量内容
蒸汽	一级	每台锅炉蒸汽出口计量
	二级	动力车间换热站锅炉分汽缸出口蒸汽，如制丝生产蒸汽、板换蒸汽、制丝空调蒸汽等
	三级	后端重要用汽点，如空调机房、真空回潮、膨胀线、梗线、叶丝线松散回潮、制丝加料
	其他	每台组合式空调机组蒸汽、办公楼蒸汽（厨房、换热器）、制丝分工段计量（如烘丝段、松散回潮、梗线预处理段、膨丝线增温增湿筒、残烟处理等）
压缩空气	一级	每台空压机出口压空
	二级	动力车间压空分汽缸，如卷包车间、制丝车间、周转库等
	三级	卷包生产、卷包吹扫、卷包物流、卷包除尘、制丝生产、制丝吹扫等
	其他	卷包单机台、发射机组、成型机组、制丝工段（烘丝段、除杂段、加香段等）等
自来水	一级	厂区总进水
	二级	厂区管网到各建筑物的进水，如动力中心生产生活水池进水、消防水池进水、办公楼进水总管、污水处理站进水、库房区域进水等
	三级	卷包自来水、制丝自来水、办公楼厨房一层进水、污水处理站卫生间、辅料周转库暖通水箱补水等
	其他	各卫生间和洗涤间用水、空调机房用水、制丝各工段用水（烘丝段、除杂段、加香段等）、各水箱补水、冷却塔补水等
天然气		每台锅炉天然气用量、烘丝段用天然气、膨丝线用天然气、办公楼食堂天然气等

续表

计量能源品种	计量级别	计量内容
软水	一级	每台离子交换器产软水
	二级	工艺用软水、锅炉用软水等
	三级	每台锅炉用软水、分集水器补水、卷包车间一层软水用水、制丝车间一层软水用水等
	其他	制丝工段用软水（烘丝段、除杂段、加香段等）等

二是能源介质质量检测，包括每个蒸汽分汽缸的压力、温度检测；压缩空气输送质量（单机、环网、终端）；联合工房真空环网末端压力检测；疏水阀状态监测。

三是设备数据采集，即对各动能设备、子系统的运行过程状态、运行参数、控制信号等数据，进行全覆盖的采集监控。特别是空压机、锅炉、制冷机等主机设备，通过 Profinet 或 Modbus 通信协议方式，实现数据的实时采集和监控。

8.1.2.2 计量系统设计

能源计量工控层网络采用光纤环网结构，各区域计量采集系统按地域分布和功能区域组成多个子网，如动力中心能源数采环网、联合工房能源数采环网、办公及后勤区能源数采环网等。每个环网下挂各动能子系统控制站、计量采集站和相应控制终端等系统设备。其中，各能源介质的能源数据采集通过计量采集站，接入环网交换机连接到核心交换机，与 I/O 服务器交互信息。

以某卷烟工厂为例，计量采集站根据实际情况，主站选用西门子 PLC CPU315－2PN/DP 及配套 IO 模块、DP/PA 耦合器等。每个站根据实际仪表距离、仪表密度数量等实际情况，配备 ET200M 子站。

设备层网络结构采用星型拓扑结构，以西门子 PLC 为核心数采单元模块，以 ProfiNet 为主要通信协议。对于具备 PA 总线通信方式的流量计、传感器等通过 DP/PA 耦合器连接到 PLC；对于远传水表、第三方支持 Modbus 通信协议的主机设备通过网关协议转换后，连接到 PLC，具体见图 8－1。

8.1.2.3 计量仪表选型

计量仪表选型主要考虑工艺参数和通信方式。首先获取制丝工艺设备、卷包工艺设备、动能设备的用能需求表，如制丝松散回潮筒的蒸汽用量需求，需求中应包括最大流量、最小流量、常用流量、蒸汽压力等。在确认用能需求的基础上，需要对流量仪表的尺寸大小进行细化选型，要满足流量计缩径后的管道流量需求，也要满足仪表的计量精度。此外，流量计的通信协议选择过程中，应与设备层网络的通信规划保持一致，尽量避免协议的转换。因此，结合品牌特点，检测设备选用带 PA 总线的智能仪表。

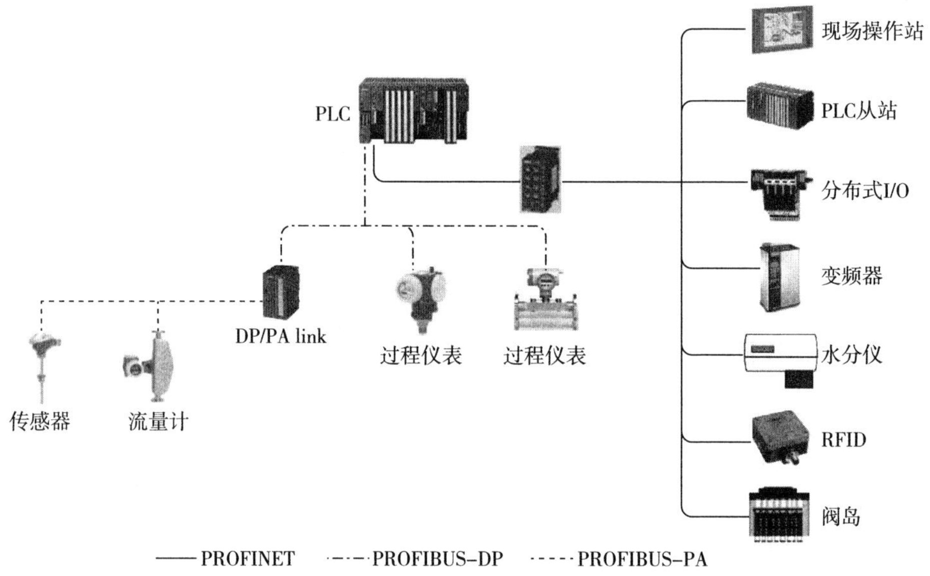

图 8-1　设备层网络星型拓扑图

注：本图仅供参考，可更新。

8.1.2.4　实施要点

要点 1：由于动能子系统多，供货厂家多，在动能系统整体设计和建设时，需要根据工厂的工控层网络特点，统一各第三方设备和系统的通信协议和数据采集要求。例如，某卷烟工厂对各主机设备、动能子系统明确了采用西门子 Profinet 通信协议或 Modbus 协议的通信要求，明确了采用西门子 PLC 作为主控控制器的控制模块要求，明确了各供货商统一选用 E + H 的 PA 总线仪表的仪表采集要求等，为实现动能数据的全覆盖采集奠定了基础。

要点 2：流量计的安装要严格符合安装要求和规范。仪表应安装在光线充足、操作维修方便的地方，尽可能避免高温、潮湿、强腐蚀、强电磁以及温度变化比较剧烈、搬运物品比较频繁的场所。不能使其承受外来机械应力。若条件允许，可以给每个仪表加装固定装置。仪表安装材料必须严格按设计图纸使用。管件压力等级、垫片型号、螺纹制式等必须仔细检查、避免出错。流量仪表应严格按照仪表说明书中的安装要求进行安装，特别是前后直管段的长度要求、安装的方向应和被测介质的流向一致等。

要点 3：设备状态监控系统采用先进的状态监测手段对受控的关键设备进行

在线监测，能够在设备图形的对应位置显示各测点标识并实时反映设备转速、温度、振动、电流等状态信息。根据采集到的设备状态数据，对设备状态进行可靠性分析，有针对性地对设备进行维修，从原有被动式维修模式向主动式预防模式转变，从而降低设备维修费用。系统地分析出装备的故障模式、原因与影响，有针对性地确定装备维修工作的类型，优化维修任务分工，以有限的维修费用保持装备的可靠性。

设备监控系统的投入运行，从人工经验判断演变成设备定性定量判断，统一设备运行的评定标准，同时建立设备健康评价体系，根据设备使用状态、运行时间、保养、润滑、检维修履历，以及与设备相关生产、质量、工艺等信息，综合评价设备的整体健康状况，大幅度提升了设备状态监测的全面性与有效性；同时也减少了人工检查的工作投入。下一步将运用到更多动力设备系统中，提升设备预防维护能力，提高系统的稳定性。

8.1.3 效果总结

基于生产驱动的能源供应理念，将能源供应感知的广度、深度和精度进行升级和改进，实现工厂全面三级计量、动能设备系统全数据采集、能源输送全过程监控，为信息系统的数据应用、监控分析、考核管理、能源评审等提供了实体数据支撑，动能供应对生产驱动的支撑能力大大增强。

8.2 基于绿色节能的动能设备升级

8.2.1 目标内容

动能设备既是产能设备，又是用能设备。利用先进的、科学的技术手段对动能相关设备进行合理化、可行性、经济性的改造，以达到优化供能端配置、节能运行的目的。

8.2.2 实施具体内容

8.2.2.1 制冷与空调系统运行模式提档升级

制冷系统采用冷水机组和板式换热器并联设计，实现根据室外温度自动切换冷水机组和冷却塔供冷模式。空调系统针对片烟高架库、成品高架库、辅料平衡库、储丝房及梗丝加香等特殊工序，分别设计两套风冷热泵螺杆式冷水机组，作为动力中心冷、热源的替代系统，实现空调系统按需供应，有效避免“大马拉小车”的高耗能现象。

8.2.2.2　空压与除尘系统供能模式提档升级

压缩空气采用阶梯式供应模式。在空压机的选型和配置上，既可实现20立方米—40立方米—60立方米—80立方米—100立方米—120立方米—140立方米的阶梯状供气，满足各种负荷工况下的供能要求，又能实现全过程的一备一用。例如，将40立方米的空压机作为基载，20立方米的空压机作为峰载，减少大排量空压机的加卸载次数，降低加卸载频率。

卷包工艺除尘系统采用变频风机电机，通过调节相应电动阀，风机电机负荷在60%~96%范围波动，在满足卷接机工艺要求前提下，优化除尘机组运行模式，规避单台除尘机组维修与生产的矛盾。

8.2.2.3　管道系统提档升级

（1）合理设计蒸汽管路。一是开展蒸汽管道分区域分时供断，对于一些可能长时间不用汽的区域，设计电动控制阀，可自动停用该段蒸汽；二是对于部分用汽量较少的地方，优化管线布局，顺流方向设置1~2度坡度，杜绝直角弯道，避免弯道，减少蒸汽传输损失；三是选择高阻热阻燃保温材料，提升管道保温效果。

（2）合理设计压缩空气管路。一是各车间的压空供气主干管网设计成环状管网；二是其他区域的供气管道采用以枝状管道进行分配的方式就近接至各设备用气点，增强车间供气管道在衔接上的灵活性。

8.2.2.4　实现可再生能源供能

一是加大地热/冷水开采利用，充分利用地下水的稳定能量，循环再生，保障厂前办公区域空调用能；二是设置太阳光伏发电玻璃板，充分利用自然清洁能源；三是采用太阳能供热、蒸汽辅助加热的模式，对生活用水等供热。

8.2.2.5　加强余热的回收利用

通过余热回收项目推进实施，逐步降低取暖蒸汽消耗、减少夏季制冷机运行时间，实现节能、减排、降费。

将地源热泵机组作为冷热源，夏季地源热泵机组提供7℃~12℃冷水。冬季地源热泵机组提供40℃~45℃热水。热水用三台循环水泵（一备二用），地源侧采用两台循环水泵（一备一用）。夏季开启地源热泵机组，冷热水循环泵、地源侧水泵运行制冷循环，将锅炉余热进行回收贮存至地下；冬季开启地源热泵机组，冷热水循环泵、地源侧水泵运行制热循环，将地下的低品位热，经过电力做功，输出可用的高品位热能，给换热机组满足供暖需求。

供暖模式：锅炉运行，通过板式换热器将锅炉余热送到供暖系统供热。如果利用锅炉余热达不到供暖要求则热泵机组运行补充供暖，室外地源水经过室外循环泵，经过板式换热器，经过机组蒸发器，回到地源。室内水经过室内循环泵，经过机组冷凝器，回到室内。

制冷模式：室外地源水流经室外循环泵，流经板式换热器，进入冷凝器，回到地源。室内水流经室内循环泵，流经机组蒸发器，回到室内。

8.2.3 效果总结

通过加强设备计量监测，实现对能源供应动态管控的精准化，提升能源利用效率，优化了供能端配置；通过使用可再生能源、加强余热回收利用，实现了能源供应的多元化，降低了传统能源消费，实现了节能减排。

8.3 基于生产驱动的智能联控

8.3.1 目标内容

卷烟工厂经过近年来的技术改造后，在动能自控和能源管控系统上有了很大的技术提升，但只有单项管控流程，缺少整体监视管控；动能设备启停与生产关联无管控链接，尚未考虑能源管控与制丝段生产批次对接等；尤其制丝车间的生产能源管控，难以实现动能管控与其无缝链接。

为改变以上状况，围绕生产需求进行控制关节点改进，与自动化控制系统无缝动态连接，对各个设备的运行参数和采集的数据进行实时的处理和展示，实现对动力终端的跟踪节能监控，并在空调、制冷监控系统操作终端中试行，逐步优化升级自动化功能。最终，根据生产实时动态来对应能源系统的控制，实现自动化精准供能，打造动力能源供应监控运行作业管控信息“命运共同体”。

8.3.2 方式方法

基于生产驱动的智能联控系统全方位覆盖制丝车间、卷包车间、动力车间、后勤办公楼等整个工厂区域，是体现卷烟工厂能源管理的综合、便捷、节能、高效的智能体系，提供全自动化一体式操作服务，全面开启更专业的智慧云工厂时代。

各个PLC和服务器，以及服务器和服务器之间的通信问题，需要解决数据的采集和交互之间的处理。

通过对整个动力集控系统的梳理，分别按照供能系统和供能场所，对动力设备进行划分块，并对每个块进行可行性分析，确立可实现的智能联控块、后期可改进的系统块、须人工操作的系统块。根据实际生产和其他供能需求，结合人工控制逻辑，进行系统自动模拟，利用程序编程，在能源调度中实现。同时根据实际的模拟反馈结果，进行优化和调整。让每个系统的操作，进行数据量化转换和分析，将定性变为定量，实现科学化精准供能。

8.3.3 实施具体内容

8.3.3.1 锅炉

卷烟工厂的蒸汽管线距离较长，除了保证锅炉分汽缸的压力和温度外，在管线的各个分汽缸和加压阀前后都安装了流量计和温度压力传感器，形成了三级流量全覆盖的体系。在制丝车间的末端配置安装流量计和传感器，确保蒸汽在长距离输送后的使用端最后 10 米的温度、压力和过热度。

通过三级流量监测系统，结合制丝车间生产工单信息和联合工房空调系统蒸汽使用量的实时监测，基于生产驱动的智能联控系统会在生产开始前和生产结束后的第一时间，对运行操作人员给予升降压和增加锅炉的提示。

8.3.3.2 制冷

制冷系统根据外界环境天气温湿度、湿球温度、含湿量、分水器供水温度、集水器回水温度、冷冻水总管流量，结合联合工房实际的生产需求和烟丝库柜的实时物料存储量，综合计算得出制冷机的开启台数和所需冷冻水的出水水温。通过计算的结果实时反馈自动控制制冷机的启停和各项参数的调节，在保证生产区域和库柜区域工艺环境温湿度控制指标的前提下，降低能耗，提高制冷机的 COP 能效比，达到节能降耗的目的。

在春秋季节，系统还会根据外界环境的变化、夜间等非生产时期的实际空调使用需求量，进行制冷机与冬季制冷板换的自动切换。

8.3.3.3 空调

卷烟工厂一般配置多台工艺空调，对制丝车间的生产区域、贮柜区域，卷包车间的卷接包生产区域、滤棒成型区域，高架库区域、辅房区域等区域的环境温湿度工艺指标进行控制。

通过空调智能联控系统，全方位覆盖制丝车间和卷包车间，基于制丝车间不规律不连续的工段生产模式，通过对接 MES 系统，依附于厂区内部能源工业网实现分区域数据通信，实现全厂信息数据的有效整合，读取系统信息，实时采集生产工单，对生产流水线所对应的空调区域设备提前发出启停信号，提供全自动化一体式操作模式。同时，该系统会根据空调负荷调整空调设备的运行台数及运行频率，实现应对空调负荷的自我调节。

该系统的加入使空调系统的运行从被动服务转变成主动服务，解决了现场温湿度保障与能耗输出之间的矛盾，用最少的设备投入满足生产所需要求。同时，该系统的全方位覆盖也有效地解决了空调设备区域分布广、难以管理的问题，实现了基于生产驱动的智能联控的初步展现。具体实施内容包括以下几个方面。

8.3.3.3.1　制丝生产区域

从制丝片叶区，经过回潮润叶、一次加料、二次加料、切丝、烘丝、风选、补香、掺配、加香后，制成成品烟丝，每个工艺段都配有对应的除尘或者排潮设备。当某个工艺段生产时，制丝操作人员会预先发送除尘或者排潮设备的请求启动信号，传输给动力集控系统。动力集控系统获取到请求信号后，自动启动对应除尘或者排潮设备。设备对应的空调区域则会根据实时采集到的请求信号，自动开启对应工艺空调。

当某个工艺空调区域内的所有除尘和排潮的请求信号全部关闭后，自动关闭该区域工艺空调（见图 8－2）。

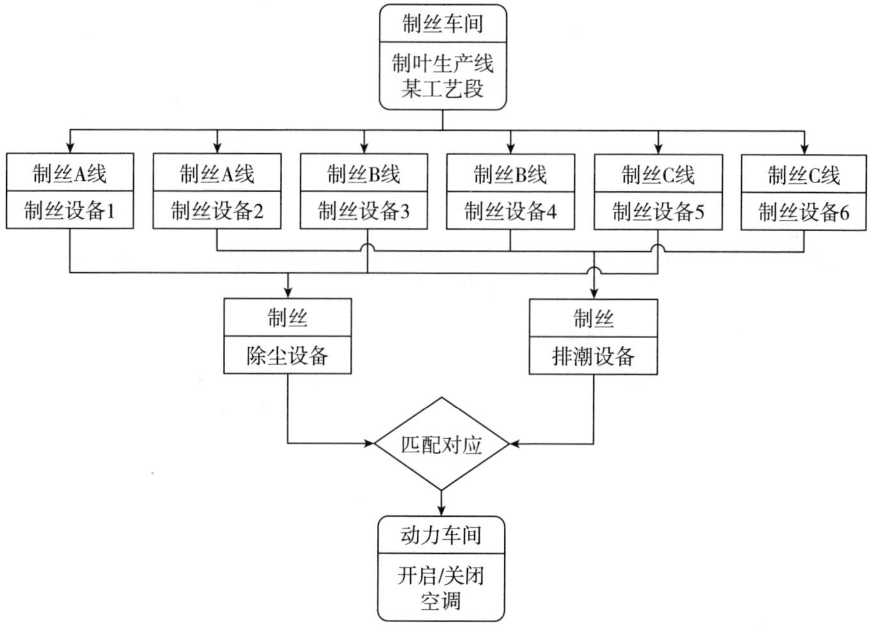

图 8－2　制丝生产区域控制逻辑

8.3.3.3.2　制丝贮柜区域

通过 MES 系统，读取贮柜区域内所有物料柜的存料量，检查贮柜区域内是否有物料，并结合贮柜区域的前端工段生产状态进行综合判断。当贮柜区域内无物料且前一工段无生产时，空调系统自动关闭该区域空调（见图 8 –3）。

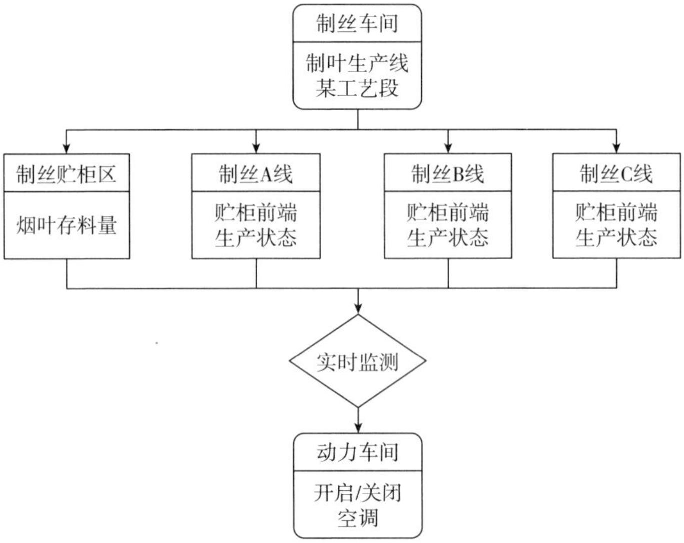

图 8 –3　制丝贮柜区域控制逻辑

8. 3. 3. 3. 3　制丝生产与贮柜混合区域

在制丝生产线上存在物料贮柜和生产线处于同一区域的情况，对于这类空调，须同时满足生产线的实际生产工况和贮柜内物料的量来综合控制空调智能启停。

8. 3. 3. 3. 4　喂丝及卷接包生产区域

因卷包车间在正常情况下，生产时间较为固定，只需根据工厂日历对这类区域采用定时启停空调系统。

结合温湿度工艺指标，研究了卷包车间统一大区域多台空调箱的动态群控策略，在保证温湿度工艺指标的情况下，减少了这类生产区域的空调箱总的运行台数和运行时间，动态地开启或关闭部分空调箱，实现智能化的优化节能（见图 8 –4）。

8. 3. 3. 3. 5　滤棒成型区域

滤棒成型区域包括了滤棒成型生产区和滤棒成型高架库，所以该区域需 24 小时保持温湿度工艺指标。

滤棒成型生产区和滤棒成型高架库为同一大区域，因此采用大区域群控算法，保证只运行一台空调箱来控制整个滤棒成型区域温湿度工艺指标。实时监测区域温湿度，在指标失控前自动启动第二台空调箱，来确保工艺控制指标，并在温湿度稳定后自动关闭其中一台空调箱。

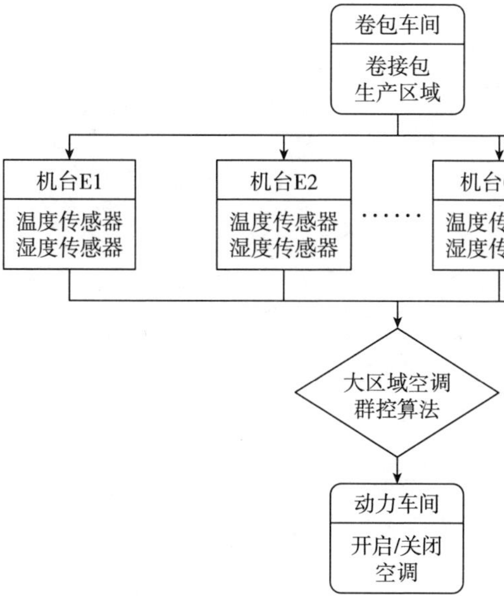

图 8－4　卷接包生产区域控制逻辑

8.3.3.3.6　进出库区域

进出库区域受外界环境温湿度影响较大，除进出物料外，其他时间段这类区域无物料存放和运输，只需按照每日进出库时间段自动开启空调。

8.3.3.3.7　高架库区域

高架库区域为相对密封区域，温湿度波动小，受外界环境影响较小，温湿度控制范围相对较广，且人员活动较少。在长时间停止空调系统情况下，也能保持高架库区域内温湿度工艺指标，只需在即将超出温湿度工艺指标前自动开启空调，待温湿度稳定后自动关闭空调（见图 8－5）。

8.3.3.4　除尘、排潮、压棒机、除异味

因实际工艺生产与计划生产存在不可控的差异，以及周末部分工段和机台有加班，MES 工厂日历会出现未能及时更新的情况，动能集控系统采集到的制丝、卷包生产班次的工厂日历可靠性低，且制丝车间晚上生产结束后，深夜班有保养工作，需要用到制丝除尘、排潮系统，目前制丝除尘、排潮系统为人工启停，正常生产时待机状态可结合制丝工段的生产批次信息和请求信号进行自主启停。卷包除尘则按照实际卷包车间正常生产时间设立提前量和滞后量，进行定时启停。

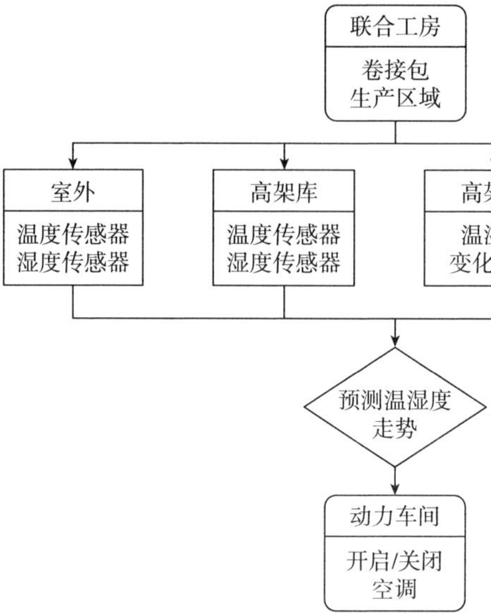

图 8－5　高架库区域控制逻辑

8.3.3.5　真空

真空负压设备主要用于卷包车间生产使用。真空系统会根据卷包车间当天的生产信息来定时开启真空设备，系统考虑到设备全生命周期的影响，会采集每台真空设备的运行累计时间来指定其中的设备启动，并在运行过程中实时采集各项运行参数来增减真空设备运行的台数，保持负压罐和管路负压值的稳定性。

8.3.3.6　工艺冷水

在卷包车间对卷接包设备和滤棒成型设备配套工艺冷水机组，根据卷包车间实际生产工单信息，开启对应的工艺冷水机组，并实时监测工艺冷水的供回水温度来联动控制增减工艺冷水机组的运行台数。

8.3.4　效果总结

完成智能联控后，在保证生产能源供应稳定的前提下，生产日空调电耗、汽耗均有明显下降。以某卷烟工厂为例，2017 年和 2018 年 7 月统计数据分析显示：2017 年 7 月生产 19 天，2018 年 7 月生产 22 天，以工作日为基准，通过智能联控的运行，7 月空调系统单天耗电量降低 12663 千瓦时，同比下降 14.6%，蒸汽用量下降 1.3 吨，同比下降 4.2%，每日节约标准煤 1675 千克，节能降耗效果明显。

8.4 基于品牌批次的能源预测分析系统

8.4.1 目标内容

8.4.1.1 品牌批次能源的监控和预警，降低厂区的生产能源消耗

国家烟草专卖局印发的《烟草行业“十三五”节能减排工作方案》明确了行业节能减排总体目标，要求行业各单位结合工作实际，采取切实可行措施，落实各项工作部署，确保完成目标任务。能源管控系统只有单项管控流程，缺少对制丝和卷包生产的管控，无法精准供能或对生产过程中能源浪费进行监控。基于品牌批次的能源预测分析系统的开发，以动能与工艺融合为目标，提高制丝和卷包车间的生产能源管控，进一步降低厂区的生产能耗。

8.4.1.2 品牌批次能源的监控和预警，助力一流卷烟工厂的建设

技术改造后，企业能源监控的硬件配置已经十分到位，具备三级（部分能源四级）计量的条件。随着智能智造的推广和应用，信息化技术应用越来越受到一流卷烟工厂的青睐。鉴于前期硬件设备的基础，在信息化方面进一步深挖，将能源管理系统的能源数据和 MES 系统的生产批次数据进行处理，达到数据进一步分析提炼的目的，强化生产批次能源数据的分析和预警，为一流卷烟工厂的建设添砖加瓦。

8.4.2 方式方法

8.4.2.1 基础研究

在项目实施前期，在制丝和卷包两大车间开展工艺划分、机型布局以及能源计量点位的布置等方面的调研，形成批次能源统计工段细分表，以开展后期项目的实施。在制丝车间生产供能过程中，对各工艺段设备的用能按批次进行监控，实现工艺段和批次两个维度的数据，利于能源质量的追溯、异常能耗的挖掘和供能策略的优化。在卷包车间生产供能过程中，按生产设备的机型或生产线进行能源数据的统计和分析，利于挖掘出相同机型不同牌号用能的差异、相同牌号不同机型用能的差异，以提高卷接包生产设备配套供能的管理水平。生产供能的监控按工艺线和工段进行划分，具体细分点如表 8 -2 所示。

表 8－2　批次能耗统计工段细分

区域	工艺线	工段
制丝车间	片叶段	原料出库
		开箱段
		真空回潮段
		切片段
		松散回潮
		一次加料段
		二次加料段
	叶丝段	切丝段
		滚筒烘丝段
		叶丝入库段
	掺配段	混丝掺配段
		混丝加香段
		烟丝入库段
	膨胀段	切前贮叶段
		切膨丝段
		膨后段
		膨丝入库段
	梗线段	梗预处理段
		梗丝加料段
		梗丝膨胀加香段
		梗丝入库段
卷包车间	卷接包机台	各机台

8.4.2.2　数据信息的进一步提炼

通过现有能源实时数据库和配电实时数据库的数据，结合 MES 系统的批次、生产时间、机台等信息，统计出机台批次能源数据，并展示出来。通过历史数据的积累，建立不同工段不同牌号的能源用量基准，在系统中设置警戒值，达到批次能源消耗的预警功能（见图 8－6）。

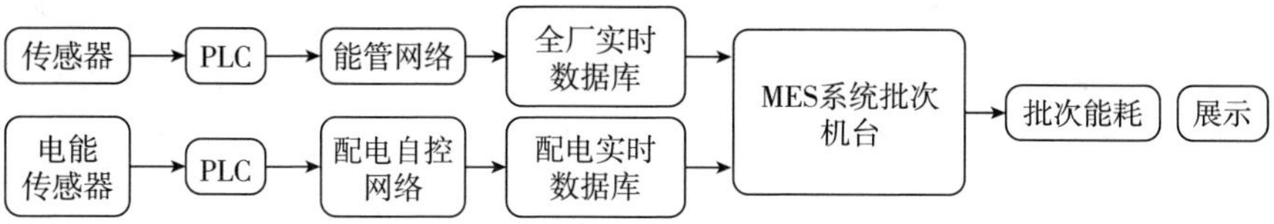

图8-6 批次能耗展示流程

8.4.2.3 批次能源统计分析

项目实施后制丝车间可以实现按批次牌号、工艺段、工艺点进行能源消耗数据的统计，可以追寻能源消耗开始的时间和结束的时间，便于对能源消耗进一步的监控。卷包车间可以按照机台进行用电量和用气量的统计展示，便于同机型不同机台之间能源消耗的对比分析，进一步加强能源的管理和改进。

8.4.2.4 能源消耗预测分析

基于前期建立的不同工段不同牌号的能源用量基准，结合MES系统的排产数据，开展锅炉天然气用量的预测、空压耗用量的预测以及厂区能源消耗的预测。以天然气用量预测为例，根据第二天的计划工单预测工艺用蒸汽流量，预测时间长度为每5分钟预测一次。通过深入剖析工艺蒸汽历史流量数据，充分考虑产品、工艺线、时间段等因素对流量的影响，利用最佳的数学方法表示出蒸汽变化的规律，最后利用发现的规律对次日工艺蒸汽流量进行预测。根据对蒸汽流量的预测，结合锅炉的热效率，对锅炉天然气的用量进行预测。

8.4.2.5 异常能源信息的预警

建立批次能源统计分析系统，积累历史数据，通过历史数据的分析确定不同工段不同牌号的能源用量基准，在系统中设置警戒值，达到批次能源消耗的预警功能。如卷包设置中速机单位产量耗用压缩空气的基准量为2200，则系统会提示E05机台压缩空气耗用量超标，并以短信推送的方式进行预警，在设备保养的过程中可以重点关注设备的漏气点，解决空压使用异常的问题。

8.4.3 效果总结

基于品牌批次的能源预测分析系统的开发完成后的效果表现如下：

（1）可实现生产线或工艺段不同牌号之间的能耗分析图表展示，提供能源供应策略、设备运行策略等。

（2）可实现某时间段内，指定工艺段与批次能源消耗的展示，并可以向下钻取查看某工艺段同一牌号不同批次的能耗情况，实现异常数据的获取。

（3）根据前期数据的积累，为各工艺段不同牌号生产用能设置预警值，实现在线预警，及时发现生产运行过程中能源消耗过大的问题，提高能源管理水平。

8.5 基于实时状态的智能化动能管理预决策系统

8.5.1 目标内容

8.5.1.1 构建基于生产驱动的能源仿真模型

采用“事前预测—事中预警及滚动修正—事后分析”的闭环理念实现生产驱动下的能源供应全模型预测。根据预测模型，预测能源需求量以及设备供应初始化策略；不断调整动态仿真供应模型，实现动力供应的滚动重排，达到精准按需供能和预警的迅速响应；通过诊断分析模型，判断事前和事中建模的准确性，实现模型的不断优化。通过事前预测、事中监控和事后诊断全生产环节的供能仿真，实现动能管控的预警预测，实现精准按需供能。

8.5.1.2 构建动能管控决策支持平台

将大数据技术应用贯穿于整个动力管控的始末，通过建立数据服务平台，从“采集、处理、建模、服务”的全过程对数据进行诊断分析，将大数据深度学习与决策相结合，实现对能源供给保障和能源产生影响的动态感知。加强对精准按需供能、设备运行维护、动能调度的策略指引。对各个设备的运行数据进行实时的处理和预警展示，根据生产实时、动态地实现设备的自我调节，实现基于品牌、批次的能源成本管理及自动对比、分析预测预警以及基于实时状态的智能化动能管理预决策。

8.5.2 实施具体内容

随着动力车间设备规模的逐渐扩大，动能系统日渐复杂，影响动能供应和设备安全的因素越来越多，故障的发生和发展日趋复杂，多重故障、连锁故障造成的后果日益严重。目前对故障报警相对延迟，缺乏前瞻性预测，并且未能给出故障诊断，操作工和挡车工缺乏判断故障的科学依据，故障诊断、故障恢复等需要人工凭借经验分析处理。系统采用大数据技术和辅助决策支持技术，存储上万个测点数据，采用流式计算对海量信息进行多维分析处理，判断是否存在预报警故障及故障的类型等，并直接诊断故障原因，从而保障动力设备在卷烟生产过程中的快速响应，进一步形成动力决策支持平台。基于实时状态的智能化动能管理预决策系统的主要功能如图 8－7 所示。

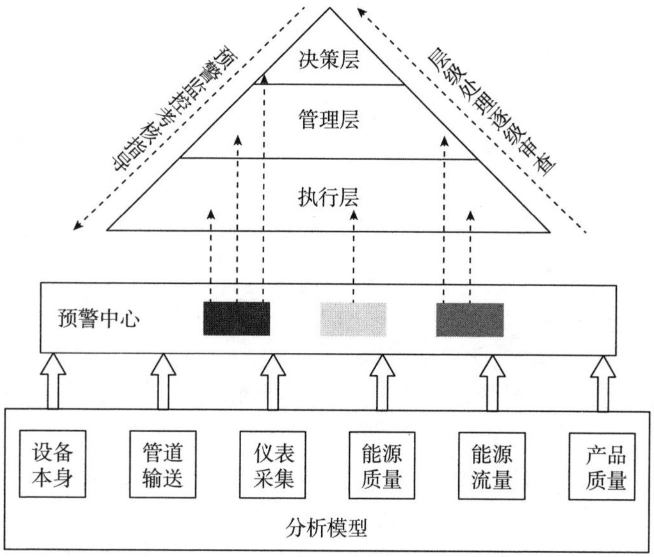

图8-7 多级多层预警体系

8.5.2.1 预警策略管理

将预警信息按照紧急程度、严重程度和危害程度分为一级、二级、三级，分别用红色、橙色、黄色标示，一级为最高级别。

将用户分为决策层、管理层、执行层三个类别。决策层是领导者（厂长及副厂长等），管理层指各部门领导，执行层指基层业务人员。系统将根据预警级别，推送给不同层级的相关人员。红色预警将同时推送给决策层、管理层、执行层，橙色预警将推送给管理层和执行层，黄色预警仅推送给相关执行层。

每种预警都将按业务划分预警处理第一责任人，第一责任人需对收到的橙色以上级别预警限时办结，并将预警处理结果及时反馈上级管理者甚至决策层。

多级多层预警体系包括预警策略的生成、维护、修正，涵盖设备运行预警、能源质量预警、能源消耗预警、烟丝烟叶质量预警等范围。预警阈值的设置要在"一设一策""一品一策""一气一策"的原则上，结合实际情况灵活设置。"一设一策"指不同设备的不同运行指标对应不同的策略；"一品一策"指生产不同牌号批次的产品对应不同的策略；"一气一策"指不同的气象温湿度数据对应不同的策略。

同时，从三个方面进行比较：一是标尺比较，与预期值或目标值进行对比；二是横向比较，与对标单位进行对比；三是纵向比较，与自身对比，即与上年同期、上期以及趋势性进行对比。

从具体预警点来说，大体上分为以下几种类型：

（1）目标类预警，即与预设定的目标相比，若实际完成进度与时间进度或平均进度相比超出一定范围则系统进行预警。

（2）同比、环比类预警，即当前值与上日、上周、上月、上年相比超出一定范围则系统进行预警。

（3）竞争对手类预警，即与竞争对手对比进行预警，如同期某品牌的折标单耗与竞争对手相比高很多。

（4）趋势类预警，即从过去一段时间看，某指标（流量、质量、故障）持续上升或呈现剧烈波动。

（5）运行策略问题预警，即根据设备运行数据，若某设备能源输出明显有问题或不符合质量要求则系统进行预警。

（6）状态类预警，即根据能源供应过程中的能源质量和产品质量，如果评价结果出现较大波动或连续下降则系统进行预警。

从设备的运行频率、负压、电流、温度、负荷、流量等，结合设备运行对能源质量和产品质量的关联性，分别针对锅炉、空压机、制冷机、空调、真空设备、除尘排潮机按照“一设一策”“一气一策”的原则，建立设备预警策略库。

对每一个制丝生产批次、卷包生产批次过程中的能源质量、能源流量、能源用量，结合烟丝烟叶输出的温度、水分质量标准，按照“一品一策”“一气一策”的原则，建立水、电、汽、压空等预警策略库。

8.5.2.2　聚类与相关性分析

对设备自身运行状态、能源质量、能源消耗、产品质量等因子进行关联性建模，探索能源质量对产品质量的影响、设备状态对能源质量的影响、设备状态对产品质量的影响、设备状态对能耗异常的影响等。首先从能源质量、能源流量的稳定性进行实时跟踪，对流量的最高点进行特别关注，通过能源质量、设备运行状态以及产品质量三者之间的关联性模型，对设备运行过程中的输出能源（包括质量、流量）进行动态仿真，并根据关联模型模拟出影响烟丝水分、温度的动态曲线。具体功能模块如下：

8.5.2.2.1　多牌号能源用量分布分析

计算各牌号单位时间内对电、水、汽、气各能源的需求量，得到各牌号对应的能源分布直方图。假设两个牌号的能源直方图分别记为 P 和 Q，建立合适的距离函数（L1 距离、L2 距离、直方图的交、Hausdorff 距离等）用于描述两个分布的差异性，然后利用聚类分析，把距离相近的牌号归为一个簇，进而找出能源需求相似的牌号，为能源供应和排产提供科学依据（见图 8－8）。

8.5.2.2.2　单牌号在工艺段能源用量分析

按品牌、批次、工段机台（加料段、烘丝段、卷包机台等）三个维度统计

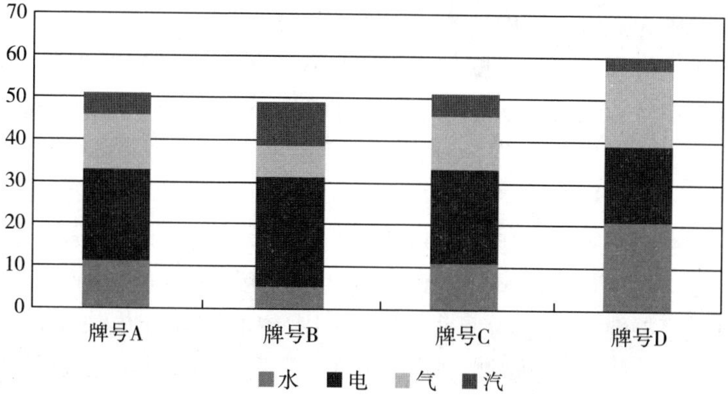

图 8－8 能源用量分布与牌号相关性

水蒸气、天然气、空压和配电的能耗，计算不同介质、工段机台、批次、品牌的能耗概率分布，建立各牌号按工艺段分布的能源用量模式图，并对其进行显著性检验。

显著性检验（Significance Test）就是事先对总体（随机变量）的参数或总体分布形式做出一个假设，然后利用样本信息来判断这个假设（备择假设）是否合理，即判断总体的真实情况与原假设是否有显著性差异。或者说，显著性检验要判断样本与我们对总体所做的假设之间的差异是纯属机会变异，还是由我们所做的假设与总体真实情况之间不一致所引起的。显著性检验是针对我们对总体所做的假设做检验，其原理就是根据“小概率事件实际不可能性原理”来接受或否定假设。通过显著性检验，我们可以获取能源用量与批次牌号的相关性。

8.5.2.2.3 设备控制策略与能耗相关性分析

为了分析不同设备控制策略与能耗之间的相关性，我们首先对控制策略进行分类，把控制策略量化为可独立核算能耗的单元，然后统计该控制模式下的单位时间（工单）能耗值，对比不同设备控制策略能耗的变化情况，并利用方差分析（Analysis of Variance，ANOVA）确定各控制策略对能耗的影响程度。

8.5.2.3 运用 CPS 进行能源仿真预测

CPS 建模仿真中心是底层支撑，主旨是通过建立数学模型，为设备策略管理及运行中心、动能运行管理中心、动能决策分析中心提供支持。

从能源用量、能源流量、设备开启初始化策略进行第二天能源供应仿真，将设备开启初始化策略输送给设备策略管理及运行中心，提供第二天的设备开启（开启时间、开启台数、运行参数）；同时将能源流量和能源用量输送给动能运行管理中心，作为能源供应中的初始化跟踪标准。

随着设备运行和能源的不断供应，CPS 建模仿真中心实时采集“能源质量、能源流量以及设备管道实时状态”，并不断调整模型输出，同时联动决策分析中心，针对仿真中的异常问题进行分析，并将能源（设备）预警信息推送给相应的模块。

最后利用动能决策分析中心提供的分析结果，结合历史数据，建立新模型、优化已有模型，持续加强仿真模型对于动力车间精准按需供能的支持。

以蒸汽供应的业务场景为例，应用“四大中心”功能模块实现蒸汽供应的 PDCA 管理闭环，通过事前预测、事中管控、事后分析的蒸汽全过程管理，实现蒸汽供应的精准预测、适时到位、稳定可靠。

（1）事前预测：结合业务需求，对蒸汽用量和流量进行预测，并生成预测曲线，制定锅炉运行调度策略。具体而言，通过资源调整和虚拟仿真优化，根据气象预报数据、室内环境数据、生产计划数据，结合蒸汽消耗历史数据，建立预测，实现次日蒸汽用量和流量曲线的预测。进而，根据锅炉设备状态数据，仿真锅炉运行，制定锅炉最优运行策略，其中包括锅炉运行台数、开机时间、升压时间等。

（2）事中管控：通过锅炉设备运转、蒸汽供应、工艺质量、生产调度等方面全方位感知，运用大数据分析技术，将实际运行数据与预定义生产数据、历史最优数据进行对比，实现对生产全过程的实时预警预测、在线诊断。例如，根据生产和环境变化对蒸汽流量曲线实现实时滚动预测，对锅炉状态和各运行数据实时预警，对蒸汽供应过程与末端的蒸汽品质和蒸汽流量进行实时预警。

（3）事后分析：基于实际锅炉供应过程中所采集的数据，根据锅炉运行模型和蒸汽供应模型来进行回溯仿真，以历史数据为依据，运用大数据诊断、机器学习等分析方法，对蒸汽消耗、蒸汽品质、锅炉运行效率等维度进行诊断分析，优化蒸汽预测模型、锅炉运行策略模型等，以及实现蒸汽用量、品质与工艺质量相关性诊断。

8.5.2.4 设备开启、运行策略管理

8.5.2.4.1 设备开启策略

利用数据挖掘、分析等手段，通过分析能源使用规律以及不同生产状态下的能耗模式，训练设备生产启动、停止状态模型，并将启停指令发送给集群控制系统。

设备正常启动、运行、停止期间运行参数多指标优化分析。深入分析设备运行参数、工艺参数、环境参数多指标之间的关联量化分析。寻找相关系数，建立回归方程，对单个或多个参数优化从而实现对整个设备或系统的运行优化。

【案例 1】 锅炉开启策略

通过建立设备控制策略与能源消耗、供能品质间的控制响应关系，采用最优控制或最优化方法优化设备运行参数，保证动力设备在保障生产稳定安全的前提下，让设备消耗的能耗最小、品质最优。设备运行策略仿真的一般思路是：结合最优控制原理，在运动方程和允许控制范围的约束下，对以控制函数和运动状态为变量的性能指标函数（泛函）求取极值（极大值或极小值）。在本书中，通过给定各设备能耗最小为最优目标函数（或泛函）和约束条件建立模型，运用古典变分法、极大值原理、动态规划等数学方法，计算得到锅炉、空压机、除尘排潮、空调等设备的最佳运行参数（控制策略）。

以锅炉最优运行策略仿真为例，蒸汽动力系统的一般优化调度目标是，结合生产需求，根据产能和耗能设备的运行参数、不同公用工程的产耗平衡，建立混合整数线性规划模型，通过模型求解，以最低的能耗满足生产需求。

【案例 2】 空调开启策略

空调启动时间预测即通过某一时间段内空调运行及室内外环境历史数据和气象预报数据，预测次日某一空调区域从开机至达到工艺温湿度要求所需要的时间。

空调系统是一个多变量、大滞后的非线性复杂系统，在运行过程中受到室外温湿度、太阳辐射、室内负荷以及维护结构散热等因素的影响。以当日室内温度、当日室外温度、当日室内湿度、当日室外湿度、空调区域面积、下一日气象预报温度、下一日气象预报湿度作为模型输入参数，以空调开机时间作为输出，建立机器学习模型。

8.5.2.4.2 设备运行策略

功能设计：根据动力设备运行策略仿真模型，输出锅炉、空调、空压机、制冷机、除尘排潮运行最优参数，将设备运行仿真策略以“提示”的方式提供给用户，供用户参考。策略仿真模型成熟度足够高时，用户将最终的策略（各种参数）进行提交，将运行策略与设备进行联控，实现设备运行过程中的自动纠正。

结合业务需求，主要实现蒸汽用量和流量曲线的预测、锅炉运行调度策略的制定。通过资源调整和虚拟仿真优化，根据气象预报数据、室内环境数据、生产计划数据，结合蒸汽消耗历史数据，建立预测，实现次日蒸汽用量和流量曲线的预测。进而，根据锅炉设备状态数据，仿真锅炉运行，制定锅炉最优运行策略，其中包括锅炉运行台数、开机时间、升压时间等。

在生产的前一天，基于实时状态的智能化动能管理预决策系统会根据生技科发放的排产计划预先拟定锅炉、空压机、制冷机的启动策略，包含建议开机台数、建议参数、启动顺序、启动时间等内容。另外，系统每 10 分钟会采集一次生产实时数据，根据生产情况每 10 分钟给出一次设备运行策略建议，使预决策系统给出的策略是基于生产的实时驱动，满足生产需求的同时尽量降低能耗（见图 8 –9）。

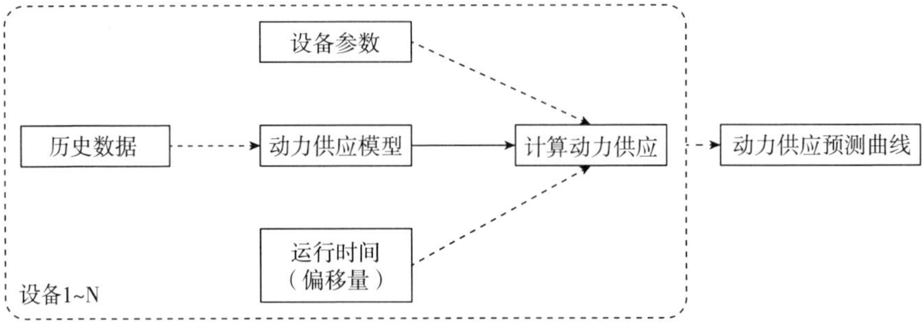

图 8 –9　设备运行策略模型

8. 5. 2. 5　绩效评价分析

8. 5. 2. 5. 1　设备维护绩效分析

从设备维修的时长、维修后设备运行效果以及操作工人评价三方面对设备维护绩效进行统计分析。

8. 5. 2. 5. 2　能耗绩效分析

分别统计各部门、各班组、各批次的能源用量，结合生产数量，转化为折标单耗指标，以此来评定部门、班组的能源绩效。

8. 5. 2. 5. 3　对标分析

结合数据中心项目，一是和竞争对手企业的实际数据进行对标分析；二是和本厂自设的目标数据进行对标分析；三是班组和班组之间进行对标分析。

8. 5. 2. 6　知识库管理

建立动能专家知识库，将动能系统的技术、知识、经验、图纸资料等资源固化为初始数据输出，在机器自学习的过程中，不断对知识库进行扩展和完善。知识库能够满足用户检索、获取设备维修知识和应急响应措施的需求，使管理人员方便进行知识管理和维护，提供新增、编辑、删除功能，设定管理层操作权限要求，管理者对系统自建模完成后的预测模型、相关性分析模型、异常检测模型、设备运行策略模型进行模型调整和修改，系统对修正后的模型再次进行仿真，将仿真结果输出，给管理者提供决策依据。

构成知识库的知识有两类：第一类是操作工、挡车工、维修工的经验事实；第二类是大数据探索下的知识，又叫推理规则。将这些知识按照报警事项、应急策略形成问题和解决方案的逐一对应，构成快速响应知识库助手管家。

对预警事项进行响应，基于专家应验知识库，对引发能源供应过程中的预警事项，通过大数据关联性分析，定位可能引发预警的解决策略，同时提供一键求助功能，进一步保障预警处理的及时性。

以设备运行预警为例，设备运行过程实施状态跟踪，界面设计需要有滚动仿真流量趋势和实际流量趋势对比，并进行预警，提示“可能引发预警事项”，并提供“一键求助”，“一键求助”界面可指定推送人。预警表单元素包括不限于预警事项、预警级别、预警时间、可能引发预警的原因、限时处理时间。

设备发生预警时，系统自动寻找和故障点相关的上游设备和管道线路，逐层级别探索设备上游情况，将引发预警的故障点智能缩小到指定区域，为操作工和维修工的问题排查工作提供辅助支持。最后将维修、巡检的数据进行留痕、分析，形成标准化作业。具体流程如图8－10所示。

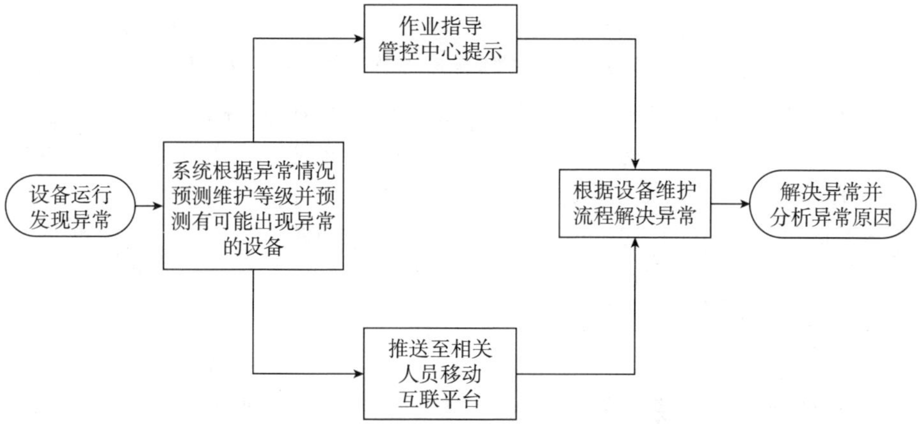

图8－10 设备预警流程

8.5.3 效果总结

（1）优化调度策略与设备控制。通过大数据分析与机器学习，优化设备的调度策略，逐步实现设备的自动控制及自适应调整，实时响应工艺要求、保障产品质量稳定，对生产驱动提供有力支撑。

（2）基于大数据的动能决策支持技术，通过实时采集监测数据，进行流式计算，对重点用能设备的能源数据进行分析处理，寻找设备运行的最佳策略，再通过精准控制，使生产过程保持最优状态运行，提高企业节能减排效率。

（3）建立动能设备管控与工艺质量的关联，提升工厂精益制造水平。对动能设备运行状态实时跟踪，通过相关性模型分析和工艺质量的关系，实现能源品质与工艺管控稳定性深度融合，为动能设备和工艺质量提升提供决策依据，以实现精益制造上水平。

8.6 基于移动端的动能系统远程管控

8.6.1 目标内容

目前动能管控移动端应用相对薄弱，只能内网访问，限制了移动应用的快速响应特点。应通过移动平台建设夯实移动应用，实现生产工艺信息与动能供给管控信息进一步扩展融合，实时掌控动能管控对生产末端的服务与保障。

移动端动能管控系统是在能源控制系统基础上建立起来的一套综合的调度、管理、分析系统。它借助互联网技术为动力车间以及其他动能相关部门构建一个协同工作平台，以优化现行的人员协作方式，让所有动能操作、维修、管理的人员和职能共处在统一的工作环境中，帮助动力车间充分整合能源管理调度过程中的业务和信息，支持工作成员之间快速达成有效的沟通和协作，以全面提升动能管理的工作效率。

基于移动互联，只要手机联网，随时随地可以处理工作，这已经成为企业信息化的发展趋势。不断地建立手机端的应用，是企业信息化高效运作的一个重要举措。移动端动能管控系统极大地提高了时间效率，使企业在管理层上能够降低员工成本，给工作带来方便。

随着动能系统风险管控能力的不断提升，移动端动能管控系统以其及时、准确和信息内容丰富的优点，广泛应用于动能运行、设备监控、作业过程监督等领域，为推动动能管理逐步向自动化、综合化、集中化、智能化方向发展提供有力的技术保障，有效地提高了动能运行和维护的安全性和可靠性。

考虑移动端数据传输负载能力，移动平台的设计需遵循：抽取七大系统核心信息（三大主机、除尘排潮除异味、真空、软水、工艺冷水等），展示效果设计主次分明，减少钻取层级，选择适当的时机抽取能源供应过程中的关键信息，重点关注能源质量对制丝、卷包生产末端的影响，关键设备的运行状态跟踪，预警信息的快速推送，设备信息的快速查询和设备故障的快速定位，以及动力设备的维修处理、临时供能申请等，实现 24 小时移动端的实时快速响应调度管控机制。

通过移动端动能管控系统将生产与设备管理、检修管理、运行管理、安全管理进行实时融合，通过生产实时数据实时监控设备运行状况，及时反映设备劣化趋势，作为设备运行维护的重要依据；同时支撑远程专家诊断，通过采用远程诊断模式实现对动能设备的专业化分析和指导改进，从而形成管控一体化的有机整体，提升设备可靠性和维护的经济性，确保实现高效稳定的动能保障目标。

8.6.2 实施具体内容

8.6.2.1 移动端动能管控平台特性

如今烟草生产企业面对日新月异的市场动态、日趋激烈的市场竞争环境，管理需求与管理目标不断变化，卷烟厂需要能快速适应变化的技术平台，支撑卷烟厂持续优化的业务流程，协助集成企业内、外部的所有资源，需要技术平台能够从集团信息化建设的整体、全局和发展的角度出发，有效支撑集团信息化战略的达成。

8.6.2.1.1 卓越的用户体验

衡量软件生命力的一个重要因素就是用户体验，最直观的用户体验就是一致、简约的界面和清晰的分层架构，随着移动互联网的迅速发展与成熟，还必须能够平滑地延伸到移动设备。

8.6.2.1.2 灵活的组织机构建模

移动端平台提供全面的组织机构建模、业务分工、业务协作和权限管理功能。组织机构模型能够适应不同企业的不同组织机构，可以根据需求灵活地进行调整，可以对企业组织进行横向划分和管理，满足扁平化管理需求。

8.6.2.1.3 标准、开放、可扩展

技术平台必须严格遵循业界标准，能够很好地满足卷烟厂的各类应用、集成需求。需要支持各种通用的数据库平台、中间件、服务器，并且对外开放大量的接口和服务，可以很容易与其他系统进行交互，实现数据、流程和界面的集成，解决企业内部的信息孤岛问题，有效提高决策的准确性、及时性。

8.6.2.1.4 内置权限管理灵活

可以继承企业内原有的组织架构，结合业务处理流程对管理人员进行授权，也可以对移动操作人员进行授权。

8.6.2.1.5 可靠的安全性

提供移动端账户管理权限控制体系、应用级身份认证、等级授权和数据加密等整体安全体系。

8.6.2.2 技术方案——钉钉微服务架构

钉钉办公软件因为具有沟通便捷、及时性等优势，在企业管理中开始得到广泛应用，借助于“互联网 +”技术，将钉钉移动办公软件运用到烟草企业管理

中，能表现出显著优势。

钉钉作为一款能够帮助企业员工进行移动办公的软件，其优势在于免费且多种客户端都可以使用，有效降低了平台研发成本。烟草企业中职工数量众多，职工可能会使用很多手机客户端，如安卓、iOS 等，而钉钉可以兼容这些客户端，有效解决了先前的办公管理软件无法跨平台使用难题，而且全程使用都免费，这样也为烟草企业节省下很大一笔系统开发费用。

以钉钉平台为基础，提高烟草企业办公效率。首先在钉钉上创建起烟草企业团队，让内部员工都加入进来；其次按照不同员工所承担的职责、工作需求、职位划分，为其提供相应的权限，可以快速部署完成不同员工的权限设置。同时，在企业主页界面还要有各个部门简介、通讯录板块，便于员工交流沟通。

借助于钉钉的第三方软件，实现烟草企业应用定制化。本系统部署在钉钉平台上就可以灵活定制各类风险点预警，并同步实现数据收集、数据管理、数据分析、数据协作。智能流程引擎，给数据装上发动机，多级上报，并通过钉钉接收数据提醒，不错过任何预警报警。

在实现移动端的动能系统远程管理方面，钉钉是移动办公微服务应用很好的技术方案之一。该系统采用钉钉基础 IM 能力 + 开放平台 + THINKPHP 框架 + ORACLE 数据库进行设计与开发，同时兼容 iOS、Andriod 多移动系统的应用。

微服务架构模式提倡将原来单一的应用程序划分成一系列较小的服务，服务与服务之间采用轻量级的通信机制互相沟通（通常是基于 HTTP 的 RESTful API）。RESTful API 由超文本来驱动，作为超文本的扩充，超媒体是目前 RESTful API 的重点，常用的基于 JSON 的超媒体格式有 HAL、SIREN 和 Collection + JSON。

8.6.2.3 功能设计

8.6.2.3.1 动能设备整体情况风险点管控动能供应移动全景视图

针对动力关键设备，综合生产排班情况、运行班组值班情况，实现对动能供应运行状况的总体把握，如图 8－11 所示。

8.6.2.3.2 动能管控监控移动全景视图

针对动力各大系统的设备运行情况、风险点监控情况等，实现对设备运行状况的总体把握。展示锅炉、空压、真空、制冷设备、空调、除尘、工艺冷水、配电与其他设备的运行情况，当出现运行异常时，在对应设备上标示告警图标，并推送消息至相关用户。

8.6.2.3.3 动能监控告警推送

当动能系统发送风险点预警、报警等信息时，将告警信息推送至相关人员。

8.6.2.3.4 风险点预警移动端处理

监控人员通过移动端可对预警信息进行处理，运行班组通过选取相应系统风

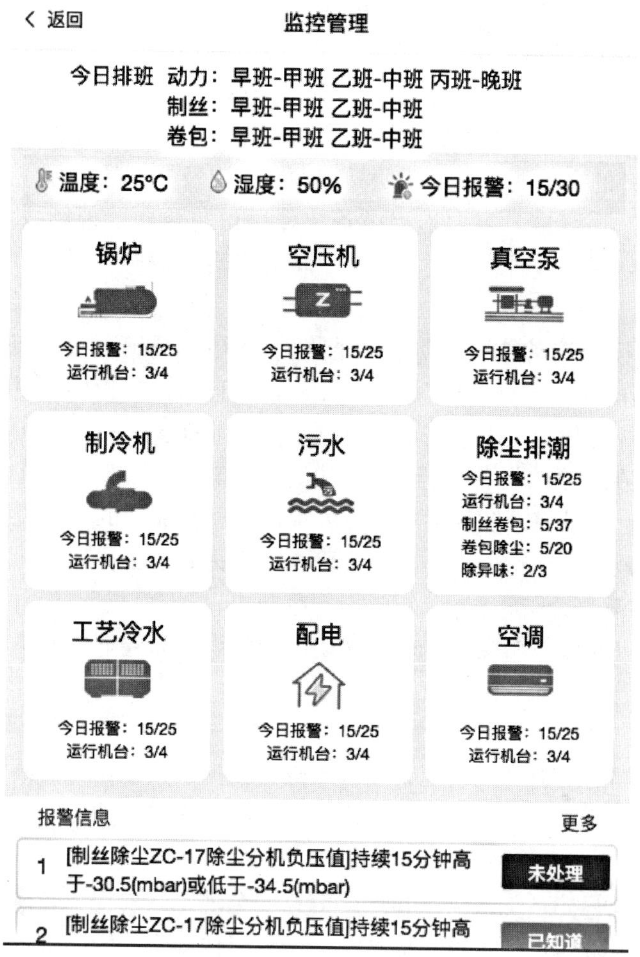

图 8－11　动能设备整体情况风险点管控动能供应移动全景视图

险点的预警、报警信息，可以便捷地查看该风险点的详细信息；如需维修等，有相关的处理人员通过移动端进行报警原因和处理措施的维护，从而为后续风险点预警的处理提供参考。

8.6.2.3.5　能耗信息及异常工单信息

通过移动端查询功能，可实现对各部门能耗使用情况的查询分析，实现对异常工单的重点监控。

8.6.3　效果总结

一套能够完全贴合动能管控特点、满足厂内动能系统风险管控需求的移动端方案，可以实现动能系统运行工况的可视化全覆盖。

8.6.3.1 适合的应用场景

基于移动端的动能管控系统拓展了动能系统监控触角，能够良好地服务于厂区内动能系统风险管控的各类典型场景。移动端动能系统远程管控可应用于实际生产和安全教育的多种场合。系统所具有的功能以及典型的实际应用场景如下：

（1）多地、多终端、多人远程设备故障研讨与诊断，现场技术人员会同远端专家组共同分析、诊断缺陷（故障），根据缺陷（故障）的性质和紧急程度，确立研讨方式。

（2）使用移动端动能系统远程管控后，远端人员组通过移动端进行管控，可以对动能操作人员开展的规定科目作业进行远程监护、指导、纠偏、诊断、评估，使动能系统远程管控工作安全、可靠、高效地推进。

（3）对存在风险的设备运行工况实时全程监控，在相关人员的手机登录移动端动能系统远程管控系统，远端运行人员对需密切关注的动能设备运行工况实时远程监控，减少了运行班组的夜班上班人数，提高了工作效率。

8.6.3.2 效益分析

根据市场上权威数据统计，通过移动端的建设能为卷烟厂带来较高的经济效益，并能提升卷烟厂的管理价值。

8.6.3.2.1 经济效益

基于移动端的动能管控系统，可有效减少数据录入工作，提高报告自动生成率，减少设备故障次数，延长设备检修周期，提高员工的工作效率等。

8.6.3.2.2 管理价值

移动端动能管控系统在满足卷烟厂信息安全规定的前提下，从时间和空间上满足动能运行风险管控的需求，提高动能管控工作效率，为实现动力车间运行风险的“可控、在控、能控”提供强有力的工具。

充分利用移动终端的便利性，通过移动终端呈现各项关键指标与业务过程，形成移动端的虚拟能源提供者，即便在出差、休假时也不错过任何信息，从而使管理无处不在，指令可以从任何地点任何时间发出。

面临卷烟厂全厂面积大，动力车间管辖的设备多、分布散的特点，特别是对于变电站等重要动能设备，动能系统远程管控的移动端能提供最实时、高效的监控信息，值守的操作人员可以第一时间响应风险预警。全面移动端监测动能设备的设置参数、运行参数、安全状态及环境数据实时进行大数据的诊断分析及趋势预估，越限预警、故障报警，随时随地掌握设备安全运行状况，提前预知动能故障隐患并提供合理化的维护建议，防患于未然。

以配电系统为例，借助移动端系统，可实现对供配电系统的智能化安全监控与运维管理，从而实现配电室运维的无人值班、少人值守。借助移动端，动力车间可有效优化动能操作类人员的配置，特别是非生产阶段，减少人员排班数量，极大地提高劳动效率，降低人员的劳动强度，有利于提升技术类人才占比，进一步优化人员结构，从而实现“控员增效”的目标。

9 卷烟工业企业精益能源管理评价

9.1 国内外能源管理评价标准现状

近年来，能源管理体系的建立与评价得到了越来越多的关注与重视。2009年，我国第一项能源管理体系国家标准GB/T 23331－2009《能源管理体系要求》发布；2011年，ISO50001：2011《能源管理体系要求及使用指南》国际标准发布；我国能源管理体系标准GB/T 23331－2012《能源管理体系要求》等同采用了ISO 50001：2011要求，并发布了GB/T 29456－2012《能源管理体系实施指南》，这两项标准是我国能源管理体系层面的最高指导性标准，也保证了我国国家标准与国际标准的一致性和协调统一性。随着管理体系的建立与实施，目前国内外均对能源管理的相关标准进行了进一步的修改与完善。到目前为止，越来越多的企业在能源管理体系文件的指导下，各自建立符合本企业特性的能源管理体系。但是，对于能源管理体系的评价指标、标准或政策不尽相同。

9.1.1 国外能源管理体系评价指标

国际上，有关国家制定并实施了能源管理体系国家标准及一些相应的项目。本书主要针对美国全球卓越能源绩效项目、美国“能源之星”、澳大利亚“能效机遇”项目、丹麦“工业能源效率协议”项目、瑞典“高耗能产业能源效率”项目、荷兰长期节能自愿协议、爱尔兰“能源协议”项目和韩国、加拿大、日本等国家项目进行对比，各国能源管理项目所涉及的体系绩效评价指标有所异同，见表9－1。

对比美国等十个国家在节能方面的政策，发现其能源管理体系绩效评价指标有所差异：各个实施方案在最高管理层承诺、制定管理者代表、跨部门管理团队、

表 9－1 国外能源管理体系评价指标对比

	美国	荷兰	澳大利亚	丹麦	瑞典	爱尔兰	韩国	日本	芬兰	加拿大
最高管理层承诺	√	√	√	√	√	√	√	√	√	√
制定管理者代表	√	√	√	√	√	√	√	√	√	√
跨部门管理团队	√	√	√	√	√	√	√	√	√	√
制定能源管理方案	√	√	√	√	√	√	√	√	√	√
能源评审管理实施方案与运行控制	√	√	√	√	√	√	√	√	√	√
确定能源基线	√	√	√	√	√	√	√	√	√	√
强调持续改进	√	√	√	√	√	√	√	√	√	√
计算节能量	√	√	√	√	√	√	√	√	√	√
建立节能目标	√	√	可选	√	√	√	√	√	√	√
培训	√	√	√	√	√	√	√	√	√	√
对节能量的外部审核	—	可选	可选	可选	可选	可选	可选	可选	可选	√
案例研究（宣传交流成果）	√	√	√	√	√	√	√	√	—	—
能效改进措施	—	—	—	—	√	√	√	—	—	—
设计	—	—	—	—	—	√	√	—	—	—
采购	—	—	—	—	—	√	√	—	—	—
物流	—	—	—	—	—	√	√	—	—	—
数据收集	—	—	—	—	—	√	√	—	—	—

资料来源：于海洋，马恬，王双华等．能源管理体系评价指标与应用现状分析［J］．中国标准化，2018（17）：110－116.

制定能源管理方案、能源评审管理实施方案与运行控制、确定能源基线、强调持续改进、计算节能量、建立节能目标和培训方面均有涉及，但韩国和日本的节能项目并没有涉及更多的成果交流和宣传，同时仅澳大利亚和芬兰在能效改进措施、设计、采购、物流和数据收集方面做了较多分析。

9.1.2 国内能源管理体系评价指标

国内能源管理相关标准的制定可以追溯到 20 世纪 90 年代。1990 年，国家发布《综合能耗计算通则》（GB/T 2589），并分别于 2008 年、2020 年进行了修订。

该标准规定了综合能耗的定义和计算方法，适用于用能单位能源消耗指标的核算和管理。

1991 年，国家标准《企业节能量计算方法》（GB/T 13234）发布，经历 2009 年和 2018 年两次修订。《企业节能量计算方法》规定了企业能源消耗中节约量的计算方法，适用于企业能源节约量的计算，也是行业（部门）、地区、国家宏观节能量计算的基础。同年，国家标准《单位产品能源消耗限额编制通则》（GB/T 12723）发布，经历了 2008 年和 2013 年两次修订。

1995 年，国家标准《工业企业能源管理导则》（GB/T 15587）发布，2008 年修订。《工业企业能源管理导则》由全国能源基础与管理标准化技术委员会提出，规定了工业企业建立能源管理系统、实施能源管理的一般要求，适用于新建、扩建、既有工业企业能源管理。

1997 年，国家标准《能源审计技术通则》（GB/T 17166）发布，2019 年修订。《能源审计技术通则》规定了能源审计的一般原则、内容和依据、实施的流程与要求等，适用于用能单位开展能源审计工作。

2006 年，国家标准《用能单位能源计量器具配备和管理通则》（GB 17167－2006）发布。能源计量是一个涵盖范畴广、学科跨度大的综合性领域，在很多情况下，出于生产工艺本身的要求，配备的能源计量器具的技术要求要高于管理所要求的能源计量器具。所以，《用能单位能源计量器具配备和管理通则》只能对用能单位的能源计量器具的配备和管理提出一个比较通用的、基本的要求。该标准适用于企业、事业、行政机关、社会团体等独立核算的用能单位。

2007 年，国家标准《空调调节系统经济运行》（GB/T 17981－2007）发布。《空调调节系统经济运行》规定了空调调节系统经济运行的基本要求、评价指标与方法和节能管理，适用于公共建筑中使用的空调系统。

2009 年，国家标准《能源管理体系要求》（GB/T 23331）发布，并分别于 2012 年、2020 年进行了修订。其内容与国际标准《能源管理系统要求及使用指南》（ISO 50001－2018）等同。该标准规定了组织建立、实施、保持和改进能源管理体系的要求，旨在使组织能够采用系统的方法，实现能源绩效和管理体系的持续改进，但未规定具体的能源绩效水平要求。标准可单独使用，也可与其他管理体系整合使用，适用于任何自我声明能源方针并希望保证实现和展示其符合程度的组织，其符合性可通过自我评价、自我声明或外部的能源管理体系认证来确认。

为了进一步推动能源管理体系在我国各个领域的推广和应用，2011 年 12 月，国家十二部委联合印发《万家企业节能低碳行动实施方案》。随后，重点用能省市地区如江苏、山东、浙江、湖北、广东深圳等地制定了地方能源管理体系建立实施工作方案，部分地区还制定了能源管理体系建立和实施的评价方法。2018年，国家标准《用能单位能效对标指南》（GB/T 36714－2018）发布。《用能单位能效对标指南》规定了用能单位能效对标类型和方法流程、技术要求及组织管理要求，适用于指导用能单位开展能效对标活动。

以评价体系相对较为完善的《万家企业节能低碳行动实施方案》、江苏省地方标准“能效之星”评价规范、河北省“能效领跑者”创建活动、《卓越绩效评价准则实施指南》、《卓越绩效评价规范》、山东省地方标准《能源管理体系评价指南》和能源管理体系评价导则为例，并结合GB/T 23331《能源管理体系要求》和GB/T 29456《能源管理体系实施指南》国家标准，总结所涉及评价指标的异同点见表9－2和表9－3。

表9－2 国内能源管理体系评价指标对比（相同）

	最高管理层承诺	能源管理团队	能源目标与能源指标、能源绩效参数	法律法规及其他要求	能源评审能源管理实施方案与运行控制	节能奖励与宣传培训	内审与管理评审	能源规划	节能目标责任制
万家	√	√	√	√	√	√	√	√	√
能效之星	√	√	√	√	√	√	√	√	√
能效领跑者	√	√	√	√	√	√	√	√	√
卓越绩效	√	√	√	√	√	√	√	√	√
能源管理体系评价指南	√	√	√	√	√	√	√	√	√
能源管理体系评价导则	√	√	√	√	√	√	√	√	√

资料来源：于海洋，马恬，王双华等．能源管理体系评价指标与应用现状分析［J］．中国标准化，2018（17）：110－116.

国内这几个较有代表性的能源管理政策及实施方案在评价能源管理时所用的指标不尽相同：

各个政策在最高管理层承诺，能源管理团队，能源目标与能源指标、能源绩效参数，法律法规及其他要求，能源评审能源管理实施方案与运行控制，节能奖励与宣传培训，内审与管理评审，能源规划，节能目标责任制等方面均有提及，但在节能技术进步、能源计量、能源采购、设计、用能设备采购、文件、信息交流、顾客与市场方面各有不同。山东省地方标准《能源管理体系评价指南》在节能技术进步方面已不再单独拿出这一模块进行评价，而在实施运行模块加入了对能源设备改进方面的要求；在能源计量方面也没有单独设置评分项。早期的“万家”“能效之星”“能效领跑者”并没有单独设置能源采购和设计模块，近几年的“卓越绩效”、评价指南和评价导则中单独设置了此模块。对于用能设备模块，早期仅要求淘汰落后设备，后期标准中加入了对预期寿命和运行成本的联系。早期的评价指标对于文件仅强调有无，后期标准在进行评价时主要侧重于在建立好的前提下需不断修改。而信息交流和顾客与市场模块仅“卓越绩效”和“评价指南”进行了描述（见表9-3）。

表9-3　国内能源管理体系评价指标对比（不同）

	节能技术进步	能源计量	能源采购	设计	用能设备采购	文件	信息交流	顾客与市场
万家	√	√	—	—	淘汰落后设备	无修订	—	—
能效之星	√	√	—	—	淘汰落后设备	无修订	—	—
能效领跑者	√	√	—	—	设备管理	无修订	—	—
卓越绩效	√	√	√	√	设备满足要求	无修订	√	√
能源管理体系评价指南	—	—	√	√	采购要求	强调修改	√	—
能源管理体系评价导则	—	√	√	√	与预期寿命运行成本挂钩	强调修改	—	—

资料来源：于海洋，马恬，王双华等．能源管理体系评价指标与应用现状分析［J］．中国标准化，2018（17）：110-116.

9.1.3　国内外能源管理评价指标

不论国内还是国外政策，其主要涉及内容的大方向都是相同的，其本质是要指导企业建立能源管理体系，从而推动企业能源管理水平的提升、能源利用水平的提高，促进企业的节能减排。

综合上述，国内外能源管理体系评价指标主要包括最高管理层承诺，能源管理团队，能源目标与能源指标、能源绩效参数，法律法规及其他要求，能源评审、管理实施方案与运行控制，设计，用能设备采购，能源采购控制，能源计量，文件，节能奖励、培训宣传，内审、管理评审，能源规划，节能目标责任制，节能技术进步，信息交流，顾客与市场，投资程序在内的18个指标，每个指标又细化为2~3个点，主要内容见表9-4。

表9-4 国内外能源管理体系评价指标汇总

评价指标	评价内容	备注
最高管理层承诺	①分管生产或技术高层管理者主持能源评审及后续方案制定、运行规范优化、落地落实； ②管理者代表及最高管理层对管理体系需要决策的机制调整完善给出明确的意见； ③分管节能的领导担任能源管理体系管理者代表	
能源管理团队	①各部门职责分配划分清晰完整； ②能源关键岗位管理，识别、评价人员能力	
能源目标与能源指标、能源绩效参数	①完整建立并能够计量三级指标系统； ②节能指标统计分析：持续统计分析指标完成情况，对未完成的分析原因并采取措施； ③建立基准、标杆	
法律法规及其他要求	①合规性； ②政策法规标准识别充分性； ③政策法规标准应用	
能源评审、管理实施方案与运行控制	①用能大户和对能效有重要影响环节识别； ②能源因素充分分析； ③节能机会识别； ④节能方案策划和推进； ⑤运行控制策划与执行	
设计	①项目管理机制：机制中明确专人对能效负责或节能部门会签，且有项目后评估； ②实施项目：有实际项目证明机制有效用能设备采购	
用能设备采购	①大型设备选型（尤其是新改扩项目中的选型采购）：预期寿命周期内运行成本进入评标项，节能特性，绿色； ②识别主要种类或设定门槛； ③严格执行采购要求	
能源采购控制	①识别主要能源、原辅材料种类和检测指标； ②严格执行采购要求	
能源计量	①GB17167 符合情况； ②计量器具管理：台账、校准检定正常	

续表

评价指标	评价内容	备注
文件	①文件框架与原有制度有机融合； ②文件内容可操作性； ③作业指导文件完善提升：切实对作业指导文件进行了修订	
节能奖励、宣传培训	①节能奖励：有明显刺激效果； ②节能培训：培训可以满足关键岗位能力提升要求； ③节能宣传：提高员工节能、参与能源绩效管理工作的意识； ④节能宣传：外部交流，节能成果，优秀案例	国外
内审、管理评审	①内部审核：审核深入，不符合项整改有效； ②管理评审：决策内容得到落实	
能源规划	企业有完整的中长期及年度节能规划，包括节能管理、产品单耗、工业增加值能耗、节能量目标、节能技术进步措施	能效之星
节能目标责任制	①分解节能目标：分别到各个部门—车间—班组—岗位； ②定期开展节能目标完成情况考评，落实节能考核奖惩制度，纳入员工业绩考核范围	万家
节能技术进步	①安排专门资金用于节能技术进步等工作； ②研发节能技术、产品和工艺，制订实施年度节能技术改造计划； ③淘汰落后产能和落后用能设备、生产工艺； ④采用合同能源管理模式实施节能改造	万家
	①生产工艺和设备； ②自动化控制水平； ③优化控制水平； ④企业技术中心； ⑤产品创新； ⑥工艺技术创新； ⑦技改项目实施	能效之星
信息交流	①建立关于能源绩效、能源管理体系运行的内部沟通程序文件和机制； ②内部沟通机制运行有效，员工为能源管理体系的改进提出建议和意见且渠道顺畅有效； ③组织与外部开展交流，制定外部交流的程序方法并实施； ④组织应识别和开发信息源，如市场、顾客、员工、供方和合作伙伴等方面的信息源	山东地标—评价指南卓越绩效

续表

评价指标	评价内容	备注
顾客与市场	①顾客和市场的了解； ②顾客关系与顾客满意	卓越绩效
投资程序	①评估对能源影响的所有的融资请求； ②明确能源效率回收率的投资门槛； ③建立资本投资程序以获取能源效率资金	

资料来源：于海洋，马恬，王双华等．能源管理体系评价指标与应用现状分析［J］．中国标准化，2018（17）：110－116.

9.1.4 烟草行业能源管理体系评价指标

目前，烟草行业尚未有专门的能源管理体系、能源绩效考核标准，只是在相关生产制造评价、清洁生产、绿色工房评价、能源计量器具等行业标准中有所涉及。

2006 年，《卷烟企业清洁生产评价准则》（YCT 199－2006）发布。《卷烟企业清洁生产评价准则》是为了贯彻实施《中华人民共和国清洁生产促进法》，进一步推动烟草行业的清洁生产，防止生态破坏，维护生态环境，促进可持续发展。该标准为推荐性标准，可用于卷烟企业清洁生产潜力与机会的判断，以及企业清洁生产绩效评定。卷烟企业清洁生产评价内容包括资源利用指标、能源利用指标、污染物产生指标（末端处理前）、废弃物控制指标和环境管理要求五个方面。

2007 年，《清洁生产标准烟草加工业》（HJ/T 401－2007）发布。该标准是为了贯彻实施《中华人民共和国环境保护法》和《中华人民共和国清洁生产促进法》，保护环境，为烟草加工企业开展清洁生产提供技术支持和导向。该标准规定了在达到国家和地方环境保护标准的基础上，根据当前的行业技术、装备水平和管理水平，烟草行业企业清洁生产的一般要求。标准将烟草加工业卷烟生产过程清洁生产分为三级：一级代表国际清洁生产先进水平，二级代表国内清洁生产先进水平，三级代表国内清洁生产基本水平。

2008 年，《烟草工业企业能源消耗》（YC/T 280－2008）发布。该标准规定了烟草工业企业能源消耗的指标和计算方法，为企业能源统计和绩效考核奠定了基础。

2011 年，《烟草行业绿色工房评价标准》（YC/T 396－2011）发布。该标准包含了绿色工房、待评项目、透水地面面积比、传统水源、非传统水源、可再利用材料、可再循环材料、综合能耗、建筑能耗、非传统水源替代率、浓缩倍数、微灌等定义内容，规定了烟草行业绿色工房的基本要求、等级划分及评价方法，适用于评价卷烟厂联合工房等主要生产厂房。

2012 年，《卷烟工业企业能源计量器具配备与管理通则》（YC/T 432－2012）发布。该标准规定了卷烟工业企业能源计量的种类、范围、能源计量器具的配备与管理要求。

2020 年，《卷烟工厂生产制造水平综合评价方法》（YC/T 587－2020）发布。该标准的制定是为了达到对卷烟工厂生产制造水平系统、科学评价的目的，其规定了卷烟工厂生产制造水平综合评价的指标体系，通过建立一套系统、完整的评价方法，引导卷烟工厂在生产制造经营活动中，自主进行工厂间横向比较和自我纵向对标，发现影响生产制造水平的短板，查找薄弱环节，并进行针对性的提升和改进，使卷烟工厂不断提升“精益生产”和“智能制造”水平，引领卷烟工厂高质量发展。

9.2 卷烟工业企业精益能源管理绩效评价

9.2.1 必要性分析

尽管卷烟工业能源消费量占全国能源消费总量的比重不大，但是大多数卷烟工厂是企业所在地的重点用能企业，加强对卷烟工厂节能工作的研究，成为了行业节能降耗的一项重要工作，也是工厂追求高质量发展的重要支撑和有力保证。

近年来，烟草行业也开展了“对标创优”活动，行业各单位把对标工作作为深入推进精益管理的重要抓手。其中，与能源消耗相关的指标有万支卷烟综合能耗和万元工业增加值能耗，且经过几年的运行，行业内各卷烟工厂以上述两项指标作为重点抓手开展纵向、横向比对起到了自主提高、循环提升的效果，充分发挥对标工作的目标引领作用。但由于万支卷烟综合能耗和万元工业增加值能耗是两项宏观层面的指标，其更多反映的是卷烟工厂的共性，加上行业内各卷烟工厂有其自身的特殊性，导致现有综合指标不能更加深入、精细地体现工厂能源管理方面的绩效水平。

因此，有必要创建一套相对全面、相对深入的多维度反映卷烟工厂能源管理绩效水平的评价方法，通过强化能源使用过程管理，以期能够引导行业内卷烟工厂进一步提升能源精益管控能力，提升管理节能水平，支撑卷烟工厂持续深入开展对标创优工作。

9.2.2 卷烟工厂能源管理绩效指标调研

为了更好地了解行业内卷烟工厂能源管理的现状，同时考虑到各个卷烟工厂的地域分布、能源介质消耗使用组成情况各不相同，针对该项目的研究需要从东西南北地域上都要有所涉及，本书选取10家成员单位进行实地考察调研。

本次调研采用了文献调查、问卷调查、现场观测等方法，其中借助文献调查法分析了样本企业能源绩效管理状况，采用问卷调查法收集了样本企业的能源消费数据。此外，项目组先后对这10家卷烟工厂进行了实地调研和现场观测，并对行业内外的先进企业能源管理情况进行了调研。

9.2.3 卷烟工厂能源管理绩效指标调研结果

调研的10家卷烟工厂能源管理绩效指标调研结果如表9－5所示。调研企业均把万支卷烟综合能耗作为考核指标，不少企业将其细化到车间部门层面。这也是目前烟草工业企业主要考核指标之一。而其他考核指标则是各个企业结合自身情况确定。总体来看，缺少将整体与局部、过程与结果相结合的考核指标。

表9－5 国内典型卷烟工业企业能源管理绩效评价指标

序号	指标名称		
	企业层面	主要生产部门	辅助生产部门
企业1	万支卷烟综合能耗 企业水单耗	制丝车间综合能耗单耗 制丝车间水单耗 卷接包车间综合能耗单耗 卷接包车间水单耗 动力车间综合能耗单耗 动力车间水单耗	服务中心综合能耗单耗 服务中心水单耗 物流中心综合能耗单耗
企业2	单箱卷烟综合能耗（标准煤） 单箱耗电 单箱耗气 单箱耗水		
企业3	万支卷烟综合能耗 万元工业增加值能耗		
企业4	单位产值综合能耗 单位产量综合能耗 单位产量生产能耗		

续表

序号	指标名称		
	企业层面	主要生产部门	辅助生产部门
企业5	单箱综合能耗 单箱卷烟燃料动力费用		
企业6	单箱卷烟综合能耗		
企业7	单箱卷烟综合能耗 单箱卷烟天然气耗 单箱卷烟综合水耗 单箱卷烟耗电		
企业8	万支卷烟综合能耗 万支卷烟耗水 耗天然气	制丝车间万支卷烟综合能耗 制丝车间万支卷烟耗水 卷包车间万支卷烟综合能耗 卷包车间万支卷烟耗水 动力车间万支卷烟综合能耗 动力车间万支卷烟耗水	储运管理办公室万支卷烟综合能耗 储运管理办公室万支卷烟耗水 后勤服务办公室万支卷烟综合能耗 后勤服务办公室万支卷烟耗水
企业9	单位产量综合能耗 单位产量水耗		
企业10	单位产品综合能耗 单位产值综合能耗 单位产品新鲜水耗	制丝工序单位烟丝综合能耗 制丝工序能耗改善提升率 卷烟成型工序万支卷烟综合能耗 卷烟成型工序能耗改善提升率	锅炉系统煤气比 热力输送的效率效率 空压系统电气比 制冷系统能效比 EERr 功率因数

9.2.4 指标选择

9.2.4.1 指标选择的原则

一是可比性，要建立能源管理绩效指标，制定统一的指标计算方法和统计口径，以定量指标反映能源管理水平，确保各项指标横向、纵向可比。

二是全面性，要建立与能源管理相关的设备运行、加工转换、运输分配、产品质量、成本费用、能源消耗等方面的指标，综合反映卷烟工厂的能源管理水平。

三是科学性，要建立科学的能源管理绩效评价方法，保证指标之间逻辑一贯性，能够客观、准确反映能源管理绩效水平。

四是引导性，要引导企业明确努力的方向，全面提升水平。

五是特异性，要突出烟草企业的特点。在参考和借鉴其他行业企业共性指标的基础上，必须紧密结合当前烟草企业的实际情况和国家烟草专卖局对行业发展的整体规划。

9.2.4.2 指标选择

从全面衡量和评价卷烟企业能源管理水平出发，结合行业实际需求和专家建议，将卷烟企业能源绩效评价指标分解为“综合能源消耗类”“能源转换效率类”“工序能源消耗类”三大类一级指标。其中，综合能源消耗类对应的二级指标有单位产品综合能耗、单位产值综合能耗、单位产品新鲜水耗；能源转换效率类对应的二级指标有锅炉系统煤气比、热力输送的效率、空压系统电气比、制冷系统能效比 EERr、功率因数；工序能源消耗类对应的二级指标有制丝工序单位烟丝综合能耗、卷烟成型工序万支卷烟综合能耗、制丝工序能耗改善提升率、卷烟成型工序能耗改善提升率。

综合能源消耗类指标计算口径见表 9-6。

表 9-6 综合能源消耗类指标

序号	指标名称	单位	计算口径（统计周期为评价年度）
1	单位产品综合能耗	千克标准煤/万支	统计报告期内，用能单位生产某种产品或提供某种服务的综合能耗与同期该合格产品产量（工作量、服务量）的比值
2	单位产值综合能耗	千克标准煤/万元	统计报告期内，综合能耗与期内用能单位总产值或工业增加值的比值
3	单位产品新鲜水耗	立方米/万支	卷烟生产过程及其生产区域生活取用新水总量与卷烟生产总量的比值

能源转换效率类指标计算口径见表 9-7。

表 9-7 能源转换效率类指标

序号	指标名称	单位	计算口径（统计周期为评价年度）
1	锅炉系统煤汽比	千克标准煤/吨	锅炉系统消耗燃料总量折算成标准煤/锅炉系统生产蒸汽量
2	热力输送的效率	%	各次级用能单位蒸汽消耗量之和与一级用能单位蒸汽消耗量的比值
3	空压系统电气比	千瓦时/标准立方米	空压系统（含干燥机、冷却塔和水泵等）消耗的电量/空压系统生产的压缩空气量

序号	指标名称	单位	计算口径（统计周期为评价年度）
4	制冷系统能效比EERr	千瓦时/千瓦时	空调系统制备的总冷量与空调系统总能耗之比
5	功率因数	千瓦/千瓦	有功功率与视在功率的比值

工序能源消耗类指标计算口径见表9-8。

表9-8　工序能源消耗类指标

序号	指标名称	单位	计算口径（统计周期为评价年度）
1	制丝工序单位烟丝综合能耗	千克标准煤/千克烟丝	制丝生产过程（含配套）能源消耗总量/烟丝生产总量
2	卷烟成型工序万支卷烟综合能耗	千克标准煤/万支	卷包成型生产过程（含配套）能源消耗总量/成品烟生产总量
3	制丝工序能耗改善提升率	%	统计报告期内，制丝工序段内实际实施的能源相关的改善项目总数与计划的改善项目总数的比值
4	卷烟成型工序能耗改善提升率	%	统计报告期内，卷包成型工序段内实际实施的能源相关的改善项目总数与计划的改善项目总数的比值

9.2.5　指标的统计和计算

9.2.5.1　数据统计边界

数据统计边界为卷烟工厂生产产品涉及的有关工序，见图9-1。

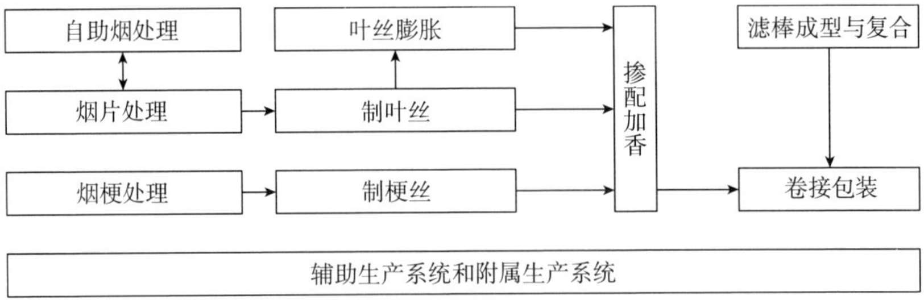

图9-1　卷烟工厂生产产品涉及的有关工序

9.2.5.2 数据统计周期

指标数据统计周期按正常生产的自然年度或连续12月进行统计，生产不满12月时，按实际生产月份统计。综合能源消耗类按照YC/T 280－2008的统计方法执行。设备运行类指标通过对涉及工序中各单独能源核算的过程、设施、设备统计后，统计工序能耗。卷烟工厂应按照GB 17167、YC/T 432－2012配备计量设施，并确保计量准确。当采用物料和过程产品设备计量之外的方法进行测量时，卷烟工厂应确定测量的方法，确定对其准确度进行验证的方法并实施验证，以确保测量数据准确、可重现。

9.2.5.3 指标评分方法

根据测评经验数据资料，确定定量指标的计算限值，即上限值、合格值和下限值。定量指标的评分采用比例法计算。

（1）定量指标为望大特性：

$$S=\begin{cases}100(D\geqslant A)\\60+(D-B)/(A-B)\times40(B<D<A)\\60(D=B)\\(D-C)/(B-C)\times60(C<D<B)\\0(D\leqslant C)\end{cases}$$

（2）定量指标为望小特性：

$$S=\begin{cases}100(D\leqslant A)\\60+(D-B)/(A-B)\times40(A<D<B)\\60(D=B)\\(D-C)/(B-C)\times60(B<D<C)\\0(D\geqslant C)\end{cases}$$

其中，S表示指标评分；D表示实测值；A表示上限值；B表示合格值；C表示下限值。

通过调研10家单位近三年的12项能源绩效指标数据，同时咨询相关专家确定了各项指标的上下限值以及它们的合格值，如表9－9所示。

表9－9 能源管理综合绩效指标计算限值与合格值

序号	评价指标（R_i）	指标单位	指标特性	上限值	合格值	下限值
1	单位产品综合能耗	千克标准煤/万支	望小	2.34	2.9	3.55
2	单位产值综合能耗	千克标准煤/万元	望小	4.02	8	15.09
3	单位产品新鲜水耗	立方米/万支	望小	50	80	100

续表

序号	评价指标（R_i）	指标单位	指标特性	上限值	合格值	下限值
4	锅炉系统煤气比	千克标准煤/吨	望大	90	86	84
5	热力输送的效率	%	望大	98	90	85
6	空压系统电气比	千瓦时/标准立方米	望小	0.1	0.14	0.16
7	制冷系统能效比 EERr	千瓦时/千瓦时	望大	4.8	4.0	3.6
8	功率因数	千瓦/千瓦	望大	0.95	0.92	0.9
9	制丝工序单位烟丝综合能耗	千克标准煤/千克烟丝	望小	0.14	0.18	0.20
10	卷烟成型工序万支卷烟综合能耗	千克标准煤/万支	望小	0.36	0.48	0.54
11	制丝工序能耗改善提升率	%	望大	100	80	60
12	卷烟成型工序能耗改善提升率	%	望大	100	80	60

9.2.5.4 指标权重

采取专家咨询权重法，对选定的三大类指标——综合能源消耗类、能源转换效率类、工序能源消耗类确定权重。

选择各方面的专家，采取独立填表选取权重的形式，然后将他们各自选取的权数进行整理和统计分析，最后确定出各指标的权重。该方法集合了各方面专家的智慧和意见，并运用数理统计的方法进行检验和修正，确定出了综合能源消耗类、能源转换效率类、工序能源消耗类所占的权重，接着依次采取德尔菲法对综合能源消耗类、能源转换效率类、工序能源消耗类的二级指标进行权重统计分析，最终确定的结果如表 9－10 所示。

表 9－10　能源管理综合绩效指标组成及权重系数

序号	指标类型	权重	指标名称	权重系数 ω_i
1	综合能源消耗类	0.45	单位产品综合能耗	0.25
2			单位产值综合能耗	0.10
3			单位产品新鲜水耗	0.10
4	能源转换效率类	0.25	锅炉系统煤气比	0.06
5			热力输送的效率	0.04
6			空压系统电气比	0.05
7			制冷系统能效比 EERr	0.07
8			功率因数	0.03

续表

序号	指标类型	权重	指标名称	权重系数 ω_i
9	工序能源消耗类	0.30	制丝工序单位烟丝综合能耗	0.10
10			卷烟成型工序万支卷烟综合能耗	0.08
11			制丝工序能耗改善提升率	0.07
12			卷烟成型工序能耗改善提升率	0.05

9.2.5.5　指标评价方法

卷烟工厂可以依据行业要求、装备配置、生产工艺特点等情况，分别从绩效评价指标中选取评价指标，确定指标的应用范围。

通过加权平均计算得到能源管理综合绩效得分。能源管理综合绩效得分 Z 的计算公式如下：

$$Z = \sum_{i=1}^{n} R_i W_i$$

其中，Z 表示能源管理综合绩效得分；n 表示评价指标数量；i 表示评价的指标序数；R_i 表示评价指标对应的评分；W_i 表示各评价指标对应的权重（见表 9－10）。

经过成员单位的多次研讨与历年卷烟企业能源管理数据测评，并结合专家的意见确定了表 9－11 所示的评价分级判定。

表 9－11　评价分级判定

评价级别	A 级	B 级	C 级	D 级
项目分值 Z	$Z \geq 90$	$80 \leq Z < 90$	$60 \leq Z < 80$	$Z < 60$

依据评价项目实际能耗值 Z，对评价项目得出 A、B、C、D 的定性评价结论。

9.3　卷烟工业企业精益能源管理对标

9.3.1　卷烟工业企业能效对标工作的实施

9.3.1.1　卷烟工业企业能效对标指标体系

卷烟工业企业应建立科学合理的能效对标指标体系，为开展能效对标活动提供真实客观反映企业能源管理绩效的度量标准。这一指标体系应该能够系统、定量地反映所要瞄准的能效对标的内容。企业能效对标指标体系内容包括基本信息和评价指标。基本信息用于反映企业规模、主要设备状况等，作为能效对标比较和企业节能投入、能源管理提升的参考。评价指标应突出对节能绩效的要求，可包括反映企业能源利用效率和能源管理水平的一组评价指标，并按指标之间的因果关系形成不同层级的树状指标体系。可能的评价指标包括单位产值能耗、单位产品能耗、重点工序能耗、资源综合利用率、能源加工/转换/使用设备运行效率等。

卷烟工业企业能效对标指标的具体确定应考虑以下基本原则：一是全面性，指标体系可全面评价企业能源管理状况；二是独立性，即各指标之间应互相独立；三是熟悉度，指标应为行业、员工所熟悉，便于对比计算；四是代表性，尽量用最少的指标反映能源管理重要的方面；五是过程性，指标体系的建立不仅是一个结果，更是一个过程。

卷烟工业企业在能效对标工作实践中，可根据自身特点和能源管理的实际需要，基于上述原则，适当选择一组能效评价指标，建立本企业能效对标指标体系。随着企业能效对标工作的逐步深入开展，企业可根据不同阶段能效对标工作重点和对标成果，对能效对标指标体系进行动态调整和完善，逐步扩展对标范围，新增其他指标，使能效对标工作逐步覆盖企业各部门、各用能环节。

9.3.1.2　卷烟工业企业能效对标指标数据库

卷烟工业企业应在建立能效对标指标体系的基础上，建立企业能效对标指标数据库，积累覆盖企业各部门、各用能环节的能效指标数据，为客观评价企业能源管理绩效、树立各类能效标杆提供条件。

能效对标指标数据是卷烟工业企业开展能效对标工作的基础，即能效瞄准内容的精确化和定量化。企业能效对标指标数据基本上可分为两类：一类是能效标杆企业的能源管理绩效数据，这些数据是能效瞄准的基准线，是开展能效瞄准活动的企业学习和追求的目标；另一类来自开展能效对标活动的企业，反映该企业目前的能源管理绩效现状。

由于对标的类型和目的不同，作为基准线的能效指标数据可以来自单个的标杆企业或部门，也可以来自行业、全国乃至全球的某些样本，这几类数据反映了样本范围内的能效平均水平。

卷烟工业企业应指定专门部门统一负责能效指标数据库的建立和维护，保证能效指标数据的唯一性、真实性。

9.3.1.3　卷烟工业企业最佳节能实践库

在总结企业能源管理案例经验和标杆经验基础上，提炼能源管理最佳实践，建立企业最佳节能实践库。最佳节能实践库内容包括：标杆企业最佳节能实践，即标杆企业达到优良能源管理绩效的方法、措施和管理技巧；本企业规范地总结、提炼的最佳节能实践，包括能源管理典型经验。随着时间的推移，最佳节能实践库的内容应不断评估和更新，保持最佳节能实践的先进性和实效性。

9.3.1.4 卷烟工业企业能效对标综合评价体系

卷烟工业企业应建立能效对标综合评价体系，组织进行本企业能效对标工作的分析评价。企业能效对标综合评价体系建设，需要运用标杆管理理论和统计学方法，依据企业生产和能耗的实际情况和特点，本着突出能效指标和工作重点、难点及区分指标可比性的原则，确定不同指标在评价中的权重，并按从叶到根的顺序对对标指标数据进行分析，使企业相关部门明确差距、确立标杆，从管理手段、管理方法、技术标准等方面查找产生能效指标数据差距的原因，并制定有效措施加以改进。

按照指标与管理兼备的原则，企业能效对标综合评价体系内容包括两方面：指标评价和管理评价。指标评价包括单项指标评价和综合指标评价。管理评价包括对企业能效对标工作中的标准制度、管理手段和管理方法的综合评价。管理评价应遵循全面、规范、动态的原则。

9.3.2 卷烟工业企业能效对标工作制度

卷烟工业企业能效对标工作制度建设是企业能效对标组织体系建设的突出内容。企业应按照能效对标工作的实施内容、实施步骤，建立规范、系统、有效的能效对标工作制度，主要是建立过程控制制度、经验交流制度、能效对标评估制度、信息发布制度和信息报送制度五项工作制度，将能效对标工作制度化、程序化，完善涉及企业能源管理的过程控制手段和方法，使能效对标工作科学有效、协调有序、互动闭环地运转，全面搭建企业能效对标工作平台。

9.3.2.1 建立过程控制制度

过程控制应包括目标保证、过程控制和监督评价三方面措施。企业能效对标协调机构应负责能效对标指标的过程控制管理，制定能效对标规划和阶段性目标，制定完善的对标活动规章制度，及时提出阶段性的能效控制和改进要求，促使相关能效对标责任部门及时制定并实施相关措施，强化能效对标。

9.3.2.2 建立经验交流制度

卷烟工业企业应建立经验交流制度，提供学习交流的方法和渠道，推广先进能源管理经验和对标成果；结合企业实际，制订能效对标学习交流计划，组织学习标杆单位能源管理典型经验。

卷烟工业企业可组织与国内外同行先进企业、同类型企业开展相互间的能效对标交流，定期组织内部能效对标工作经验交流会。交流的渠道和方式可包括会议交流、现场交流、网上交流、书面交流等。交流的范围应包括公司系统内部交流、国内同业交流、跨行业交流、国际同业交流等。

卷烟工业企业至少每季度召开一次能效对标工作例会，企业能效对标协调机构、相关对标责任部门参加，通报各部门能效对标工作进展情况和指标完成情况，安排布置重点工作，加强监督检查，确保能效对标沿着正确的方向发展。

9.3.2.3　建立能效对标评估制度

卷烟工业企业应建立能效对标评估制度，健全相关制度体系和标准体系，完善组织措施和保证措施，评估能效对标规划及阶段性目标的先进性和可行性。企业能效对标协调机构负责本企业能效对标工作机制的建设和内部评估，并及时完善和改进。

9.3.2.4　建立信息发布制度

卷烟工业企业应建立信息发布制度，定期发布能效对标指标、工作简报、最佳节能实践等信息，提高对标信息透明度和实效性，增强对标激励作用，保证先进经验交流推广，为管理决策提供参考，保证能效对标工作顺利进行。

信息发布内容主要包括：各类指标数据与分析结果；标杆单位能源管理经验；对标工作简报；对标工作其他相关信息等。

信息发布方式包括：建立对标管理信息系统，实现企业能效对标指标数据及时准确采集、汇总、报送和发布；各类工作会议、电视电话会议、研讨会；各类文件、通报、简报、专刊、动态等。可统一规定向企业外部发布信息，包括向能效对标伙伴等发布的各类信息，防止机密信息外泄。

企业能效对标文件资料、指标数据及评价报告等均为企业内部资料，企业各部门应严格遵守国家和企业的保密制度，不得擅自外传或对外发布，不得向社会和咨询机构提供，网站管理应设置权限保密措施。

9.3.2.5　建立信息报送制度

信息报送内容及时限：按对标工作周期报送各类指标数据；按年度报送能效对标综合性分析报告；能效对标工作简报每季度至少一次，能效对标工作总结按年度报送；能效对标典型经验和标杆单位经验报告按要求报送；及时报送对标工作其他相关信息。

企业相关对标责任部门按时间要求及规定格式向企业能效对标工作办公室报送指标数据及书面报表。企业应按要求向政府节能主管部门报送能效指标数据，按季度、年度报送指标分析报告。指标分析报告的具体填报要求由政府节能主管部门专题部署。企业报送的对标数据应保证准确性、实时性和唯一性。企业负责人对指标数据的真实性负责，对标指标数据必须经企业负责人签字后方可向政府节能主管部门报送。

9.3.3 卷烟工业企业能效对标的步骤

卷烟工业企业能效对标活动是一项通过基本工作步骤来追求卓越的能源管理绩效、持续不断学习的过程，非常正式化并具有完整的工作框架，通过既定的工作步骤或流程模型来引导对标工作的施行。企业能效对标可以有多种不同的工作流程模型，但它们的精神和原则是一致的。企业能效对标工作大致上可分为六个实施步骤：

（1）分析现状。企业首先要对自身能源利用状况进行深入分析，充分掌握本企业各类能效指标客观、翔实的基本情况；在此基础上结合企业能源审计报告、企业中长期发展计划，确定能效对标内容。

（2）选定标杆。企业根据确定的能效水平对标活动内容，在行业协会的指导与帮助下，初步选取若干个潜在标杆企业；组织人员对潜在标杆企业进行研究分析，并结合企业自身实际，选定标杆企业。企业选择标杆要坚持国内外一流为导向，最终达到国内领先或国际先进水平。

（3）制订方案。通过与标杆企业开展交流，或通过行业协会、互联网等收集有关资料，总结标杆企业在能效指标上先进的管理方法、措施手段及最佳节能实践；结合自身实际全面比较分析，真正认清标杆企业产生优秀能源管理绩效的过程，合理确定能效指标改进目标值，制定切实可行的指标改进方案和实施进度计划。

（4）对标实践。企业根据确定的能效指标改进目标、改进方案和实施进度计划，将改进指标的措施和指标目标值分解落实到相关部门、车间、班组和个人，把提高能效的压力和动力传递到企业中每一层级的管理人员和员工身上，体现对标活动的全过程性和全面性。在能效对标实践过程中，企业要修订完善规章制度，优化人力资源，强化能源计量器具配备，加强用能设备监测和管理，落实节能技术改造措施。

（5）对标评估。企业就某一阶段能效水平对标活动成效进行评估，对指标改进措施和方案的科学性及有效性进行分析，撰写对标指标评估分析报告。

（6）改进提高。企业将能效对标实践过程中形成的行之有效的措施、手段和制度等进行总结，制订下一阶段能效水平对标活动计划，调整能效标杆，进行更高层面的对标，将能效水平对标活动深入、持续地开展下去。

9.3.4 卷烟工业企业能源对标后的持续改进

卷烟工业企业能源对标后，应结合能源管理体系运行要求，进行持续改进。

能源管理体系标准与质量管理体系、环境管理体系和职业健康安全管理体系标准一样，采用国际上通行的管理模式，即策划—实施—检查—改进（PDCA）模式，如图9－2所示。

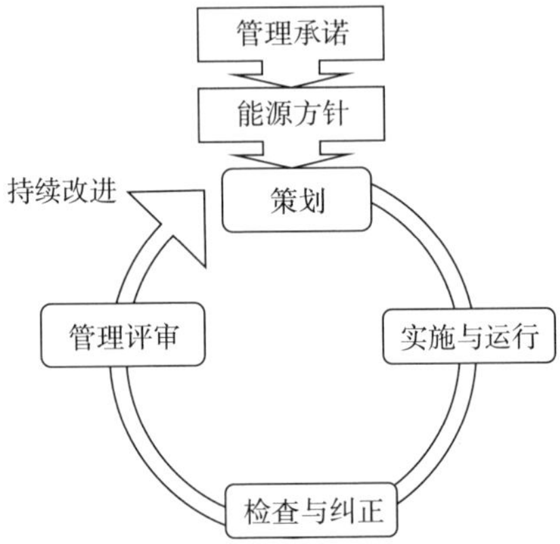

图9－2　GB/T 23331能源管理体系模型

（1）策划（P）：包括识别和评价企业的能源因素，识别适用的法律法规、政策、标准及其他要求，策划并采用适用的节能技术和最佳的节能实践，通过分析确定能源管理基准，可行时确定标杆，建立能源目标、指标和实施能源管理方案等。

（2）实施（D）：包括提供所需的资源，明确企业内部各部门和单位的作用，规定其职责和权限；确定与能源管理有关人员的能力、意识和培训；明确能源管理信息交流的内容和方法，建立所需的文件和记录，实施能源管理运行控制活动等。

（3）检查（C）：包括对能源管理活动绩效和能源方针目标以及管理方案的实现情况的监测；进行合规性（符合适用的法律法规）评价；如有不符合，应及时纠正和处理，并分析原因加以改进，同其他管理体系一样，定期开展内部审核和管理评审等。

（4）改进（A）：包括采取纠正或预防措施持续改进能源管理和绩效。

实 践 篇

10 国内卷烟企业精益能源管理体系建设案例

10.1 基于“拉动”与“价值流”双原则的节能项目管理案例

10.1.1 背景

过去，某卷烟厂动力能源供给方式主要以推动生产的模式进行，即在生产准备过程中提前将水、电、气、汽、风力等动力能源准备到位，随时供制丝、卷包车间生产所用。这种推动生产模式的能源供给方式在能源等待过程中使动力设备无功运行；同时，各动力能源的供给标准长期固化，缺少检验，不能有效同生产对接，造成大量能源的浪费。

为全面提升能源管理水平，降低能源过度消耗，动力车间结合精益生产管理的概念与思想，将“拉动”与“价值流”两大原则与节能项目管理结合，即在能源管理项目提出与分析阶段，运用“拉动式生产”与“价值流分析”的方法，分别论证各动力能源供给是否满足生产用能需求，是否存在节能空间，是否能够为客户创造价值，以此为原则确定项目是否可行，从而提出有效的节能方案的能源管理过程。

10.1.2 实施方案

10.1.2.1 实施流程

基于“拉动”与“价值流”双原则的节能项目管理的流程是按照目标定位、项目分析、实施验证、效果巩固四个标准步骤实施，并且形成系统闭环管理。

10.1.2.1.1 目标定位

通过指标考核、同期对比与同行对比的方式，区分、识别管辖范围内可进行节能、需要进行节能与迫切进行节能的方向（见表10-1）。

表10-1 目标定位论证表示例

设备系统	指标考核	同期对比	同行对比	结论
锅炉系统	指标考核占比高	同期天然气消耗上升	高于同行业消耗指标	必须采取节能措施
空压系统	指标考核占比高	同期电能消耗基本持平	低于同行业消耗指标	可寻找节能机会
空调系统	指标考核占比高	同期电能消耗上升	高于同行业消耗指标	必须采取节能措施
……	……	……	……	……

10.1.2.1.2 项目分析

通过精益管理中“拉动式生产”与“价值流分析”两大论证方法，对动力能源管理目标定位中提出的节能方向进行分析，验证其实施节能工作的可行性与最佳路径。

“拉动式生产”主要包括：一是进行模拟生产预测分析，即通过对动力设备系统生产动能供应的流程进行拉动式模拟，把各项能源指标进行分析对比，筛选出实际生产状态下与模拟生产状态下存在差异的指标。二是分析需求，即根据筛选出的拉动式生产下与当前生产模式下能源存在的差异指标，基于设备运行参数许可范围，分析当前生产的差异指标是否存在可调整范围，即当前指标与实际需求量是否相符，把当前指标偏向实际需求量调整。

结合动力设备系统能源指标分析（见表10-2），按照理论需求量，从能源使用终端拉动生产始端的各个工段进行分析调整：当前运行指标a大于各生产工单需求指标（b1~bn）时，把a向（b1~bn）中最大项调整，达到满足制丝、卷包车间生产正常前提下，按照各工段实际需求量拉动生产始端进行能源供应。

表10-2 动力设备系统能源指标分析

能源系统	动力能源当前运行指标	制丝、卷包能源需求指标	动力设备可调整范围	调整结论
制丝、卷包工段1	a	b1	（c1~c2）	当 $a>b1$，且 $c1<b1<a<c2$ 时，可对a进行调整
制丝、卷包工段2	a	b2	（c1~c2）	当 $a>b2$，且 $c1<b2<a<c2$ 时，可对a进行调整

续表

能源系统	动力能源 当前运行指标	制丝、卷包能源 需求指标	动力设备 可调整范围	调整结论
……	……	……	……	……
制丝、卷包工段 n	a	bn	(c1 ~ c2)	当 a > bn，且 c1 < bn < a < c2 时，可对 a 进行调整

价值流分析首先是绘制全过程价值流图：针对能源供应的全过程，按照各个工序标定耗费的资源、时间、人员等，绘制从制丝、卷包车间到动力车间的各个能源供应链（见图 10－1）。

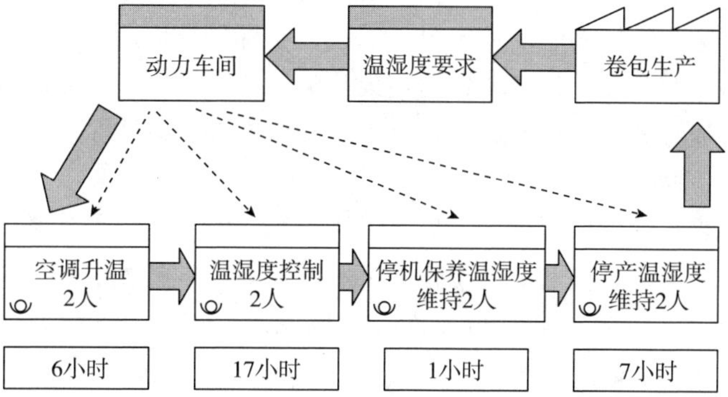

图 10－1 卷包空调温湿度控制价值流图

其次，分析价值流图中各工序的资源损耗情况，确定不增值环节：分析能源供应价值流图中各工序的时间、资源损耗，判断其是否属于不增值环节（见表 10－3）。

表 10－3 卷包车间空调温湿度不增值环节分析表示例

工序	时间	资源	人员	结论
空调升温	6 小时	蒸汽、电能	2 人	时间过长，存在不增值环节
温湿度控制	17 小时	蒸汽、电能	2 人	工艺要求，非不增值环节
停机保养温湿度维持	1 小时	蒸汽、电能	2 人	工艺要求，非不增值环节
停产温湿度维持	7 小时	蒸汽、电能	2 人	属不增值环节

再次，消除不增值环节：对于已进行判断存在不增值环节的工序，确定该设备系统在生产过程中有节能空间。根据工序中不增值的时间、资源、人员等因

素，制定工序的节能改善目标与计划，进行改善实施。

最后，开展工艺测试，掌握不同季节温湿度的准确升温时间，为缩短升温时间提供依据；如根据对空调的分析，确定将空调升温时间控制在2小时以内，取消卷包车间停产期间温湿度保持工序，改为每天提前2小时对卷包升温。

10.1.2.1.3　实施验证

经“拉动式生产”与“价值流分析”论证后，设备系统的能源管理进入实施与验证阶段，根据效果验证判断出节能项目分析的正确性与准确性，并且形成了节能分析与效果验证的小闭环。

10.1.2.1.4　效果巩固

效果巩固主要通过作业标准化和单点课培训两种方式来实现。作业标准化是针对各节能项目的分析结果与实施的成效，制定相关设备的操作、运行管理规定，结合作业标准化的编制，从定员、定法、定标等方面对设备操作进行节能措施的规范；单点课培训是将节能过程与效果编制单点课案例，把双论证的思维通过培训方式在基层员工进行推广，提升车间整体能源管理水平。

10.1.2.2　组织保障

搭建动力能源管理组织架构，成立管理小组、专业小组和实施小组，通过自上而下的层级管理、职责明确的工作分工和专业对口的技术支持，对双论证能源管理实施过程中的每个环节进行介入，实现控制、掌握、调整每个步骤的实施情况。

（1）管理小组由设备工程科和动力车间管理人员组成，负责全面能源管理工作统筹，主持节能项目实施。动力车间负责车间资源调配、安排、落实，设备工程科监督各项节能项目实施。

（2）专业小组由设备技术员、维修班长、运转班长组成，按照动力车间各设备系统进行专业分工，负责制定能源管理实施目标，分析项目可行性。

（3）实施小组由各岗位维修人员、运转操作人员组成，按照专业小组制定的目标与项目可行性，编制技术实施方案，对实施效果进行评定与验证，建立实施效果的巩固措施。

10.1.3　效果与总结

经过开展工艺测试，掌握不同季节温湿度的准确升温时间，将空调升温时间控制在2小时以内；取消卷包车间停产期间温湿度保持工序，改为每天提前2小时对卷包升温。空调运行时段优化后每年节省电能约76万元；制冷系统启停时间优化后每年节省电能约90万元；锅炉系统冷凝水回收再使用后每年节省天然气约50万元，空压机分级压力供应每年可节省电费约20万元。

根据各设备系统的节能措施，制定了动力设备的节能操作指引，例如《组合式空调控制节能指引》等，通过基于“拉动”与“价值流”双原则的节能项目管理，提升了动力车间能源管理水平，规范了车间员工设备操作流程；同时，结合节能项目编写的节能相关的单点课教材成为新员工、转复岗员工进行技能培训与岗位培训的课程内容，进一步提升了车间运行人员的设备操作水平、维修人员的维修技能水平。

10.2 卷烟企业能源模型

10.2.1 背景

从“能源转化、能源传输、能源消耗和能源回收再利用”能源循环的全过程进行认真总结、分析，发现能源管理与生产管理结合不紧密——排产多品微量、月度生产衔接紧密性不够、区域开工不足、生产柔性与设备设施不一致等问题是困扰能源管理的突出矛盾。为解决此突出矛盾，以能源计量为基础，建立工厂能源模型。利用能源模型，录入排产计划后，即可模拟出工厂能源消耗。通过不同的排产计划，即可生成不同的能源消耗。根据不同的能源消耗，总结出最佳的生产方式，综合考虑满足市场需求和控制生产成本，提供数据支撑，最终可以达到找出短板、细化能源管理、优化生产排产、指导生产经营的目的。

10.2.2 实施方案

卷烟企业能源模型由测算计量点、卷烟牌号、卷包排产计划、能源消耗模型和能源消耗测算五个模块组成。每个模块都应设置修改、新建和保存功能，便于业务人员建立和调整能源模型（见图 10－2）。

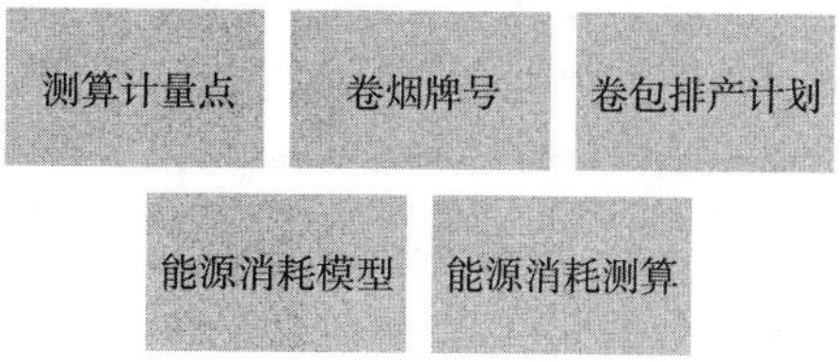

图 10－2 卷烟企业能源模型

10.2.2.1 测算计量点

测算计量点模块是各工厂能源特性的体现，分为编码、名称、状态（是否启用）和备注几个属性。每个测算计量点需要给出唯一的编码，用于下一步的能源模型调用，备注用来说明需要后台处理测算计量点的处理方法。每个测算计量点可以按时间范围给出不同的值，用于表述按季节变化波动的能耗指标特性；设置“采集方法”一栏，用于需要后台处理的测算计量点连接后台处理方法。

10.2.2.2 卷烟牌号

卷烟牌号模块用于处理各卷烟牌号全称和简称，在卷包排产计划模块中使用简称，导入的标准电子表格中使用全称。

10.2.2.3 卷包排产计划

卷包排产计划模块用于导入排产计划，建立制丝车间、动力车间和卷包车间的生产日历，其中包括每天的生产牌号、生产产量、卷包开机台数和日期性质。日期性质分为生产停产日、卷包开始生产前第 3 天、卷包开始生产前第 2 天、卷包开始生产前第 1 天、卷包生产日、卷包生产日（周末）、卷包生产日（结束前 2 天）、卷包生产日（结束前 1 天）、卷包生产结束日。

10.2.2.4 能源消耗模型

能源消耗模型模块用于依据各工厂能源特性建立消耗系统树。系统树可以由工厂业务人员按各厂实际编辑，具有增加同级节点、子节点和调整父节点功能。每个节点由下级节点计算得出，设置“计算公式”和“公式说明”编辑框用于编辑公式。最底层节点关联测算计量点，设置“最底层指标”选择框选择是否为最底层节点，设置“关联测算计量点”一栏用于选择测算计量点，设置“采集时间点”用于选择此最底层节点在不同日期是否生效。

10.2.2.5 能源消耗测算

能源消耗测算模块用于按月测算工厂能源消耗。测算前可以选择生产月份，调用能源消耗模型和卷包排产计划，测算后得出全厂能源消耗、全厂单箱标准煤，并可以按能源消耗系统树的结构，逐层展开查看各生产车间和建筑的各种能源消耗。测算过程中需要根据卷包排产计划，取得卷包生产机台数、生产产量和品牌，每个日期的性质，计算出制丝车间每天叶前线和叶后线的生产批次数、每天梗线投梗重量，以及叶线换牌次数和梗线换批次数。按照能源消耗模型，逐层向上计算得到每天的全厂能耗，对一个月的所有日期能耗求和得出每月的全厂能耗。

10.2.2.6 工厂能源模型持续优化

工厂能源模型是开放、兼容的，各工厂可根据实际情况，自己建立本工厂的能源模型，拓展应用性高。同时，依托大数据云平台，对工厂采集点数据进行优化处理，更新数据库中的数据，可以规避因生产条件变化引起的误差，确保预测准确。

10.2.3 效果与总结

能源模型是在能源管理云平台上开发出来的，任何时间、任何地点都可使用。能源管理新模式基于数据的管理，是对数据深度和宽度上的挖掘，既分析过去，又预测未来。例如：

相同排产计划在1月和10月的能耗测算对比，1月能耗为每大箱30.49千克标准煤；10月则为每大箱20.11千克标准煤。

相同时间不同单一牌号能耗测算对比，A产品能耗为每大箱17.90千克标准煤；B产品则为每大箱19.20千克标准煤。

10月是否连续生产能耗测算对比，连续生产能耗为每大箱17.69千克标准煤；不连续生产则为每大箱19.91千克标准煤。

依托工厂能源模型，可以优化生产排产，确保能源与生产紧密结合，实现四“合”，即能源管理与生产管理相结合，能源与生产部门、人员相互配合，能源设备与生产设备之间相互磨合，能源管理系统与生产系统高度融合。生产管理部下发生产计划时，同步下发能源信息工单，明确各项动能设备启停时间或者相关区域环境温湿度具备生产条件，避免动力设备空运转或者生产车间空车等待，确保能源与生产紧密结合。

依托工厂能源模型，还可以细化能源管理。由企管部牵头，考虑所有因素，细化分解能源考核目标。比如，向动力车间下达能效指标，向生产车间下达消耗指标，向生产管理部下达生产管理指标（批次耗能时间），向设备部下达设备、设施管理指标（产能利用率、生产效率），年初与其他生产经营指标一起下发到各部门，全面统筹管理工厂能源消耗。

10.3 基于三班两上的柔性化能源管控

10.3.1 背景

企业有时会根据经营状况调整作业安排。某卷烟厂生产运行由四班三运转模式改为三班两运转模式，减少了一个生产班次，从而带来了动力车间在能源转换与供应时，与制丝、卷包车间启停机时间上不同步的情况，即制丝、卷包车间已停止生产，而动力车间仍在供应空调、压缩空气、环境除尘、工艺风力等能源；同时，由于缺乏有效的能源管控措施，未制定不同季节空调、压缩空气、环境除尘、工艺风力及梗签收集合理启停时间节点标准，造成了不必要的能源浪费。

对此，该企业推进实施了基于三班两上的柔性化能源管控课题，结合三班两运转模式，在保证工艺环境前提下，制定不同季节空调、压缩空气、环境除尘、工艺风力及梗签收集合理启停时间节点标准，杜绝产能及用能设备的空耗，实施能源供应及停供准时制，实现了柔性化能源管控。

10.3.2 实施方案

基于运行现状分析，企业形成了设备职能部门主导、产能部门及用能部门具体实施和生产职能部门配合的全过程能源管控，制定了三班两上运行模式下精细化生产供能控制方案，明确了两班八小时、两班十小时及早十中八运行模式下的能源供给时间节点。

10.3.2.1 开展工艺测试

根据生产和保养阶段的不同要求，持续探索优化设备节能经济运行模式，进行差异化参数设置和设备启停，如制丝线的梗丝气流干燥机、烘丝机、筒类设备、输送设备、蒸梗洗梗设备，动力车间的空调、除尘、锅炉、空压、真空、水泵等设备，探索出既能满足生产和工艺要求，又能减少空载运行的科学开机和停机时间。同时，进行空调温湿度升温测试，掌握不同季节温湿度的准确升温时间，探索停产后开班前的锅炉和空调开启规范，为缩短升温时间提供依据。

10.3.2.2 制定设备启停标准

结合卷包车间非生产时间的设备保养，制定空调、压缩空气、环境除尘、工艺风力及梗签收集合理启停时间节点标准，形成柔性化能源供应作业指导书，确保必要的能源供给，杜绝用能设备的空耗，实现能源供应及停供准时制（见表10－4）。

表10－4 设备启停控制时间表（部分）

设备/区域		室外条件	温度：0℃～10℃ 湿度：5%～30%		
	编号	区域	开机时间	停机时间	新风阀开度
空调	K1	叶线	6：40	准时	10%左右
	K2				
	K3	梗丝	6：40	准时	10%左右
	K4	柜叶柜	—	—	10%左右

续表

设备/区域		室外条件	温度：0℃～10℃ 湿度：5%～30%		
	编号	区域	开机时间	停机时间	新风阀开度
空调	K5	加香	—	—	10%左右
	K6	储丝房	—	—	10%左右
	K7		—	—	10%左右
	K8	卷包工段	6：40	准时	10%左右
	K9				
	K10				
	K11				
	K12	选叶	6：40	准时	10%左右
	K13	平衡库			10%左右
	K14	成型工段	6：40	准时	10%左右
	K15	装封箱工段	6：40	准时	10%左右
除尘	JB1	卷包工段	7：50	准时	—
	JB2				
	JB3				
	JB4				
	JB5				
	JB6				
	JB7				
	JB8				
	JB9				
	JB10				
	ZB1	制丝车间	电话指令	准时	—
	ZB2				
	ZB3				
	ZB4				
	ZB5				
	ZB6				
	ZB7				
真空泵	—	—	7：50	准时	—
空压机	—	—	7：50	准时	—

在满足工艺环境的前提下，制定不同季节停产后开班前的供能源时间节点，通过试验得出准确的锅炉和空调开机提前开启节点，并作为标准执行。目前，经同生产调度科、工艺品质科沟通，将空调升温时间控制在 2 小时以内，取消卷包车间停产期间温湿度保持工序，改为每天提前 2 小时对卷包升温。

10.3.2.3　强化目标指标

固化设备启停时间节点标准后，采取强化目标指标的方式予以巩固：新增制丝车间万支耗蒸汽考核指标，制丝车间应每周对车间所有的管道进行检查，管道泄漏率控制在 5‰以内，解决制丝所有蒸汽旁通阀直排问题；卷包车间新增万支卷烟耗压空考核指标，卷包车间应每周对车间所有的管道进行检查，管道泄漏率控制在 5‰以内；动力车间新增锅炉产蒸汽量与天然气消耗量的汽气比指标和压缩空气产气量与电力消耗的气电比考核指标，同时，加强对锅炉、空压机的维护保养，确保锅炉、空压机的运行效率。

同时，协调生产调度科合理安排生产计划，科学合理安排每天的生产时间和开机台数，特别是淡季生产不饱和时，生产安排尽可能紧凑、集中，尽量做到各品规计划均衡、集中生产，提高能效利用率，以最小的能源消耗，保证生产、生活用能。

10.3.3　效果与总结

实施设备启停时间节点标准以来，有效避免了原来设备空耗时间，既保证了工艺环境，又实现了能源的节约。

以 2020 年 1 ~ 10 月为例，综合能耗比上年同期下降 1104 吨标准煤，万支卷烟综合能耗 2.0 千克标准煤，比上年同期（2.07 千克标准煤）下降了 0.07 千克标准煤。其中，万支卷烟耗电为 7.36 千瓦时，比上年同期的 7.57 千瓦时下降了 0.21 千瓦时；万支卷烟耗天然气 0.82 立方米，比上年同期的 0.856 立方米下降了 0.036 立方米。

10.4　利用生产数据看板精细操作锅炉

10.4.1　背景

节能降耗是企业提高经济效益，实现高质量发展的必然要求，也是工业企业必须常抓不懈的重要工作。某卷烟企业锅炉供应蒸汽过程中，传统的信息传送方式落后低效，信息量少，不能为司炉工的操作提供及时有效的支持。看板生产主要用于产品的制造过程。如果利用看板帮助司炉工了解实时的生产情况，并对锅炉和供汽设备进行及时调整，就能在保证生产稳定用能的同时，减少蒸汽浪费，进而降低成本，提高企业经济效益。

10.4.2 实施方案

10.4.2.1 问题分析

该企业使用的能源包括电和天然气，动力能源供应环节与生产用能环节的及时有效的沟通尤为重要。电能随设备关停能做到及时停用，天然气主要用于生产蒸汽，而蒸汽供应长期以来是司炉工在白班接班后按照工艺要求上线压力值供应，然后等制丝车间班长通知生产完成后降压。这期间的设备运行情况、工况变化等关键信息并不能保证及时沟通。在这种情形下，必然会造成供汽压力高于实际需求、蒸汽没有及时停供等现象，造成能源的浪费。

10.4.2.2 看板管理

看板管理是为了实现准时（JIT）生产，进行现场生产流程控制的工具。它是利用卡片作为传递作业指示的控制工具，将生产过程中传统的送料制改为取料制，以“看板”作为“取货指令”“运输指令”“生产指令”进行现场生产控制。其应用范围可以涵盖工厂内部、外部供应商和客户。通过看板管理能有效消除库存及过度生产。目前，看板管理在生产流程中使用较多，但是辅助生产部门使用较少。

该企业针对以上问题，决定采用看板方式，实现实时将生产数据进行筛选并展示给司炉工，并对锅炉和供汽设备进行精细和及时的调整，从而减少蒸汽浪费。

10.4.2.3 过程

第一步，了解需求。通过调查，将司炉工需要了解的工艺段情况进行汇总，包括真空加潮、气流烘丝、薄板烘丝、烘梗丝，主要数据和信息包括排产牌号及批次、工单状态、主要点位蒸汽压力及温度、蒸汽流量、物料流量等。

第二步，设计确定方案。经过研讨比较，确定了从 MES 系统中提取相关数据并生成看板的方案。

第三步，开发技术实施。技术人员与 MES 系统开发维护人员根据需求设计开发看板。

第四步，应用调试和部署。对看板进行调试、修改并部署到锅炉操作站。

10.4.3 效果与总结

改进前，蒸汽供应模式是司炉工在白班接班后按照工艺要求上限压力值供应，待制丝车间生产结束后由车间班长通知。在看板部署完成后，在保证生产供应的前提下，蒸汽浪费明显降低。以薄板烘丝工段为例（见图 10－3），其出口水分的稳定与否是体现薄板烘丝工作性能好坏的重要指标，实施看板管理后，其出口含水率稳定，而非工作时间蒸汽使用量很少。

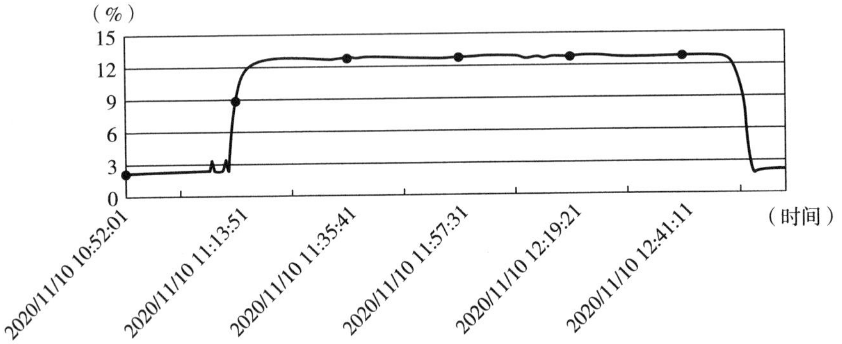

图 10－3　薄板烘丝出口水分

10.5　采暖换热系统运维模式优化

10.5.1　背景

某卷烟企业对动力车间水、电、气、汽等不同能耗分析后发现，采暖季节蒸汽消耗量占全年低压蒸汽消耗量的 70%，而采暖换热系统在采暖季节蒸汽消耗量占非生产用低压蒸汽的 68.83%。公司采暖换热系统共有四台换热面积 20 平方米的汽水换热器，负责公司产品库区温度保障和全公司非办公区域以及库区的冬季采暖供应。系统运行过程中只需要人工设定换热器出口温度，其他的包括采暖管网循环到采暖管网水量补充，再到采暖管网水温调节全部实现自控运行，同时该系统与能源管控系统连接，实现了远程操控，简单高效。但是在运行过程中，设备管理人员发现换热器出口温度设定比较粗放，冷凝水余热没有合理利用。因此，通过优化换热系统运维模式，可以降低采暖季节低压蒸汽消耗量，从而降低公司整体能耗。

10.5.2　实施方案

10.5.2.1　问题分析

针对采暖换热系统低压蒸汽用量高的问题，根据系统运行的实际情况进行分析研究，提出两个造成采暖换热系统用蒸汽量高的问题：一是换热器出口温度设定不合理；二是冷凝水余热未合理利用。

10.5.2.2 换热器管理改进

针对室外气温不断变化的特点，通过正交实验的方法确定最佳参数值，以达到每小时低压蒸汽消耗量为试验结果最低且低于2.27吨（之前随机试验时出现过的最低值）的目标。

首先，进行温度梯度划分。针对室外气温不断变化的特点并结合企业所在地室外温度统计表，将一天24小时按照一定的温度梯度（-1℃~5℃、-4℃~-1℃、-8℃~-4℃）划分成三个采暖时段。

其次，设计统计试验方案。试验目的是寻找蒸汽消耗量和防冻区温度关系，查找最佳的参数设定方案。选择因素分别是换热站出口温度、阀门开度及采暖水流速。位级设定为3，试验次数选定为9次。

分别针对-1℃~5℃、-4℃~-1℃、-8℃~-4℃三个阶段绘制“因素位级表”及“正交试验设计表”，并对趋势图及极差进行详细分析。经综合评定，在外界温度-8℃~-4℃时，其最佳参数组合为A2 B2 C3，即设定换热站出口温度70℃、阀门开度10%、采暖水流速4米/秒。在外界温度-4℃~-1℃时，其最佳参数组合为A2 B2 C3，即设定换热站出口温度60℃、阀门开度10%、采暖水流速4米/秒。在外界温度-1℃~5℃时，其最佳参数组合为A2 B2 C3，即设定换热站出口温度50℃、阀门开度10%、采暖水流速4米/秒（见表10-5）。

表10-5 因素位级表

温度梯度	位级设定	出口温度A（℃）	阀门开度B（%）	采暖水流速C（米/秒）	最佳参数组合
-8℃~-4℃	位级1	65	5	2	A2 B2 C3
	位级2	70	10	3	
	位级3	75	15	4	
-4℃~-1℃	位级1	55	5	2	A2 B2 C3
	位级2	60	10	3	
	位级3	65	15	4	
-1℃~5℃	位级1	45	5	2	A2 B2 C3
	位级2	50	10	3	
	位级3	55	15	4	

因此，通过正交试验的方法找到最佳参数设定，如表10-6所示。

表 10-6　最佳参数设定

温度梯度	出口温度（℃）	阀门开度（%）	采暖水流速（米/秒）	每小时蒸汽消耗量（吨）	防冻区温度
-8℃～-4℃	70	10	4	2.25	合格
-4℃～-1℃	60	10	4	1.86	合格
-1℃～5℃	50	10	4	1.75	合格

10.5.2.3　冷凝水余热未合理利用

根据实际情况，利用“过程决策程序图”制定了“采暖冷凝水回收方案”（见图 10-4）。

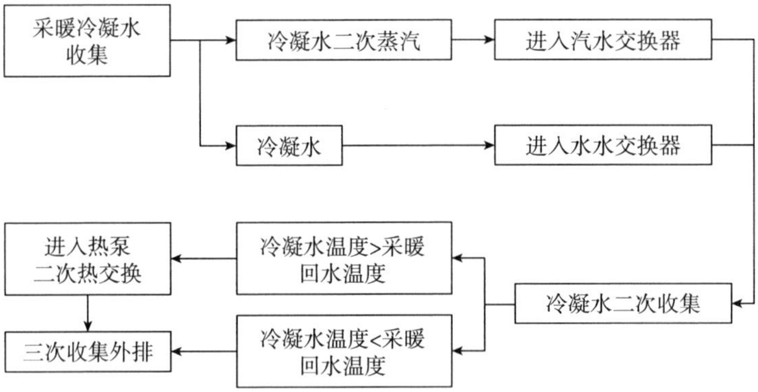

图 10-4　采暖冷凝水回收方案

随着冷凝水收集系统、冷凝水换热系统、冷凝水储存排放系统三套系统的完成，小组成功回收了冷凝水热量并利用其对采暖回水进行预热，使采暖回水温度从 45.13℃提高到 49.47℃。

为了巩固措施，出台了《动力车间采暖换热系统阶梯供暖方案》，并将相应调整措施的流程及要求纳入《换热系统操作规程》中。

10.5.3　效果与总结

对换热系统运维模式进行优化后，每天根据室外气温的变化按照这三个阶段进行换热站参数设定后，实现了每小时低压蒸汽消耗量均低于制定的 2.27 吨的目标。当年防冻采暖蒸汽消耗量从原来的 7015 吨下降到现在的 4035 吨，蒸汽用量共计下降了 2980 吨，折合人民币 59 万元。

10.6 动能风险点管控

10.6.1 背景

某卷烟企业在管理分析中发现，随着动力车间风险管理要求的不断提升，移动端管控一体化以其及时、准确和信息内容丰富的优点，已成为动力车间风险管理系统的重要组成部分，广泛应用于动能运行、设备监控、作业过程监督等领域，为推动动力车间的管理逐步向自动化、综合化、集中化、智能化方向发展提供了有力的技术保障，有效地提高了动能运行和维护的安全性和可靠性。现有的动能系统存在着运行中的风险，如运行时缺少预警提醒，动能运行操作人员、维修人员不能及时解除故障；动能设备状态管理中存在风险，如设备状态监测系统的数据采集量大，但信息密度低，设备多数时间处于正常运行状态，异常和故障信息相对较少，价值密度较低。

应实现动能系统关键风险点的识别和梳理，将风险点预警规则在管控一体化系统中实现，并实现预警的实时判断和推送，实现生产工艺信息与动能供给管控信息进一步扩展融合，实时掌控动能管控对生产末端的服务与保障。

10.6.2 实施方案

图 10－5 所示为风险点管控一体化流程。

10.6.2.1 风险点识别

首先，识别潜在失效风险点：罗列、梳理动能系统影响生产的风险点清单。组织技术骨干和班组长组成的专家小组，对清单的风险点重要程度进行打分，确定 1000 余个对动能运行管控产生重要影响、需要重点关注和管控的风险。

其次，分析原因，制定解决对策：根据系统设备的风险点，分析找准问题源头，做好监测点布控、数据采集，结合安全双重管控体系制定系统设备风险的预警防控措施。

最后，录入安全风险管控数据库：将预警防控支撑的数据信息录入数据库，包括保养包内容、周期、项目、设备监测监控点的点位预警范围数据，并把相应的解决方案、备件信息、责任人联系方式等信息都录入管控平台中，建立起预警信息知识库，结合移动端平台进行风险信息预警推送。

10.6.2.2 动能运行风险点管控

对预警事项进行响应，建立预警信息知识库，对引发能源供应过程中的预警

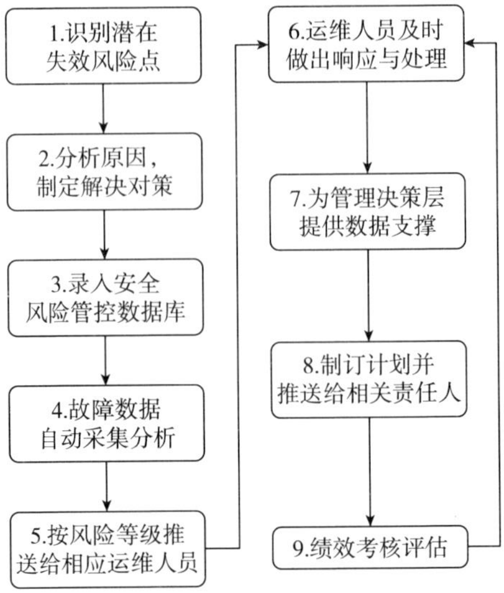

图 10－5　风险点管控一体化流程

事项，推送预警响应处理界面，通过大数据关联性分析，定位可能引发预警的解决策略，按照预警界面的要求元素，响应者录入预警解决过程；同时提供核心生产流程的预警一键求助功能，进一步保障预警处理的及时性。

对锅炉系统的风险点梳理如表 10－7 所示。

表 10－7　锅炉系统的风险点

风险点	tag 点及判断依据	风险现象	处理措施
生产生活水池	以 1#水池液位为例：4 米以下持续 10 分钟报警，4.4 米以上直接报警。或者液位半小时偏差 10 厘米以上推送信息，原因是：①浮球阀卡顿；②液位传感器失灵；③市政供水中断	水位持续下降 水位持续上升	进行报警及推送信息给运行班当班挡车以及机械主维修、锅炉组组长
供水泵	条件一：压力低于 0.4MPa 持续 60 秒报警； 条件二：压力高于 0.6MPa 持续 60 秒报警	压力波动过大，供水水压不稳	推送给相关责任人，进行现场排查检修
离子交换器	阀门故障信号作为可观测量，放在 PC 端	设备元器件损坏	故障对应编号的离子交换器故障信息推送给相关的电气、机械维修人员
锅炉软水箱	液位低于 1.5 米持续 5 分钟报警，高于 3.2 米持续 5 分钟报警	水位持续下降 水位持续上升	进行报警及推送信息给运行班当班挡车进行排查、检修

续表

风险点	tag点及判断依据	风险现象	处理措施
工艺软水箱	液位低于1.5米持续5分钟报警，高于3.2米持续5分钟报警	水位持续下降 水位持续上升	进行报警及推送信息给运行班当班挡车进行排查、检修
二级节能器	烟气温度，高于92℃直接报警		进行报警及推送信息给相关负责人
除氧水泵	除氧水泵运行时间达到5000小时保养一次。 变频器散热片温度高于70℃直接报警		进行报警及推送信息给相关负责人
除氧器	以1#除氧器为例： 条件一：液位低于85厘米持续半小时或触发低液位报警值（70厘米）进行报警推送； 条件二：液位高于105厘米持续半小时或触发高液位报警值（110厘米）进行报警推送	水位持续下降 水位持续上升	进行报警及推送信息给运行班当班挡车
	压力高于25～35kPa持续半小时以上报警	除氧器压力持续上升，导致安全阀起跳	推送“请检查余热回收电动阀是否自动开启”对话框，如没有确认，推送给运行班当班挡车进行人工开启
	温度高于107℃持续半小时以上报警		
	除氧器进汽阀门显示关闭状态，5分钟内蒸汽流量还有数据，表明阀门泄漏要预警	除氧器温度持续上升	
锅炉给水泵	给水泵有故障信息推送	水泵不能给锅炉正常供水	进行报警及推送信息给相关负责人，锅炉维修工检修水泵，操作人员根据推送信息做好并炉准备
鼓风机	增加热敏电阻，监测温度曲线	水泵温度持续下降 水泵温度持续上升	进行报警及推送信息给相关负责人
燃烧器	各燃烧器运行时间>4000小时进行保养； 燃烧器火焰亮度<85报警	燃烧器骤停，会导致锅炉停机	保养信息及保养内容提前推送给相应负责人，如火焰亮度<85及时更换

续表

风险点	tag 点及判断依据	风险现象	处理措施
锅炉本体	运行状态下： 1#锅炉电导率低于 3420； 2#锅炉电导率低于 3150； 3#锅炉电导率低于 3180； 4#锅炉电导率低于 3180 且持续时间 2 小时以上	水质不达标，长时间运行会导致锅炉腐蚀	进行报警及推送信息给相关负责人
	锅炉运行时间	安全措施以及维护保养措施不到位会影响安全生产运行	提前推送锅炉年检（每年一次，今年是 5 月 1 日进行的年检）信息给相关负责人
	工作日生产时间内（6：30～23：00），目前压力设定：11.5bar，锅炉蒸汽压力超出正负 0.55bar 进行预警推送	会触发锅炉安全联锁，会导致锅炉停炉	推送信息，提示当班运行人员及时开启锅炉
	天然气调压阀后压力：低于 160mbar 持续报警，高于 190mbar 直接报警	天然气供气异常	进行报警及推送信息给运行班当班挡车
	锅炉水位低于 50% 持续 10 分钟，每 10 分钟提示一次，高于 85% 持续 10 分钟，每 10 分钟提示一次	锅炉水位风险	进行报警及推送信息给运行班当班挡车
蒸汽分汽缸	1#锅炉蒸汽分汽缸压力：低于 1MPa 直接报警，高于 1.2MPa 直接报警 2#锅炉蒸汽分汽缸压力：低于 1.03MPa 直接报警，高于 1.2MPa 直接报警	压力过高或过低影响蒸汽品质的稳定	进行报警及推送信息给运行班当班挡车
配电系统	雷电可能会导致电气线路闪压，短暂失压。能否把电力集控中效配电故障录波数据传到集控系统，给运行人员及时提示	配电闪压，闪压持续 50 毫秒会导致鼓风机变频器跳闸，燃烧器故障天然气阀门自锁，锅炉停运	进行报警及推送信息给运行班当班挡车及锅炉主维修、电气主维修

续表

风险点	tag 点及判断依据	风险现象	处理措施
油系统	日用油箱间：液位低于 0.25 米直接报警，高于 0.95 米直接报警	油箱液位风险，油箱溢出或者锅炉供油故障，存在停运风险	进行报警及推送信息给运行班当班挡车和锅炉主维修
	日用油箱泵：出口压力低于 0.08MPa 直接报警，高于 0.25MPa 直接报警	压力过低或过高造成管道损坏	进行报警及推送信息给运行班当班挡车和锅炉主维修

锅炉系统的风险点又可以分为电气风险、机械风险和人为操作风险三大类，共 12 个具体风险。以机械风险中的锅炉本体为例，锅炉严重超压会造成锅炉爆炸，是一个十分值得警惕的风险点，经过风险点识别和梳理后，确认引起锅炉严重超压的原因是超压开关和安全阀失效，在之前的动能运行管理中，依靠运行班组每班三次的巡检，定期排查测试超压开关和安全阀来判断是否有效。通过风险点梳理后，确认风险点"工作日生产时间内（6：30～23：00），目前压力设定：11.5bar，锅炉蒸汽压力超出正负 0.55bar 进行预警推送"。一旦超过正常范围就会推送给当班运行操作人员和锅炉维修人员，及时响应并处理风险。

10.6.2.3 动能设备风险点管控

运用大数据技术，对设备状态监测系统采集的数据进行有效分析、提取和再利用，增加设备状态数据处理子流程。以往注重对故障的精确判断和定位，而忽视了状态趋势的变化。增加设备在线监测技术，该技术的应用可为设备状态监测提供实时连续的运行数据，利用这些数据建立数学模型，可以在线反映生产线运行状态变化和故障发展趋势。对设备状态进行现场诊断或试验，不仅花费较大，而且不可能随时检测，而采用大数据技术进行数据分析建立模型，不会影响设备运行，可暂时代替检测装置做出判断，为及时排除故障提供依据。大数据技术的应用可实现对设备运行状态的监测，能够及时发现问题，进行故障诊断与维修，是保证工厂安全运行的前提。

以锅炉除氧器为例，除氧器是锅炉重要的组成部分，将锅炉给水加热到饱和温度，除去溶解于给水的氧气及其他气体，防止和降低锅炉给水管、省煤器和其他附属设备的腐蚀。锅炉系统原有的除氧器温度超过 109℃ 就发出警报，需要动能操作人员人为判断是否需要进行操作，如果温度快速回落或者进气阀是关闭状态的蒸汽流量很小，都是正常运行，不需要人为干涉。在实施风险管控之后，将除氧器温度的报警设置为除氧器温度高于 109℃ 并持续 30 分钟报警，这是将报警参数阈值与异常持续时间结合的报警；当除氧器进气阀完全关闭，10 分钟后蒸汽流量大于 0.2 吨/小时报警，是多个点位建立联动后，具有逻辑判断组合的报警。这就减少了“误报警”，提升了劳动效率。

10.6.3 效果与总结

在实现了动能系统运行工况的可视化全覆盖的基础上，构建了动能系统风险管控平台。截至 2020 年 10 月，该企业动力车间连续无故障最长运行记录为 983 天，累计平稳运行≥1100 天；同时，借助信息化手段，实现动能设备运行工况实时远程监控。减少运行班组的夜班上班人数，目前已从每班 5 人以上，降至最少 3 人即可保障动能运行，极大地提高了工作效率。

10.7 “联动式”能源供应模式

10.7.1 背景

随着烟草行业不断发展和进步，绿色环保、节能降耗已经受到普遍高度重视。按照卷烟生产的工艺要求，生产设备用能种类多样，生产模式多变，分时段用能差异较大。同一设备在不同时间用能量及用能种类需求不尽相同，不同设备在同一时间的用能需求也存在差异，卷烟制造工艺对能源供应的精准性和质量要求越来越高。本案例通过调查和实验，探索出一套能够根据生产模式变动灵活应对的“联动式”能源供应模式，降低能源生产浪费；梳理能源全流程链存在的损耗点，减少能源输送浪费；以历史消耗值为参考，优化能源使用定额管理，实现能耗目标联动管控，致力于从管理角度提升工厂能源管控水平。

某卷烟厂内动能设备与生产设备匹配不够科学。两台锅炉额定产能为 20 吨/小时，蒸汽实际消耗量在 0.5～11.6 吨/小时，制丝重点耗能工序生产结束后，实际所需蒸汽消耗量小于 7 吨/小时时，锅炉低效率运行；再比如，不同生产组织模式下压缩空气消耗量与空压机运行台数、产气量不平衡；用能部门的生产信息传递不及时，能源供应量、供应时间超出能源需求量，造成浪费；北方受天气影响，管网损耗较高，管线状态监控不到位，跑冒滴漏现象时有发生。诸如此类问题对于能源消耗的高效管控都有不利影响，亟待解决。

10.7.2 实施方案

10.7.2.1 动能设备与生产设备科学匹配，实现能源供应“四联动”

联动 1 是锅炉与制丝联动。按照制丝生产模式的变化，匹配不同的锅炉运行模式。根据制丝车间耗能设备的分布，将其生产工序分为梗前线、梗后线、叶前线、叶后线、真空回潮五个工序，根据各工序设备运行时间、蒸汽消耗量，探索不同时间段的组合模式，制定保障制丝生产的锅炉联动运行模式。

联动2是锅炉与空调联动。针对非供暖期制丝线停产期间，锅炉只对空调供汽的实际耗能状况，将之前锅炉压力3MPa持续供气的模式优化为按空调需求间断启炉供气。制丝生产结束，司炉工联动停运锅炉，锅炉压力从1MPa开始下降，当锅炉蒸汽压力≤0.3MPa时，空调操作工监控空调温湿度，当超出工艺标准范围时，及时传递信息至锅炉班组启炉，供气压力设定0.3MPa，锅炉运行20分钟后停炉，空调利用锅炉及管道储存蒸汽进行温湿度调节。

联动3是空压与生产联动。通过借助能源管理赋能平台线上线下及时掌握制丝、卷包生产用气量变化，精准匹配空压运行模式。

联动4是气象与设备联动。探索气象与设备联动参数模型。根据室外温度变化，研究能满足顾客舒适度并使能源消耗控制的最优值，制定冬季供暖温度调节清单。夏季夜间利用室外新风，降低车间温度，减少冷冻机的运行时间。

10.7.2.2 梳理产能—供能—用能全流程，瞄准“损耗点”

根据能源的全流程特性，梳理产能、供能、用能全流程节点，绘制形成《动能流程电子地图》。

根据《动能流程电子地图》建立完善损耗点管控清单。在《动能流程电子地图》中，识别“单点”损耗和“点点间”损耗，建立动能损耗点台账，形成《动能损耗点管控清单》，并不断根据动能运行实际情况进行优化和完善。对制丝车间按设备段分级，卷包车间按机台分级，列出用能设备隐患点、损耗点、增值点台账，按用能介质分类统计梳理出对应的控制措施，形成管理清单（见表10-8），同时借助能源管理系统，实时检测用能部门设备运行状态及用能需求量变化，强化用能与供能的匹配度。

表10-8 用能设备隐患点、损耗点、增值点清单

日期	损耗点	隐患点	增值点	情况描述（损耗点/隐患点/增值点）	照片描述	控制措施	改善后照片

10.7.2.3 目标联动管控

一是计划联动。根据生产计划安排，生成能源供应计划，实现生产计划与供能计划联动。借助能源管理系统，实时掌握制丝和卷包车间开、关机时间，通过系统分析计算，执行最优匹配策略，实现由“动能供应保障”向“动能需求满足”的转变。

二是目标连锁。分析卷烟生产能源流程与供应需求，从成本、效率、质量三个方面综合考虑，制定不同层级的能源目标，通过梳理分析能源转化、供给和使用的全流程节点数据，制定分级分类指标50项。同时，通过能源管理赋能平台，将重点耗能设备数据采集点延伸至末端，能耗目标实现每日推送预警，各部门时刻关注各自能耗目标完成情况。创建“工匠奖”激励办法，按月度进行能耗考评，提高了激励的有效性。将以前单纯的单耗指标优化为制丝车间折合吨烟丝定额指标和动力车间能源转化效率指标。

三是预算联控。以目标为导向，对各车间、各部室能源需求进行摸底，梳理能源供应链条，结合绩效提升需求，确定节点参数。参考历史消耗数据和现场数据，根据各能源消耗的占比分解目标，确定各车间（部门）能耗定额，纳入预算管控。通过信息系统自动分析预测，及时预警、报警能源消耗异常，提醒用能部门及时采取措施控制，实现能源准时化、参数化、网格化管理和能源消耗定额管控。

10.7.3 效果与总结

通过管理改进，工厂单箱综合能耗下降至2020年的14.99千克标准煤，对标排名大幅度提升，为系统线上联动运行奠定了基础，也为下一步打造智慧能源管理一体化平台提供了支撑。建立联动式的柔性能源供应模式，既能满足生产、生活需求，又能有效降低能源消耗。该厂虽然在联动式能源管控方面做了一点尝试，取得了一些成效，但是持续优化完善能源管控质效，还需要不断探索，提升企业高质量发展的基础保障能力。

10.8 优化生产组织，提高用能效率

10.8.1 背景

某卷烟厂共有卷包设备14台套，受生产计划不均衡、人力资源配置不足等因素影响，2019年工厂卷烟产量30.6万箱，实际生产279天，平均卷烟产量1097箱/天。

10.8.2 实施方案

10.8.2.1 制丝车间

一是充分考虑储丝柜容量及下游生产机台数量，合理安排每日投料规格次

序，适时采用单班生产组织模式，基本实现制丝工序同一规格连续性生产，减少因频繁换牌导致的设备保养、预热消耗。

二是提高制丝设备运行效率，每日排产采用按牌号类别“由高到低”的原则，减少过程保养次数，降低设备预热能源消耗。

三是制丝车间每日生产结束后，真空回潮生产段与叶丝生产段分别将停机时间告知当班生产调度，由生产调度在10分钟内通知动力车间，停止能源供给，减少过程能源消耗。

四是为保证卷包车间生产连续性，同时确保在线烟丝及烟丝半成品符合工艺贮存标准，32小时以内的休息倒班停机，各存放物料区域空调正常供给，休息倒班停机时间超出32小时，则要求卷包车间确保“丝净车停”，空调停止供给。

10.8.2.2 卷包车间

一是采用分段集中生产、单机台固定品牌、机台同步生产的模式，月末与次月初生产同一规格卷烟，最大限度降低换牌次数，从而实现稳定提高产品质量、设备运行效率和节能降耗的目的。

二是充分考虑工艺风力除尘配置现状，基本实现同一工艺风力配套卷包设备同步生产、同步结束，提升除尘设备能源利用效率。

三是有效衔接库存和计划的关系，结合设备配置情况，尽量做到月度生产计划牌号均衡，软硬盒同步生产，各卷包机型同启同停，避免单一规格个别机台小批量生产造成的能源利用率低的问题。

四是合理控制生产过程，精准掌握生产进度，按生产周期对生产进度进行统计分析，及时向生产车间下发生产进度预警告知，对周期内欠产原因进行分析整改，降低单位产量能源消耗。

五是卷包设备通过精准点检、精准维修、精准润滑及精细化保养的有效实施，设备故障停机次数明显降低，设备运行效率明显提升，生产集中度指数同比提升0.06。

10.8.3 效果与总结

通过以上措施的实施，2020年该卷烟厂在保持卷烟产量30.6万箱不变的情况下，卷包车间生产时间同比减少11天，平均每天卷烟产量1142箱，同比提升45箱。按生产期间平均每天能源消耗20吨标准煤核算，减少生产用能220吨标准煤，折算综合能耗约0.72千克标准煤/箱。

11　国内卷烟企业精益能源管理体系建设的技改案例

11.1　基于大数据分析及分区多场耦合的空调节能控制

11.1.1　背景

在烟草工业企业，制冷空调所占能耗比例较大，主要原因是空调系统为保证被控区域的温湿度要求，需消耗大量的电能和锅炉燃料。

某卷烟企业制冷空调系统的电耗占全厂总用电量的1/3，尤其在夏季，其耗电比例超过了总耗电的1/2。同时，空调系统使用蒸汽对空气进行加热及加湿，在冬季、春季大气环境温度普通较低，湿度较小，空调消耗蒸汽较多，导致蒸汽生产成本提高。制冷空调系统运行在一定程度上增加了卷烟的单箱成本，是卷烟生产总成本增加的重要因素。

近年来，由于烟草工业企业对生产能耗的日益重视，技术部门加强了对工艺温湿度变化规律的研究力度，生产组织部门也从精细化组织生产入手进行调度，目的都是提高产品质量、降低生产成本。作为占总耗电量比例较大的空调能耗，应该是节能降耗的重点，空调系统技术升级改造势在必行。

由于烟草工业企业制冷的自控系统为定流量控制系统，在不同的季节，供冷量及负荷比随外界环境、设备发热及建筑围护结构传热的变化而变化，导致制冷的供冷量与实际环境所需的供冷量存在着供需不平衡。

烟草工业企业制冷空调系统平均能耗占总能耗的比例较大，对制冷空调系统实施节能能够取得较好的效果。制冷空调能耗水平与企业控本降耗、提高产品内在竞争力及增收创利息息相关，因而烟草工业企业对制冷空调系统实施节能势在必行。由于使用节能空调投资成本较高，运行成本及节能效率尚未在烟草工业企业得到实践检验，因此节能空调在烟草工业企业尚未得到较好的应用。目前，国内烟草工业企业对制冷空调系统节能采取的措施一般是通过管理来实施，通过加强设备管理与生产组织管理，减少制冷空调的无效开动来实施节能。采取管理措施节能，能够取得一定的效果，但不能全面挖掘烟草工业企业制冷空调系统的节能潜力。

针对烟草工业企业空调系统新型节能与控制技术进行研究，提出基于数据挖掘的工厂卷包车间和储丝房等大空间空调节能控制策略，深入分析大空间分区空调系统运行现状及存在的能耗问题，研究区域气流扰动特性及温湿度场、流场耦合机理及相互影响规律，在此基础上对原有空调系统的控制策略进行重构，并应用到实际生产过程中，达到优化控制，切实降低卷包车间和储丝房空调系统运行能耗的目的。

11.1.2 实施方案

11.1.2.1 基于历史数据的空调系统运行规则挖掘及节能优化

首先，对空调系统历史数据进行预处理，包括基于专家经验和聚类分析的特征提取，以及基于箱线图的异常值剔除。采用相关性分析研究不同影响因素对能耗的作用机理，以及不同影响因素之间的耦合关系。在此基础上，深入研究空调的动态能耗曲线，并进一步构建基于深度学习的能耗预测模型，通过预测模型识别不同操作模式对系统能耗的影响过程。

其次，建立卷包车间和储丝房空调系统能耗模式识别模型，对空调系统的历史运行过程进行划分，根据数据划分结果系统分析空调系统的能耗模式，结合实际运行过程中的控制策略及运行维护策略系统分析空调系统的能耗模式树，研究不同能耗模式下的能耗水平，并探讨不同能耗模式下能耗与影响因素的定性关系。

在此基础上，基于关联规则算法对不同能耗模式下的运行规则进行挖掘，构建不同能耗模式的规则库。深入研究系统运行过程中外部扰动因素和控制逻辑对系统能耗的耦合影响规律，识别不节能的运行规则，并对此提出合理可靠的节能优化策略。

11.1.2.2 大空间空调气流扰动的计算流体动力学（CFD）模拟

在热力系统的数值仿真研究中，一般要经过四个步骤：①求得真实系统的数学模型，对于热力系统的仿真，较多采用差分方程和偏微分方程；②将数学模型转化为能在计算机上运行的一组离散的方程；③编写仿真程序；④修改和校验。

这里涉及三个具体的对象：一是实际热力系统；二是数学模型；三是计算机。并且应用两次模型化：第一次是将实际系统变成数学模型，第二次是将数学模型变成计算机能够运行的仿真模型。企业采用商业 CFD 软件 Fluent 对卷包车间和储丝房大空间多分区空调气流扰动进行模拟和分析。

11.1.2.3　大空间空调分区智能控制策略

首先，提高测量数据的可靠性。获取真实可靠的被控环境下的温湿度状况，是实现车间内不同区域温度和湿度自动控制的前提和基础。企业从硬件和软件两方面提高温湿度数值的可靠性。

（1）硬件处理方面：车间流水线加工过程中，在加工工艺对环境温度和湿度要求较高的区域增加不同空间位置的温度、湿度传感器。在门窗、入口通道、大型仪器设备附近增加温度湿度传感器，以获得充足的传感器数据输入。在运行中所监测的参数包括：室外空气温度和相对湿度；车间内不同区域的空气温度和相对湿度以及空调送风和回风的温度和相对湿度；空调送风量、回风量、新风量以及风阀开度。

（2）软件处理方面：采用算术平均和加权平均相结合的方式对采集的数据进行处理。对空间位置及工艺区域都一致的数据进行算术平均；对工艺要求较高的区域提高采集数据的权重；增加所采集数据受相邻区域的影响因子；减少备份区域及靠近门窗、通道等容易受到干扰的区域的数值权重；考虑温度、湿度测量值随季节、逐时及测量历史的影响，并充分考虑在以往同一时间的环境状况的记录。

其次，提高温度湿度反馈控制的稳定性。企业根据所在地区一年四季气象变化，设计一套自适应 PID 控制技术。该控制系统可根据不同季节车间内的气象条件做出自适应性模型辨识和参数整定，以防止在控制过程中出现较大的超调和无限振荡现象。

最后，提高温度湿度控制的精确性。由于生产工艺的要求，车间内相邻区域可能对湿度、温度要求截然不同。例如，某一加工区域高于室内温度设定值，而其相邻区域小于温度设定值，若按照不同区域控制的要求，就会出现相邻区域发生制热和制冷的冲突现象。这样不仅浪费了能源，而且由于冷热交替亦对生产造成不利影响。因此，在优化控制过程中对相邻区域间温度与湿度要求截然不同的区域进行分界，在分界线附近不发生两种截然不同空气调节效果的操作。其中，对不同工艺段进行除湿和加湿分界，在分界线附近不能出现较大的相对湿度梯度；对不同工艺段进行加热与冷却分界，分界线左右不能出现较大的温度梯度。

11.1.3　效果与总结

根据烟草系统制冷空调系统的工艺要求及运行特点，基于已获得的关键运行规则及权重因子对已有控制逻辑进行控制重构，在满足空调工艺控制精度要求（温度控制精度 ±1℃，湿度控制精度 ±3%）的前提下，避免和降低分区空调对立工况，降低卷包车间和储丝房空调系统全年综合运行能耗 5% ~10%，以当前能源价格计算，每年节约成本 10 万 ~20 万元，有显著的经济效益。

11.2 冷量供给端优化改造

11.2.1 背景现状

某烟厂动力中心两台三洋蒸汽溴化锂制冷机组，使用已超过 10 年，机组设备整体性能有所下降，机组局部从设备内部向外出现腐蚀，设备老化，设备维护成本较高。由于企业所在地气候炎热，制冷设备成为主要耗能大户，每年 4 ~11 月制冷主机设备需投入 2 台电制冷及 1 台溴冷机运行保证生产正常运行，特殊高温情况下需 4 台制冷设备全部投入运行方能满足生产，如遇高温天气，当其中一台电制冷机组故障，则设备无法满足全公司正常供冷需求，且随着生产规模扩大将会制约公司的正常发展。

溴化锂通过蒸汽供给动力，蒸汽冷凝后的冷凝水与 O_2、CO_2 相结合，溶氧浓度升高，水质偏酸性，具备一定腐蚀性，致使长期运行过程中对设备的高温发生器产生腐蚀穿孔，且对机组内部进行腐蚀，导致机组整体工况逐步下降。

此外，现投入运行的电制冷机组能效比 COP 为 5.0，双效蒸汽溴化锂的能效比 COP 为 1.2，溴化锂机组与电制冷机组能效比较低，企业生产过程中无可匹配废弃热源作为支撑溴化锂制冷动力源，而是靠锅炉燃烧天然气供给热源，致使能源投入成本较大。

11.2.2 实施方案

对于冷量供给的问题，主要原因在于冷量的转化来源为天然气，转化次数过多，影响了能源指标的上升，因此着重于制冷机设备的更换。改造结合了现场实际情况，不仅要求机组在制冷能力上满足原系统的要求，还满足安装空间、配电等方面的要求。而且系统的改造要尽可能保留原系统的附属设备（水泵、水塔）及管路，将改造工程对整个厂区正常运作的影响降到最低。具体步骤如下：

（1）空调机组选型。根据目前空调机组的设备参数以及空调系统管路、机房空间的现状，进行设备选型。从运行稳定、高效节能的角度出发，考虑选择磁悬浮离心冷水机组。单机制冷量750冷吨，输入功率440kW。

（2）冷冻水泵、冷却水泵、冷却塔选型。现存溴化锂配套使用的冷却水泵、冷冻水泵以及冷却塔运行良好，且水流量比新配的变频离心机组偏大，故本方案建议保留现存水泵，但需调整冷却水泵运行频率，降低冷却水流量。

（3）工程改造。工程改造主要是由设备的拆装、电力设施配套以及冷水管路改造这几部分构成。具体流程如图11－1所示。

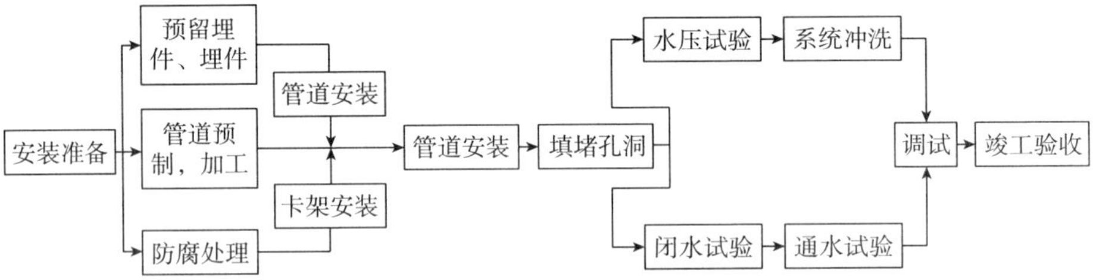

图11－1　工程改造流程

11.2.3　效果与总结

改造前，制冷站能耗折合标准煤计算，每大箱需3千克标准煤；改造后同期对比，每大箱仅需1.9千克标准煤，节能率36.7%，与溴化锂冷水机组相比节约蒸汽2000余吨，总节约标准煤300余吨，制冷机房COP由原先的4.1提升至5.0，同时通过改造优化了企业用能结构，进一步将燃气能耗占比降低，在节能的同时履行了企业环保责任。

11.3　真空回潮工序工艺参数优化

11.3.1　背景

制丝线真空回潮工序是蒸汽耗量较高的工序。2020年10月，某卷烟企业大修了真空回潮设备，并更新了下游的松散回潮设备。设备更新后，从工艺标准设计角度，需在保证产品感官质量平稳过渡前提下，优化真空回潮、松散回潮工序的工艺参数，达到降低能耗的目的。

11.3.2 实施方案

11.3.2.1 真空回潮工序能耗

对所有自产牌号目前真空回潮工艺参数要求下每批次的生产时间、自产不同牌号产品的现行真空回潮工艺参数要求下每锅一次抽真空时间进行了现场测试，为后期设备改进提供依据（见表11－1）。

表11－1 产品工艺现场测试数据

牌号/抽空温度标准	抽空时间（秒）									
产品1/8℃	688	633	632	669	720	625	667	691	686	684
产品2/10℃	450	451	442	443	439	425	416	468	476	453

11.3.2.2 优化工艺参数，分析加工强度对能源消耗影响

制丝线设备改造升级后形成《各牌号工艺技术标准》，分别将产品1第Ⅰ周期抽真空温度由8℃提高到10℃，将产品2“云南叶组”第Ⅰ周期抽真空温度由10℃提高到12℃，“其他叶组”第Ⅰ周期抽真空温度由8℃提高到10℃，如表11－2所示。

表11－2 产品2工艺参数调整情况

工序流程	内容		单位	原标准	优化后
产品1真空回潮	工艺参数	第Ⅰ周期抽真空温度	℃	8	10
		第Ⅱ周期抽真空温度	℃	46	44
产品2真空回潮（云南烟叶）	工艺参数	第Ⅰ周期抽真空温度	℃	10	12
		第Ⅱ周期抽真空温度	℃	50	48
产品2真空回潮（其他烟叶）	工艺参数	第Ⅰ周期抽真空温度	℃	8	10
		第Ⅱ周期抽真空温度	℃	46	44

11.3.3 效果与总结

优化后测试真空回潮能耗，以某卷烟牌号为例，每次一周期抽真空用时平均每加工1600千克烟叶（四周转箱，每箱400千克）可减少286秒，蒸汽耗量理论可降低251.13千克。

11.4 降低锅炉给水除氧能源消耗

11.4.1 背景

为保证锅炉在运行中不被氧腐蚀，需要将锅炉给水中的溶解氧含量控制在国家标准（≤0.1毫克/升）范围内。而烟草工业企业的锅炉除氧大多数都是采用了热力除氧的方式，即需要采用余热或蒸汽将除氧器中的水加热到102℃～104℃。而水在标准大气压条件下100℃就将沸腾（实际上很多地方一般在95℃就已经沸腾），同时为了保证溶解氧能顺利排除，除氧器一般采用的都是开放式除氧器，当水被加热到102℃时，会产生大量的闪蒸汽，这部分闪蒸汽会随着除氧器的乏气排到大气中，造成较大的能源浪费。

部分企业为了降低除氧器的能源消耗，采用了“热力+药物”的除氧方式，即采用凝结水或锅炉尾烟余热将水加热到60℃～80℃，再通过加药泵向除氧器给水内加入羟胺类或肟类药物除去剩余部分溶解氧，使锅炉给水中的溶解氧含量达到国家标准要求，但这种方式存在药品费用高、会增加锅炉排污量等问题，并不能从真正意义上解决锅炉运行费用高的问题。针对以上问题，某卷烟企业采用“热力+真空”的联合除氧方式，并结合除氧器进出管道进行改造，以实现降低锅炉运行费用、减少能源消耗的目标。

11.4.2 实施方案

11.4.2.1 分析论证

根据亨利定律可知，在封闭容器中，任何气体同时存在于水面上，则气体的溶解度与其自己的分压力成正比，而且气体的溶解度仅与其本身的分压力有关。在一定压力下，随着水温升高，水蒸气的分压力增大，而空气和氧气的分压力越来越小。在100℃时，氧气的分压力降低到零，水中的溶解氧也降低到零。当水面上压力小于大气压力时，氧气的溶解度在较低水温时也可达到零。这样，水面上空间氧气分子被排出，或转变成其他气体，从而氧的分压力为零，水中氧气就不断地溢出，达到除氧的效果。从该分析我们可以得出，如果能降低除氧器内部的大气压力，就可以降低水的沸点，使水在100℃以下就沸腾。

在烟草工业企业中，锅炉系统大多数都设计为半闭式系统，即对可回收的蒸汽凝结水进行回收用作锅炉的补水，同时部分企业还采用冷凝器对锅炉尾烟的余热进行回收，用来加热锅炉给水。这样锅炉给水系统中除氧器内的水温在不用蒸汽加热的情况下一般能达到60℃～90℃。

11.4.2.2 方案提出

根据以上的分析，结合查询真空度与水沸点之间的对应关系表可以得知，当水温在60℃时，水在－0.08MPa时沸腾，当水温在90℃时，水在－0.03MPa时沸腾（见图11－2）。于是我们提出采用“热力＋真空”的联合除氧方式，即利用凝结水和锅炉尾烟的余热将进除氧器的水加热到60℃以上，再根据检测到的除氧器水温的高低对应得到水沸腾的真空度值，控制水环真空泵电机的频率来保证其达到水沸腾的真空度，从而使除氧器不再使用蒸汽进行加热，减少除氧器的蒸汽耗用量。

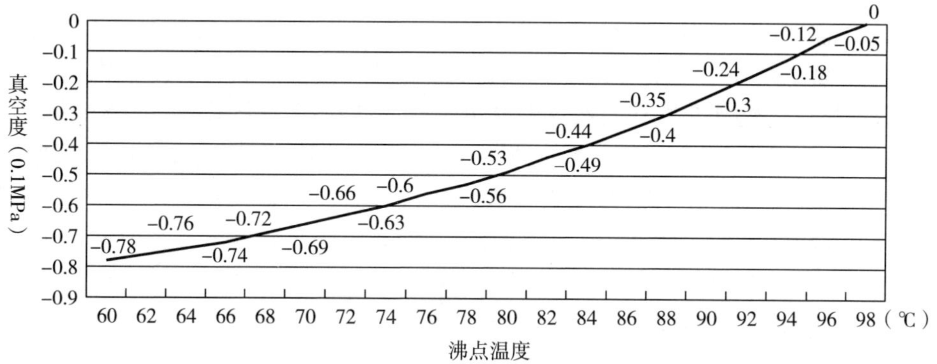

图11－2 真空度与水的沸点关系

11.4.2.3 改进实施

首先，对除氧器进出管道进行改造。将原来进除氧器的凝结水闪蒸汽管道及凝结水管道改为进入除氧器前的热水箱中，在原除氧器的溢水管道上加装止回阀。同时，在原除氧器顶部的乏气排放管上安装阀门，通过增加三通管道与增加的水环真空泵连接。

其次，增加水环真空泵及除氧器真空度检测表。安装水环真空泵并与原除氧器的乏气排放管连接，安装水环真空泵的冷却水管道（最好采用软水进行冷却，这样冷却水可以回收到锅炉给水箱中使用），在真空泵的排气管道上安装气水分离器，再将气水分离器底部的排水接入到热水箱中。将原来除氧器上安装的压力表更换为真空压力表。

再次，安装控制线路。安装水环真空泵控制柜，内部安装相应的电气元件及变频器，安装真空泵的控制线路。

最后，新增原除氧器控制程序及监控画面。编写真空除氧系统的 PLC 控制程序，为了方便在特殊情况下切换为原热力除氧系统，我们采取了新增真空除氧系统的控制程序，并通过监控画面上的切换按钮进行切换。

11.4.3 效果与总结

11.4.3.1 除氧效果

改造后，我们首先对锅炉给水的溶解氧含量进行了检测，利用在线的溶解氧检测仪检验得出，除氧器出水口的溶解氧含量能稳定保持在 0.05 毫克/升以下，低于国标≤0.1 毫克/升的要求。

11.4.3.2 节能效益

能耗情况检验发现，由于将凝结水和二次蒸汽接入到热水箱，在正常生产期间热水箱内水温基本上都保持在 70℃以上，在周末等非正常生产期间内能保持在 50℃以上，比改造前提高了 10℃以上，有效提高了二次蒸汽的利用率。

改造后，外供吨蒸汽耗天然气由改造前的 102 标准立方米降到了 88 标准立方米左右，每吨蒸汽降低了 14 标准立方米左右，按全年外供蒸汽 29120 吨计算，每年可节约天然气量 40.77 万标准立方米，按天然气每标准立方米费用为 2.07 元计算，每年可节约天然气费用 84 万余元，而真空泵需要的电费约为 3 千瓦/小时 ×24 小时 ×330 天/年 ×0.6 元/千瓦 =1.4256 万元。

通过项目改造，每年可以节省 82.5 万元左右的能耗费用。

11.5 锅炉多冲量系统的研究方案

11.5.1 背景

某卷烟企业拥有两台双良锅炉（1#、2#锅炉）为末端生产设备提供 10 吨左右的饱和蒸汽。锅炉均采用单冲量给水控制及负荷调节器控制蒸汽压力。

蒸汽耗用主要分为四个部分：制丝生产设备、动力空调系统、锅炉系统除氧器自用、供暖系统（仅冬季）。空调系统、除氧器、供暖系统蒸汽使用时，需求饱和蒸汽压力不高且蒸汽耗用量相对稳定，不会出现剧烈波动。制丝生产线对饱和蒸汽压力的需求较高，且蒸汽用量需求波动较大，因此在制丝设备蒸汽耗用突然增大时，由于锅炉主机调节蒸汽压力及锅炉液位控制的滞后反应，容易导致锅炉系统蒸汽压力出现较大波动及锅炉水位控制不稳定，影响蒸汽质量。

为解决以上问题，该企业选择了多冲量系统实现对锅炉的调节，实现锅炉系统动态响应生产需求。

11.5.2 实施方案

11.5.2.1 消除大干扰的无预见性，实现生产供能联动

在锅炉系统供汽控制过程中，通过从制丝中控系统采集设备真空回潮等的设备运行信号及蒸汽耗量，将信号传输至锅炉监控系统中，通过判断运行信号状态提前获得各工艺段的蒸汽耗用需求，并参与锅炉控制，消除大干扰量的无预见性，为后续主动调节锅炉主体的燃烧负荷和压力控制策略实施提供信号。

11.5.2.2 主动预先调节锅炉主体的燃烧负荷和压力，消除压力过低

在锅炉控制系统中，通过第一步硬件改造及软件升级，提前采集各工艺段设备的蒸汽耗用信号后，锅炉控制器可提前提升锅炉主机的供汽压力设定值，使锅炉主机自动按设定值增加燃烧负荷，提升蒸汽压力，以此解决真空回潮段开始用蒸汽时造成的压降过大，使锅炉系统供汽压力低于需求值，避免了由锅炉主机控制器自动跟随压力下降后的调节滞后性导致的压力偏低。控制系统在增加压力给定值的同时，还可适当提升锅炉汽包水位设定值，以此降低在末端蒸汽用汽量急剧上升时导致锅炉水位偏低而引起的保护强制停炉风险。

11.5.2.3 增加智能学习控制策略包

在系统运行过程中系统通过运行状态，自动记录学习，实时修正末端真空回潮段用汽趋势，以此可主动及时恢复锅炉主机的压力设定值及液位设定值，避免过长时间的以高压力供汽带来的能源损耗，实现稳定供汽与精准供汽相结合。

11.5.2.4 锅炉设定值的改变

系统将在采集到真空回潮段用汽预先信号及系统智能学习自动恢复供汽压力策略包的指令后，自动修正设定值，发送给运行中的锅炉控制系统，提升系统的自动化和智能化。

11.5.2.5 新增锅炉给水压力传感器

将采集数据用于锅炉控制系统；锅炉给水流量在锅炉产汽量稳定在 1 ~ 10 吨/小时时进行给水变频器上下限、PID、给水调节阀等参数的最优设定，并形成标准清单。

11.5.3 效果与总结

项目完成后，制丝生产线对饱和蒸汽压力的需求为 1.0MPa，用汽设备蒸汽用量在 2 吨/小时以内变化时，多冲量控制系统可缩短锅炉主机调节蒸汽压力及锅炉液位控制的滞后反应，目前已确保锅炉液位波动范围在 ±5 毫米以内，锅炉

蒸汽压力波动范围在±0.03MPa以内，保障蒸汽质量。控制系统改造后，蒸汽品质明显提升，饱和蒸汽供应率100%。

保证设备蒸汽用量（真空回潮）在2吨以内变化时，在真空回潮停止的6分钟之内，提前做好升压准备工作，确保真空回潮抽真空时，锅炉压力及液位在允许范围内；在真空回潮抽真空的5~10分钟之内，提前做好降压准备工作，确保真空回潮停止抽真空时，锅炉压力及液位在允许范围内。同时，减少人为操作的误差，提高锅炉气汽比6%，实现了能源消耗量下降，年化效益约10万元。

11.6 综合站房余热回收利用

11.6.1 背景

某卷烟企业位于北方寒冷地区，由于冬季采暖和夏季制冷总取热和总放热量存在巨大反差，出现地下“冷岛”现象，地源热泵系统影响系统的采暖期正常运行以及制冷期初期的运行。

地源热泵系统运行现状就是这一现象的体现。冬季入冬初期天气温度较高时可以勉强满足供暖需求，但是随着运行时间变长，地温逐步下降，一旦气温下降，地温增速下降，温度很快降低到防冻保护点，热泵机组停机或减负荷运行。在这种情况下，只能采取热泵与换热机组交替运行或热泵与换热机组互补运行的办法来维持采暖需求，由此导致能源利用率降低、运行费用升高。刚刚进入夏季制冷开机时，又会因为冬季取热过多造成的低地温还未得到彻底恢复，导致热泵机组根本无法开机或开机也会因为冷凝器低水温机组冷媒的高低压无法建立，而不能大功率输出负荷，影响设备使用。

与此同时，空压、真空系统为生产提供动能的同时，设备自身工作也需进行冷却，热能通过冷却塔的水不断蒸发，白白散失到大气中，既造成热污染，又消耗水资源。制冷、锅炉、换热机组等系统也存在热能浪费、水资源浪费、效能低、污染物排放多等问题。综合考虑各系统之间的互补互用的理论可行性以及设备、管网、控制系统的可实施性等因素，本着节约能源、降低消耗、节省能源费用的原则，对综合站房主要用能点，分区域、分阶段独立实施余热回收利用。

11.6.2 实施方案

综合站房内有足够的空间供地源热泵与其他几个系统互通、互用能源安装设备、管道、电控系统以及附属的设施。项目改造仅需添加板式换热器、水泵等设备。

实施起来最大的问题：一是既要保证热回收利用的高效、稳定运行，还必须保证无论在何种情况下都不能影响空压系统、真空系统、制冷系统的稳定运行，不影响生产；二是热泵系统与换热机组系统、制冷系统如何协调工作，虽然难度大，控制复杂，但周密考虑、多加推演、灵活调整也能够克服困难。

综合站房冬季利用现有地源热泵系统，通过其地埋系统循环串通制冷过渡季节板式换热器、空压冷却系统、真空冷却系统。这样，既可以为几个系统降温，又可以得到热补充，通过室内侧系统联通换热机组、制冷系统，冬季可代替换热机组供热，夏季可作为制冷系统的补充。

利用地源热泵系统室外地埋换热、蓄热系统，将其作为“热能银行”，工厂生产及热量富裕时向其内“储蓄热能”，工厂停产及需用热量时从其内“支取热能”。

利用空压、真空冷却废热作为地源热泵系统补充热源，在保障地源热泵系统高效、稳定运行的同时减少自身污染物排放。在空压、真空冷却水系统中分别加装一组板式换热器，使其与地源热泵地埋侧循环水进行换热，既解决了空压真空的冷却问题，又为热泵系统提供了热量补充，可四季使用。

利用地源热泵系统在春季、夏季部分代替制冷系统，节约水资源。利用原有工房制冷系统中过度季节板式换热器，使其与地源热泵地埋侧循环水进行换热，在空调系统需要冷源且地源热泵地埋侧水温合适时，取代冷却塔为其提供冷源。上述措施在春季和冬季适用。

冬季利用地源热泵系统代替换热机组，即将地源热泵系统与另一台采暖换热机组联通，在地源热泵系统已经获得了足够的冷热平衡补充下，扩大该系统的负荷范围，取代换热机组，原换热机组可作为备用热源。

11.6.3 效果与总结

11.6.3.1 综合站房节能效果

项目完成后，综合站房年节约天然气量 30.25 万标准立方米，折合 397.17 吨标准煤，扣除热泵耗电，年节约 306.16 吨标准煤，节水量约为 3500 吨。锅炉房年节约天然气量 31.5 万标准立方米，替代蒸汽节约标准煤量 413.595 吨，热泵对蒸汽替代率为 90%。

11.6.3.2 综合站房经济效益

项目完成后，年节约天然气费用 102.85 万元，年节约水费 2.24 万元，节约电费 0.96 万元，扣除热泵机组年用电费用 39.99 万元，项目年节约能源费用累计为 66.06 万元。

11.7 降低负压系统用电量

11.7.1 背景

某卷烟厂负压系统主要由液环真空机组、除尘系统、冷却水系统、控制系统四部分组成，主要为卷包车间卷接机组、大箱机组提供稳定可靠的负压，保障车间的正常生产。负压系统用电量是该厂的重点耗能设备之一，基于对负压系统的深刻研究以及对设备运行的客观分析，为扎实推进节能减排工作，提高设备运行效率，保障工厂生产稳定运行，小组决定以降低负压系统用电量作为研究的目标。

11.7.2 实施方案

11.7.2.1 目标设定

由于负压系统仅供卷包车间使用，同时影响负压系统用电量的因素存在一定的随机性，项目组为了保证该课题目标的科学性及可操作性，决定提出以下概念作为项目目标，即负压系统单箱耗电量。同时，项目组统计了 2017 年 1 月至 2019 年 9 月的每月单箱耗电量，平均为 0.7808 千瓦时/箱，选取其中最优值 0.6617 千瓦时/箱作为项目目标。

11.7.2.2 要因分析

由于 2019 年 7 月对设备进行了深度保养及备件更换，发现泵体本身并无故障及损坏，因此排除叶轮、轴承及控制系统等问题，于是项目组针对其余配套设备、使用情况及工作条件进行了分析（见图 11－3）。最终确定出造成负压系统用电量高的两个要因：一是管道接口密封性不够；二是冷却塔控制方式不合理。

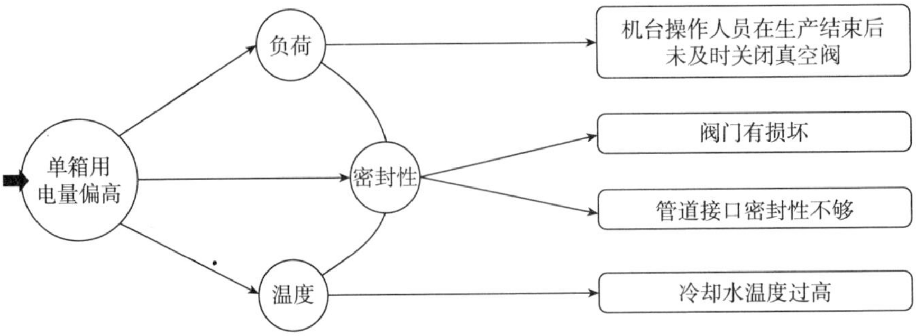

图 11－3 负压系统用电量偏高原因分析

11.7.2.3 制定对策

针对以上两个要因，小组成员进行了分析和讨论，制定了详细的对策计划（见表11－3）。

表11－3 负压系统用电量过高对策措施

序号	要因	对策	目标	措施	地点
1	管道接口密封性不够	定期巡查管路，发现有泄漏及时处理	设备工作时无漏气现象，母管压力≤35kPa	对旋风分离器加装密封垫圈	负压泵房
2	冷却塔控制方式不合理	使用温度信号来控制冷却塔风机启停	根据温差来实现冷却塔风机的启停	修改冷却塔风机 PLC 启停程序	负压泵房

（1）针对管道接口密封性不够问题，对旋风分离器接口更换密封垫圈，解决因漏气导致母管压力升高、车间负压用气量不足的问题。制定《负压设备及管路密封性巡查表》，要求每班对负压设备及管路进行密封性巡查，若发现密封性不好等问题及时进行维护处理。

（2）针对冷却塔控制方式不合理问题，通过比较常用的传感器材料发现，铂热电阻传感器用于负压系统温度测定更适用，选择其作为冷却水的温度测定传感器，同时重新设计冷却塔运行程序。

11.7.3 效果与总结

改造后，负压系统单箱用电量由改造前0.7808千瓦时降至0.5964千瓦时，扣除传感器购置成本，节约费用5.64万元。同时，提高了设备使用效率，掌握了设备运行规律，提高了设备管理水平，降低了设备维保成本，提升了维修技术员维修保养水平，确保安全文明生产。

11.8 除氧器增设补水散布器的改造

11.8.1 背景

某卷烟厂锅炉使用的热力除氧器的主要功能是降低锅炉供水中的含氧量，使之达到锅炉给水水质标准要求，以保证锅炉及整个系统的金属部件在高温下不发生过度的氧化腐蚀。

目前，在用的热力除氧器内采用的是液柱式的给水方式，即除盐水经过除氧泵提升以柱状形态进入除氧塔与喷射出的饱和蒸汽热交换从而达到升温和除氧的目的。

除氧塔内的加热蒸汽是经水箱内上部蒸汽导管接入除氧塔下部的升汽管采用喷射方式，将水箱内的软化脱盐水加热到 102℃进行除氧，在这一过程中，喷射的高温高压蒸汽和液柱式的低温除盐水热交换时，由于补水呈柱状，不仅会产生水击现象导致除氧器震动，还会出现除盐水加热不均匀和加热升温慢的问题，造成蒸汽的浪费，另外还会造成除氧器液位波动，极易造成虚假水位。

11.8.2 实施方案

在解决上述问题的基础上，充分从节能和除氧器设备安全稳定运行角度考虑，改进过程中的首要任务是改变除盐水进入除氧塔的形态。所以，在改进过程中考虑效仿花洒的出水原理，将液柱式的水以花洒喷头形式流出，使喷射的蒸汽更加均匀地给除盐水加热、除氧。

依照除氧塔内径制成均匀打孔的 5 毫米厚度不锈钢板作“花洒”喷头，因为除盐水给水压力较高、流速快，且参照除氧塔高度，将 5 层不锈钢板利用十字角铁焊制成通孔错落的补水散布器，这样不仅可以缓解水流冲力，还能更好地为除盐水除氧、加热。

11.8.3 效果与总结

改造后的除氧塔内水流和蒸汽相反应较之前更加稳定，除盐水均匀受热、除氧，消除了水箱内的震动声音，除氧效果明显，且杜绝了除氧器给水冲击震动大的问题，同时除氧器加热使用的蒸汽由原先最高 4000 千克/小时降至 1800 千克/小时，效果明显。

11.9 降低锅炉低氮改造后气汽比

11.9.1 背景

燃气锅炉氮氧化物治理是防治大气污染、提升大气环境质量的措施。某卷烟企业四台燃气锅炉的氮氧化物排放指标为 103 毫克/立方米。按照环保要求，必须进行低氮改造。锅炉经过低氮改造后烟气氮氧化物含量达到了 30 毫克/立方米以下，但是改造完成初期的2020年第一季度气汽比异常增高，达到93.7。因为企业天然气占比全厂能耗约55%，而燃气锅炉的天然气消耗量占比全厂高达85%以上，所以降低企业燃气锅炉低氮改造后气汽比迫在眉睫。

11.9.2 实施方案

针对锅炉低氮改造后气汽比异常增高的问题，企业成立了质量攻关小组，通过头脑风暴法分析影响锅炉气汽比的几种因素并进行调查论证，找出了两个亟须解决的问题：一是减少锅炉运行中燃烧控制器报警频次；二是合理控制烟气含氧量。

11.9.2.1 降低燃烧控制器报警频次

经过分析，燃烧控制器报警主要有三方面原因：系统点位风气配比问题、光电管信号检测问题、风门执行器动作问题。针对以上三种原因，要现场检验并制定防差错措施，将故障发生的概率降至最低，进一步降低燃烧控制器报警的频次。

11.9.2.1.1 系统点位风气配比问题

当锅炉系统某个点位的燃气与进风量配比设定不合理时，会导致锅炉燃烧控制器报警停机。通过在生产期间对四台锅炉分别手动运行，测试并统计四台锅炉系统各个点位所对应的火焰信号，将火焰信号低于或者接近报警值的点位重新设定风气配比。

11.9.2.1.2 光电管信号检测问题

无论是锅炉处于正常燃烧过程中还是在憋停后重新启动过程中，光电管脏堵或者检测位置偏移都会导致其检测的火焰信号过弱而报警停机。经过现场检查四台锅炉光电管位置和清洁度，发现安装位置均有不同程度的偏差，通过制作光电管安装标志物，提高光电管安装位置精度，可有效提高火焰信号的检测精度。

11.9.2.1.3 风门执行器动作问题

锅炉在运行过程中若风门执行器或其传动杆发生卡滞，动作执行不到位，则会导致天然气和进风风量配比出现偏差，偏差小会出现天然气燃烧不充分的现象，偏差过大则会造成锅炉熄火，导致燃烧控制器报警停机。将风门的执行精度检查纳入常规保养规定，可降低由此导致的报警频次。

11.9.2.2 合理控制烟气含氧量

烟气含氧量是在低氮燃烧改造后进行的实时监测数据，追求的效果是在保证烟气氮氧化物不超标（<30毫克/升）的情况下，烟气含氧量越低越好，因为过高的含氧量说明燃烧过程中进风量过大，而过多的空气在通过烟囱排走时会带走盘管的部分热量，造成无形之中的热损失，降低锅炉的热效率，导致气汽比

增高。

经过分析，合理控制烟气含氧量要从两个方面改善：一是初效过滤器更换周期；二是风门连杆与挡板的固定方式。

11.9.2.2.1　初效过滤器更换周期

初效过滤器位于锅炉燃烧的进风通道，若过滤器更换周期过长，脏堵严重会导致进风量变小，烟气含氧量低，出现报警。经过现场几轮换网测试，结合该厂所处地理位置的气候条件，将初效过滤器的更换周期确定为每周进行更换清洗。

11.9.2.2.2　风门连杆与挡板的固定方式

锅炉实施低氮改造后风门连杆主体为圆柱体，其切面与挡板进行接触固定，这样在风门频繁动作下很容易造成固定螺丝松动，进而导致进风量偏大，导致烟气含氧量过高。通过将风门连杆改进为长方体，由切面接触改进为面面接触，可以有效提高固定的牢固度，保证进风风量的精度。

11.9.3　效果与总结

通过减少锅炉运行中燃烧控制器报警频次和合理控制烟气含氧量，该厂2020年9月至11月锅炉的平均气汽比降至87.4。2020年该厂锅炉自产蒸汽量为41950吨，照此估算年度可节约天然气费用约91.2万元，减少二氧化碳排放量约519吨。这样既减少了能源浪费，节约了资金，又保护了环境，为企业绿色发展贡献了力量。

在本案例的实施过程中，小组成员通过使用头脑风暴法、正交实验、因果图、排列图等方法对影响锅炉气汽比的几种原因进行了分析和整理，提升了大家发现并解决问题的能力。同时，在《锅炉日常保养制度》的制定过程中，通过对日常故障的总结，进一步提高了对设备的了解程度，提高了自身业务水平。

11.10　精准调控作业环境温湿度

11.10.1　背景

为保证产品质量，某卷烟企业根据产品质量标准要求，结合当地气候环境，要求制丝、卷包等生产作业区的环境温湿度调控标准为4～11月26℃±2℃、57%±5%，其余月份25℃±2℃、56%±5%。为保证生产作业区的环境温湿度符合指标规定要求，空调等调控设备采用了生产时段和非生产时段不区分的24

小时供应。

在运行过程中，存在以下问题：

一是作业环境温湿度控制要求不够细化。温湿度标准为区域标准，未针对生产作业区域各个功能区域的具体情况做出有针对性的细化要求，也未对空调启停时间做出明确规定，工艺空调的供给存在“一刀切”的状况。

二是空调保供精准度和效率不高，无法高效组织冷量的生产，进行生产作业时，卷包区域空调24小时供应，未能按照不同天气、不同生产组织安排下，进行区分供应空调。温湿度控制多凭经验，不能精准调控作业环境温湿度，经常出现温湿度波动较大，导致烟（梗）丝、成品烟支等水分波动较大，影响产品质量的稳定性。

三是空调能耗占比较大。由于该厂处于高温高湿地区，受空调设备能力限制和启动时间过长，风柜设备的冷热盘及电机消耗能源较大。空调系统能耗与公司总能耗占比在70%以上，卷包、制丝车间的空调用能是全公司空调用能的85%。

11.10.2 实施方案

11.10.2.1 建立预冷负荷模型

参考《一种中央空调制冷系统最优启停控制方法与流程》等相关专利技术，根据该厂生产区域的环境特点，构建在分时段启停工艺空调时的预冷所需冷量负荷模型，从而推断出制冷源头的合理开启时间。预冷负荷模型如下：

$$Q_{需求} = C_{水} \times M_c\ (T_1 - T_0)\ + K_1 \times Q_{外部} \tag{11-1}$$

其中，$Q_{需求}$为预冷需求冷量，单位kJ；$C_{水}$为水的比热，取4.2kJ/kg·℃；M_c为冷冻水系统水量；T_1为冷冻水温度实际值；T_0为冷冻水温度设定值；K_1为修正预冷时间系数；$Q_{外部}$为室内温湿度与设定值焓值差。

$$t_{需求} = Q_{需求}/P_{制冷} \tag{11-2}$$

其中，$t_{需求}$为预冷所需时间；$Q_{需求}$为预冷所需冷量；$P_{制冷}$为风柜制冷效率，由风柜能力经验值测算。

根据所计算的冷量负荷情况，计算出基本冷量供给和需求，结合制冷机制冷效率，综合分析得出将温湿度降低至工艺要求的最低小时数。在保证温湿度的同时，开展成品、半成品烟丝水分跟踪测试。

11.10.2.2 开展梯次组合试验

卷包车间、制丝车间的各个工序段，开展环境温湿度、产品质量、能源消耗的相关性梯次组合试验，记录在现场环境温湿度达标情况下，烟丝水分恢复至工艺标准要求的时间，对温湿度、产品质量、能源消耗的数据进行关联性分析评价，找出环境温湿度、产品质量、能源消耗三者之间的相关性。依据关联性分析评价结果。

11.10.2.3 确定开机策略

根据实验结果测算，在综合考虑产品质量和能源消耗的基础上，在非特殊天气情况下，结合当前室内环境温湿度情况提前开启工艺空调，以环境温度30℃、相对湿度65%为基准，提前2.5小时开启空调，温度每上升或下降1℃，提前或延后30分钟，在台风、下雨等特殊天气下保持空调夜间供应。

11.10.2.4 及时反馈

完善生产车间的内外温湿度监测，收集室内外温湿度数据，并进行综合分析，对室外气象参数数据库前馈策略优化调整。持续跟踪实验效果，保证在成品、半成品烟丝的质量合格情况下，不断修正开机策略，做到工艺空调的精准供应，实现空调系统的较优能耗。

11.10.3 效果与总结

经过6个月的跟踪测试和能耗记录，单箱风柜耗电下降10.2%，单箱风柜耗冷下降7.71%，单箱耗蒸汽降低16.95%；折合全年计算，节约标准煤215.87吨。同时，在工艺质量的跟踪中，成品、半成品烟丝在开机前均达到工艺要求水分标准，并未发生质量事故。

11.11 空调温湿度分区控制

11.11.1 背景

某卷烟厂卷包车间工艺性空调对温湿度有严格的要求，空调采用一年四季常年运行模式（除休息日外），由于企业所在地区湿度高，经常出现除湿工况又需要补充加热（再热）的情况，这样就极大地增加了能耗。

车间K-14、K-15、K-16、K-17组合式空调机组每台风量120000立方米/小时，送风方式为上送上回，风口采用散流器风口，空调控制采用PLC自动控制系统，原有空调系统是典型的温湿联控空调系统。

系统采用一次回风方案，夏季新回风混合后经表冷器降温除湿，再经蒸汽盘管再热。自控系统通过调节冷冻水阀的开度控制室内湿度，通过调节蒸汽阀门的开度控制室内的温度。该方案夏季大量使用蒸汽作为再热热源，造成过度冷却和再热的双重浪费。

11.11.2 实施方案

在不改变空调机组空气功能段的前提下，对机组功能进行优化设计如下：

11.11.2.1 新排混风段改造

按一定比例在新排混风段中间增加一块活动隔板，隔板为可折叠设计，方便日后保养、维护，隔板将新排混风段分隔为上下两段，上段作为新风风道，下段作为回风风道。原混风电动风量调节阀调整安装位置，隔板上增加2个新风电动风量调节阀。

11.11.2.2 中效过滤段改造

按一定比例在过滤段中间增加一块固定隔板，隔板将过滤段分隔为上下两段，上段作为新风过滤段，下段作为回风过滤段。

11.11.2.3 中间段改造

按一定比例在中间段中间增加一块活动隔板，隔板为可折叠设计，方便日后保养、维护，隔板将混风段分隔为上下两段，上段作为新风风道，下段作为回风风道。

11.11.2.4 表冷段改造

现有表冷器为上下3块，下部2块表冷器保留，上部1块表冷器更换为满足设计要求的2块表冷器，一块为新增4排表冷器，另一块为原表冷器。

11.11.2.5 冷冻水管改造

由于表冷器改变，空调机冷冻水供回水管要重新布置安装，增加新风表冷器旁路水管、电动水量调节阀、蝶阀等。

11.11.2.6 控制程序更换

在现有程序的基础上，实现夏季温湿度分离控制，新风降温除湿，回风等湿降温，达到降低能耗的目的，过渡季节仍然可以采用全新风节能运行。

11.11.2.7 水管保温，铝壳保护

由于表冷器更换，水管需重新设计，拆除现有水管，按设计安装新的水管，水管、阀门敷设30毫米厚橡塑保温，再做$\delta=0.5$毫米铝合金保护壳。

11.11.3 效果与总结

11.11.3.1 节能效果

通过系统改造，彻底消除空调系统的夏季再热，冷热抵消工况，达到制冷季平均节能30%的效果。

11.11.3.2 经济效益

经测算，夏季优化空调方案比原有空调方案单台每年可节省19.64万元，按空调使用 20 年计，目前仍能使用 14 年，单台空调在其寿命期总共仍可节约 274.96 万元，单台空调改造费用为 34 万元，单台空调总共可节约 230.96 万元。目前已改造 4 台空调，改造费用为 136 万元，4 台空调每年可节约 78.56 万元，项目静态投资回收期不到 2 年。

参考文献

［1］白长军．烟厂精益化管理，节能降耗的实践举措探寻［J］．科学技术创新，2020（13）：189－190.

［2］蔡文，邵天宇．能源精益化管理模式研究［J］．中国高校科技，2012（10）：47－48.

［3］曹军威，袁仲达，明阳阳等．能源互联网大数据分析技术综述［J］．南方电网技术，2015，9（11）：1－12.

［4］常云．烟草工业企业能源管理体系建设的实施与探索［J］．现代经济信息，2019（22）：26－28.

［5］陈宇，陈新，陈新度等．制造企业生产设备运行维护实时管理系统［J］．系统工程理论与实践，2008（4）：67－74.

［6］陈振麒．关于推进企业精益能源管控的几点思考［J］．科技经济导刊，2019，27（10）：204－205.

［7］程相龙．现代卷烟企业生产设备管理与维护［J］．设备管理与维修，2018（12）：8－9.

［8］邓玉勇．能源管理学［M］．太原：山西经济出版社，2016.

［9］丁波，徐五九，潘莉等．卷烟工业企业精益管理体系标准的研究与建立［J］．企业改革与管理，2017（1）：24.

［10］丁岩．基于TPM的卷烟工厂设备管理方法应用研究［J］．科技经济导刊，2018，26（3）：215，217.

［11］董佳．有效推进卷烟工业设备管理精益化的实践举措分析［J］．科学技术创新，2018（2）：176－177.

［12］段祥兵，白雪．卷烟厂精益生产管理体系建设［J］．农业工程，2016（2）：96－97.

［13］方圆，张万益，曹佳文等．我国能源资源现状与发展趋势［J］．矿产保护与利用，2018（4）：34－42.

［14］冯志勇，徐砚伟，薛霄等．微服务技术发展的现状与展望［J］．计算

机研究与发展，2020，57（5）：1103－1122.

［15］高军，白世宏，王荣等．精益化能源管理模式的实践与创新［C］．第十届中国钢铁年会暨第六届宝钢学术年会，2015.

［16］管建萍．上海烟印：探索精益思想在企业能源管理中的应用［J］．印刷技术，2016（10）：33－36.

［17］何善懋，伍先民．精益 TnPM 管理在烟草行业设备管理中的应用［J］．机电产品开发与创新，2016，29（2）：33，60－61.

［18］黄纯．供配电设计节能技术和措施分析［J］．水电水利，2019，3（2）：39－40.

［19］黄绍丰，覃继桥．精益化能源管理系统的探索与研究［J］．工程技术（文摘版），2016（6）：283.

［20］霍慧真．基于 TnPM 的安阳卷烟厂动力设备管理研究［D］．郑州大学硕士学位论文，2016.

［21］焦亮．精益生产模式在卷烟企业推行的必要性及方法探析［J］．企业技术开发（学术版），2008（11）：65－68.

［22］杰弗瑞·莱克．丰田模式：精益制造的 14 项管理原则［M］．北京：机械工业出版社，2016.

［23］李建华，李淑斌．能源管理精益化如何开展［J］．东方企业文化，2015（6）：110，112.

［24］李兴国，明艳秋，钟金宏．基于 QFD 和 Kano 模型的供应商选择方法［J］．系统管理学报，2011（5）：589－594.

［25］李宇，高良谋．技术创新管理［M］．北京：清华大学出版社，2016.

［26］里鹏，史海波，尚文利．设备综合效能关键绩效指标系统设计与实现［J］．计算机工程与应用，2011，47（22）.

［27］刘京广．精益生产方式在长沙卷烟厂的应用方案设计［D］．湖南大学硕士学位论文，2008.

［28］刘所锋，韦伟．卷烟企业精益生产管理体系的构建思路［J］．企业改革与管理，2017（4）：33－34.

［29］刘烨，魏高升，由文江等．空气压缩系统深度节能技术［J］．发电技术，2018（1）：70－76.

［30］刘永．基于 Web 能源管理系统中数据采集与处理方法的研究［D］．哈尔滨工业大学硕士学位论文，2007.

［31］罗文斌．推行 TnPM 体系创新设备管理机制——湖南中烟公司常德卷烟厂设备管理的探索与实践［J］．科技创新导报，2013（24）：171.

［32］马寻．精益管理在能源系统中的思考［J］．消费导刊，2018（45）：171.

［33］穆尔曼．精益企业价值［M］．北京：经济管理出版社，2005.

［34］欧阳生．精益智能制造［M］．北京：机械工业出版社，2018.

［35］宋莹．TnPM 在 X 烟草企业设备管理的应用研究［D］．华南理工大学硕士学位论文，2012.

［36］孙纪周，赵芳，沈博等．烟草复烤企业能源精益管理及节能降耗措施［J］．节能，2020，39（4）：151－153.

［37］唐华萍．精益生产管理在 GX 卷烟厂生产管理中应用的研究［D］．广西大学硕士学位论文，2016.

［38］田奎．卷烟厂精益生产管理体系建设［J］．中国市场，2017（13）：202，319.

［39］王江涛．TnPM 在郴州卷烟厂生产设备管理体系的应用研究［D］．湖南大学硕士学位论文，2015.

［40］王军，王晓东．智能制造之卓越设备管理与运维实践［M］．北京：机械工业出版社，2019.

［41］谢庆红．基于质量重现的精益生产管理——以漯河卷烟厂的精益生产管理实施为例［D］．河南农业大学硕士学位论文，2010.

［42］辛园园，钮俊，谢志军等．微服务体系结构实现框架综述［J］．计算机工程与应用，2018，54（19）：10－17.

［43］许正烨．基于 ESA 的工业企业能源管理体系构建研究——以我国卷烟生产企业为例［D］．青岛科技大学硕士学位论文，2013.

［44］于海洋，马恬，王双华等．能源管理体系评价指标与应用现状分析［J］．中国标准化，2018（17）：110－116.

［45］曾昭向，卢清华．中央空调节能技术分析与探讨［J］．制冷与空调，2013，27（1）：45－48.

［46］张迪．精益能效管理（TEM）——能源数据价值的深度挖掘［J］．电气时代，2019，449（2）：18－22.

［47］张刘军．卷烟企业实现设备管理精益化的几点思考［J］．设备管理与维修，2018（14）：31－32.

［48］张效民．基于 PDCA 的烟草行业能源管理系统研究［J］．湖南邮电职业技术学院学报，2017（3）：21－23.

［49］张振华，邵国洋．卷烟工业企业基于关键节点的能源管理［J］．能源研究与管理，2011（4）：87－89.

［50］赵虎，刘岷，孙熠．卷烟工厂设备管理模式应用与探索［J］．设备管理与维修，2018（23）：17－19.

后 记

本书是团队合作的成果。这个团队是一个跨专业、跨领域的研究团队，既有来自企业能源管理一线的实践者，又有来自高校科研院所的研究者。

本书的撰写工作建立在“以生产驱动的能源供应体系”研究课题的基础之上。在课题研究和书稿写作过程中，课题组成员克服了因新冠肺炎疫情无法开展大规模调研的困难，采取了立足企业进行直接调研、依托专业机构开展文献调研的方法，并建立定期沟通机制，顺利完成了写作任务。本书的撰写遵循了实际、实用、实战的原则，力求将行业情况说清、问题分析透彻，研究成果能给企业带来有益的启示，并可结合自身实际进行借鉴应用。

国家烟草专卖局经济运行司徐维华司长对课题研究和书稿写作自始至终给予了热情的关注和支持，在百忙之中审阅了书稿，并欣然提笔为本书作序。出版过程中，赵亚荣老师不仅认真审阅了书稿，而且提出了许多中肯的修改意见，没有赵老师的辛勤工作，这本书是无法按时出版的，在此一并献上团队深深的谢意。

鉴于个人水平有限，不足之处在所难免，恳请广大专家、同行和读者不吝赐教！任何意见或建议，请及时联系作者，电子邮箱：glendeng@ 163. com。